新世紀叢書

當代重要思潮・人文心靈・宗教・社會文化關懷

作者◎烏利西・貝克 、伊利莎白・貝克－葛恩胥菡
Ulrich Beck & Elisabeth Beck－Gernsheim
譯者◎蘇峰山、陳雅馨、魏書娥

〈序①〉愛情、婚姻、家庭的生命圖像

前台灣大學社會學系教授
現任世新大學社會心理學系講座教授
葉啟政

幾個世紀以來，愛情一直爲人們（至少特別爲所謂的資產階級份子）所憧憬、崇拜。尤其是熱情洋溢的年輕人，**愛情甚至是他們生活的全部，更是讓他們感覺到生命是炙熱而有意義地抖動著的關鍵經驗成份**。然而，在現實世界裡，愛情似乎卻又常常刺傷了那充滿期待的焦炙心靈，爲人們帶來的是無數的被誤解、被冷落、被忽視、被屈辱或甚至被背棄等等，挫敗感受經驗的痛苦煎熬，總是常相左右。雖然是如此，人們仍然不死心地期待著愛神的降臨，祈求能夠蒙受上蒼特殊的恩寵，爲自己帶來幸福。或許正因爲在愛情這一條道路上，理想一直是充滿著炙熱的火花，但卻總是與現實有著扞格，而讓感情的火花射不進對方的心坎深處，於是，愛情才成爲文學家筆下描繪人類可歌可泣之故事中最常見的題材，也最爲人們喜愛閱讀。當然，有了視聽傳播媒體的出現以後，這更成爲影片最常敘述、也是最常歌頌的主題。如今，學術界也不甘寂寞，加入了這樣一個築砌「愛情」殿堂的行列。或許，他們的意旨並不在於歌詠贊誦，但是，把充滿著遐想與多變的感性愛情當成研究課題，而弄到理性論述的檯子上來解剖，或許，看起來有點褻瀆，也有些唐突，留給人們更多些思考的空間，卻是可以肯定的。做為社會學者，對此，我們禁不住想問：爲什麼會是這樣？

爲什麼一向只關心極具嚴肅性的大概念、大問題與大論述（如現代化、社會秩序的體系性、科層組織等等）的社會學家們會開始關心起市井小民們日常生活中芝麻豆大的愛情現象與問題來呢？這是一個有趣而嚴肅的問題，涉及整個西方社會學理論思考走向的轉移，也關乎現代社會發展的基本傾向，原是值得加以釐清與剖析的。不過，在這篇序言裡，因爲出版社的催促，時間的壓力使得我實在無法對這個問題表示個人的意見。這或許很遺憾，但也無可奈何，至少我個人是這麼感覺的。

在西歐社會的發展過程中，至少到了十九世紀，以資產階級爲核心的意識形態已逐漸取得了導引整個社會運轉的領先地位。其中，浪漫的情愛思想是爲他們所歌頌的重點，對出自資產階級的女性，情形尤其是如此。這本名叫《愛情的正常性混亂》的書就是採取歷史的觀點，針對這樣一個歷史潮流，尤其，它與婚姻（家庭）制度的糾結發展過程，做了相當細緻而翔實的社會學分析。文中不乏有著洞見，實有推薦給讀者們閱讀的價值。

依我個人的意見，兩位作者的論述理路明確，相當程度地是掌握了現代西方社會發展的基本歷史軸線——即以「持具個人主義」(possessive individualism)爲本的自由主義信念，並且以此爲線索來經營整個論述的經緯。不過，奇怪的，也是遺憾的是，兩位作者在行文之中卻沒有把這條歷史主軸明確地拉出來，儘管單就書名「愛情的正常性混亂」而言，他們似乎已道出了此一思想軸線爲西方人所帶來的歷史命運了。依個人的揣測，他們所以沒有把這條極具主導作用的歷史軸線清楚地明點出來，理由或許很簡單，只是因爲對西方人（尤其知識份子）而言，這條思想的歷史軸線早已深化進入西方社會的底層，而潛藏於西方人的潛意識裡，一切是那麼的理所當然，因而，也就視而不見了。然而，無論如何，這樣的文化性疏忽總不免是令人感到遺憾的。對於讀者（特別是非西方世界的讀者）來說，極可能正因爲作者們這樣「理所當然」的潛意識遺漏，而無法充分體味到兩位作者之論述背後可能內涵的文化與歷史意義，同時，也難以有效地掌握他們所闡述（特別是所謂「後現代社會」）之愛情、婚姻與家庭的特徵和問題所以是如此的基本癥結。在這篇序文裡，個人不揣才疏學淺，嘗試揣摩兩位作者的思路基線，爲他們的論述做一些補充，但盼，這樣子的作爲，對讀者們的閱讀能夠有所助益。當然，我更希望的是藉此引伸出一些可資進一步討論的議題來。

在此，讓我們暫時撇開作者在書中提到傳統的「家庭」形式正逐漸面臨解組這樣的說法不談，單就歷史演進的過程來說，假如「婚姻」的形式是（或謂至今尚且還是）讓「家庭」這樣一種制度獲得到正當性基礎的話，那麼，結婚之當事者雙方建立一種相互同意、且具 Gemeinschaft 性質的親密社會關係，可以說是這樣一個理想社會關係形式所以可能之更爲深層的基礎了。而更進一步地來看，塑造這樣的 Gemeinschaft 關係模式的基礎則是所謂「愛情」這樣一種特殊的文化基模。又，假如，誠如本書作者所說的，現代西方婚姻（進一步推論地說，即家庭）的理想基礎是伴侶們所共享的自我認同的話，那麼，基本上，這個共享的自我認同乃依靠著雙方共認而共感的愛情來經營、滋潤與證成的。**「愛情—婚姻—家庭」於是乎連成一條具有時間序列意涵的生命圖線，成爲人們（尤其男女雙方）在個人生命史中塑造重要之社會關係線索的理想演進過程。它爲許許多多的人們所期待、所憧憬，甚至，被視爲生命中至爲重要的終極價值之一**。

「自我認同」的說法可以說是展現「個體持具」爲本之自由主義精神的一種特定的歷史表現形式。基本上，持具個人主義強調的，是以外在、且具體化之「存有」的形式來證成人之所以爲「人」。這也就是說，人是以自己之身體往外伸延的外在控制程度的大小（例如有多少財富、權力、地位、學識或象徵化、但卻具體的相互回饋物等等）來證明自己是一個「人」。當然，這也順理成章地同時證成了一個人的「自我」。把這樣的基本理念施之於具 Gemeinschaft 性質的社會關係中，其所求的即是，在能夠維持這樣之「自我」的前提下，當事者兩造又能得到一種具統協感的理想關係狀態。這當然不是一件容易的事，實際發生的總是與意願期待的相背左，因此，歷史的現實似乎並不是站在懷抱個體持具之自由精神的理想主義者這一邊，而是一直給它難堪。分析起來，這樣的難堪乃內涵在西方愛情觀本身所具的歷史特性當中，而這個特性正是Tarnas在其著《西方心靈的激情》一書中引用Bateson的「雙重束縛」(double bind)一概念。基本上，這是西方啓蒙理性內涵的特質，也正是西方理性思想主導下之現代文明所面臨困境的根本癥結所在。

準此西方歷史發展的軌跡，在無法完全否定社會集體性自存的前提下，彰顯「自我」的個體性如何被保證，一直就是惱人的課題。因應這樣的歷史課題，我們似乎可以進一步地這麼說：愛情與婚姻（因而家庭）之所以連貫起來，基本上乃是西方人企圖透過婚姻這樣的社會制度，對以「性」爲基礎的感性情操（即愛情）予以理性化的一種作爲。如此，以「個體持具之存有」爲本之「自我」概念所支撐出來的愛情，透過婚姻的形式，似乎證明了「自我」的個體性與社會集體性得以巧妙地結合在一起。然而，在絕大部分的現實場合裡，事實上，這只是一份充滿著想像的理想而已，因爲，就愛情做爲展現「自我」的一種歷史形式的角度來看，其背後所內涵的「個體化」歷史幽靈，總是一直不停地反噬著此一理性化社會制度編織起來的集體聯帶網絡，結果是迫使著家庭（婚姻）做爲代表社會集體性的傳統形式，乃至其制度本身的存在，相當程度地產生了解組的現象。

作者在書中指出，**假如自由就是一切，那麼，在愛被不自由地追逐之時，征服別人的自由本身，就成爲人們所嚮往的目標了**。作者引用法國哲學家沙特(Sartre)的話說：「**如果不正是因爲另一個人使我成爲我，我爲何要將另一人據爲已有呢？不過這正包含了一個佔據的特殊模式；另一個人的自由本身正是我們想要擁有的。**」兩位作者下標題地說，這就是「自由的弔詭」。是的，這正是以「持具存有」爲本之「個體自我」所支撐的愛情觀念內涵的內在弔詭。只要具「持具存有」的「個體自我」觀是愛情的基本內涵，這個弔詭性總是存在，也總是帶來緊張與矛盾的，而這就是「雙重束縛」概念所企圖意指的。

在一個特定的時空當中，社會資源常常是有限的。在這樣的前提之下，強調外在控制性的「持具存有」於是乎意味著「分配」是一件重要的社會性課題，而且衝突與矛盾的產生幾乎是必然、不可避免的。無怪乎，在西方世界裡，自從古典自由主義的理念搶到了主導權之後，社會資源的合理分配問題一直就是社會思想家關心的課題。假如我們甚至說「這是唯一的課題」，也不會是過分誇張的。不是嗎？因爲有意思的是，這樣的思考模式也一樣地表現在做爲與資本自由主義對抗的馬克思主義身上，而且是他們思考與建構社會圖像的基軸。在這樣的思想背景之下，同樣的思考模式順理成章地也就被運用在愛情與婚姻的議題上面了。

很明顯的，以個體「持具存有」爲核心之古典自由主義所承接的思想，施及於「愛情」上面，強調雙方各自做爲一個獨立「個體」的「平等」與「自由」幾乎是共識的基本命題。對企圖把婚姻與家庭制度視爲愛情的自然衍生這樣一個極具歷史意義的理想期待而言，個體持具的自由主義思想所帶來的衝擊，很明顯的，首要的是，在個體性必需無以避免地與集體性相互搓揉著的情形下，爲確保個體化有著最偉大而輝煌的歷史成就，把集體性壓縮到最小的程度，自然而然地成爲推動歷史邁進的潮流。一方面，這衝擊著人們對婚姻與家庭所持有的傳統期待；另一方面，它也爲現代愛情觀奠定下主導的基調。

於是乎，愛情做爲表現個體性的一種社會形式，現實地來說，就如同我們上面轉引作者引述沙特的話所意涵的，它經常是希望對方吻合而納入自己的生活形式與哲學之中，讓對方成爲個體自我的一部分。但是，弔詭的是，一旦對方是如此，人們卻認爲這太缺乏個性了，覺得乏味，甚至輕視著，以爲沒有價值。因爲，**在西方的現代文化信念裡，人們需要、期待、崇拜的是具勢均力敵的競爭關係，唯有如此，個性才能充分地彰顯，得來的愛情才有成就感，也才有味道，才能證明自己存在的意義。**因此，隱約之中，西方人期待的是，在至少具隱藏性之緊張與對立的狀態中，爭取到對方的情感，才是證明自己的存在，也才得以展現愛情的眞諦。**愛情總是在雙方把「自我」提得高高地、永遠以戒慎而遲疑的態度來檢視著對方的「自**

我」的情形之下進行著，這中間充滿著敏感而緊繃的懷疑與不安，本質是多變而易動，而且，也希望是多變而易動的。這樣的關係基本上潛藏著浮動不定的因子，不時會有著不滿（甚至厭倦或厭惡）對方的情緒出現，因此，它具動態的緊張性，隨時都可能解組的風險與危機的。

具體地說，這樣的「愛情—婚姻」觀所衍生出來而特別表現在家庭組織的，是不讓男女性別角色（進而，也不讓關係）被定型化。尤有進之的是，關係本身已經再也沒有必要具有著一定的倫理內涵（或者說，這樣的倫理內涵被壓縮、懸擱到最低的程度），當然，更談不上讓這樣的倫理以先驗而凌駕的方式來規約著關係。相反的，關係的界定頂多是隨著兩造雙方的意願（和妥協的同意）而遊走，這很自由，但卻喪失了生死連帶與共之相許所內涵那種具「命定強制」性的強烈感性情操。結果是，雙方存在的關係只有輕率地以所謂「妥協」（或無奈認命、或甚至隱性對立）這樣的方式來對待。「妥協」內涵一種不得已而隨時可以、也想翻轉的心態，其中有著無奈的感覺，有機會就可以翻轉的。於是，愛情之中充滿著不確定的可能性，情緒的表現也經常是由絢麗燦爛而趨平淡，心理上一直存有著隨時可以撤退或轉進的準備。這經常被美其名爲「懂得理性地處裡感情的問題」，而這正是對成熟人格的基本定義，也是現代人處理愛情的座右銘。

在我個人的觀念裡，人類的關係運作起來所以顯得美而真，有一個基本的情操元素一向被認爲是不可或缺的。這個元素因子就是帶著謙虛色彩的感激心理——基督教文化之下，管稱博愛；佛教的字典裡，稱之爲慈悲；用儒家傳統說法，習慣叫做仁慈；而道教的語彙裡，則可以說是謙沖。準此，回到西方現代社會發展史來看，假若愛情可以看成爲一種極具現世性之宗教情操表現的話，那麼，這就是十七世紀馬丁路德推動宗教改革，使人類得以直接與上帝溝通之後的一種宗教情操的變形。值得注意的是，隨著個體持具爲本之自由主義思想的日益喧譁囂張，這個現代宗教情操的實際操作與展現，把具有的基本歷史本源特質——內在制慾慢慢地稀釋、或甚至予以完全地撤消，取而代之的是情慾的無限奔放與解脫消費。愛情不再是責任的相互期許與生命共同體的營造，而是永遠停留在「現在」當刻，以相互吸引的狀態，激發慾念能量的相互消費。於是，愛必須被物質化，也必須被客體化，當然，更是必然被外在化。一旦無法滿足對方的消費需求或能源的補充不足，愛情的火焰就會逐漸熄滅。這樣子，愛情純然屬於互動兩造的個人自身，而且僅止於此，不必牽涉到其他人或做其他的考慮。**對象所以需要，也所以被愛，只因基於一種結構性的必然內涵需要，因爲只有有著對象，自己的愛才能被證成。愛人其實只是愛自己，也透過這來保證個體性的完整。正如 Barthes 所說的「我愛你就因爲我愛你」**。對於愛情，人們只要求獲得愉悅，愉悅就是幸福的完全代理人，除此之外的任何負擔支付都不願意，自然也是不喜悅的，更不用說願意承擔或分享長期痛苦的煎熬。

很明顯的，一旦**人類不懂得以謙虛的感激態度來體會人與人之間的關係，學習以自制（或甚至是犧牲）的方式，把「自我」予以適當的懸擱，而只是一味地以個人「擁有」爲展現「自我」的無上綱領，並以此做爲「自由」的見證來進行「愛情」這樣的社會性操作，那麼，這將是人類對「自由」一概念的一種恣意、任性表現，也是對「愛情」一信念的一種廉價標售。**無疑的，企圖以這樣的個體「持具存有」形式做爲展現與證成具「自我」性格的愛情，而同時又意圖把這樣的愛情關係轉化成爲婚姻制度的全部，注定是要嚼食悲劇的苦果。這個苦果的禍首是誰，已經很明白，那是強調外在擁有之持具個人主義的歷史幽靈，它一直不斷地以各種不同的姿態與面貌作祟著！在現實世界裡，一向，人類藉著「婚姻」的理法，「家庭」這樣一個社會空間被塑造出來。當「愛情」企圖透過這個空間做爲介面來發酵時，弔詭的是，它並無法保存人們對它所賦予之理想期待的原始特性，而必然地爲家庭做爲一種具組織性之社會制度的種種介入關係（包含經濟的、政治的、宗教的、教育的、職業的與文化的等等）所干預。「愛情」勢必被融納入，而成爲只是「整體」社會關係中的一個環節而已，並爲其所左右。因此，對強調以個體「持具存有」形式證成「自我」的愛情信念，不說兩造彼此之間的個體性，爲了維護其純粹度，會相互傾軋，它也勢必與家庭做爲具組織性之社會集體規範性產生了齟齬。

最後，我還有一些話不能不說。作者在書中提到，「強制的性別角色是工業社會的根基，而不是可以輕易拋棄的傳統遺跡。沒有男女角色之別，就不會有核心家庭存在。沒有核心家庭，就不會有社會典型的生活及工作模式。」就歐洲社會發展的歷史過程來看，這樣的觀察或許具有著特殊的歷史性意義，那就是：在生產勞動分工面相上的性別角色形式，對家庭結構的模式具有著舉足輕重的決定性。對這樣的說法，我不擬做更多進一步的評論，在此，我要說的毋寧地只是，從生產勞動的面相來看待「愛情—婚姻—家庭」這樣一個演進過程所具有的意義，是有所侷限的、尤其是社會意義之內涵上的侷限。

無疑的，在強調個體自由與平等之持具個人主義旗幟的庇蔭下，性別角色表現在生產勞動面相的基本問題是，突破傳統性別角色的「不平等」分工形式，讓生產勞動角色的性別分工平等（或謂平準）化。其實，就深層結構的內涵來看，這樣的平等化訴求，基本上還是把女性的「自我」（特別是透過職業分工）界定，擺在傳統以男性爲中心而定義的生產勞動分工邏輯當中。其所顯現之意義最爲大不同的，只在於要求在這樣一個一向爲男性所定義的結構中，女性擁有著相等的機會。是的，這或許促成了女性解放，但是，基本上，卻是不完全的，因爲基本的結構性模態依然是存在於男性中心主義的歷史陰影裡。同時，就家庭內部的分工而言，這也爲傳統家庭中的性別分工（特別是女性的傳統分工角色）予以汙名化，但卻假中性化的名義，實際上仍然繼續施行著傳統男性定義的勞動邏輯。沒錯，對藉由這樣的生產勞動邏輯來考察愛情與由此衍生的現象，本書的作者們做了相當細緻的論述，對此本身，我也一樣地不擬做任何進一步的評述。在此，我要提出的是另外一個我認爲隱藏在「愛情－婚姻－家庭」之社會演進過程中更爲根本的問題，即愛情做爲一種符號的消費與生活方式。

從生產勞動的面相來考察「愛情－婚姻－家庭」的演進，基本上是從家庭這個層次的社會功能角度出發的，而這正是西方社會學傳統的思考模式。假若我們翻轉思考的層次，改從愛情出發，那麼，整個圖像就有所不同。沒錯，愛情做爲一種社會關係的表現形式，它必然涉及到生產與再生產，但基本上這是有關感受之表達符號的生產與再生產。當然，它所涉及的並不止於此，應當還包含感受之表達符號的交換問題。不過，不可諱言的，更重要的是攸關符號的消費與其所經營出來的生活方式的問題。對我個人來說，**正是這個消費面相的呈現，使得愛情成爲一個人生命中讓他（她）覺得有意義、甚至有活下之動力的重要目的，而因此彰顯出令人感動、震撼且纏綿悱惻之生的顫抖**。準此立場，一旦愛情的這個消費面相出了狀況，自然的，它那極具歷史內涵的眞諦意義也就跟著流失。綜觀這本書的內容，個人認爲，或許，這才正是作者所企圖剔透的。

就消費的面相來說，自戀式的變形(metamorphosis)可以說是個體持具為本之自由主義的現代表現基模。施及於愛情，帶著濃厚自戀的色彩發揮到極致，無疑地使得婚姻的制度做為表現（或證成）愛情的古典形式，成為只是一種歷史殘餘下來、且近乎條件制約的慣性反應，而且是一副沈重的負擔。事實上，它原有的神聖意涵已經一再地被稀釋，也喪失了足以激發人們之情感的作用。這中間沒有太多的激情可以迴轉蕩漾，其所許諾下的婚姻誓約也自然地跟著傳統的宗教神聖性的流失而成為陳腔濫調。當然，婚姻的誓約不是詛咒，但也非人與上帝所締的誓約，有著一份不可抗逆的承諾約束著。在現實的世界裡，即使定了約，違了，也並不會受到嚴重的懲罰，因為「約」早已從上帝的天國降到人世間，它被個人自由主義的信念世俗化，人有隨時解約的自由，「約」已喪失了絕對神聖的不可變易性質。這就是過去幾個世紀所沈澱下來神聖誓約的愛情哲學的時代命運，或許，它將在二十一世紀裡被劃上了休止符，而愛情將以嶄新的面貌出現，它不必然地與婚姻（家庭）掛上緊密的關係。

或許，我在以上所做的敘說正是三位譯者所以選擇這本書，把它呈現給中文讀者的理由，這，我當然不敢確定。不過，不管如何，這篇序言裡所呈現的文字，至少可以做為註腳，拿來與讀者們分享，應當不會顯得太過份、太唐突的，但願。

識於台灣大學社會學系研究室　時值西元二〇〇〇年九月四日

〈序②〉

愛情，隱身在正常的混亂之中

前政治大學社會系主任
現任政治大學社會系兼任教授
顧忠華

正常與混亂是一組對立的概念，但是在人類的認知圖像裡，形形色色的對立與矛盾都可能存在於同一個對象中，這也是本書兩位作者的共同立場：現代人的「愛情」生涯既正常又混亂，換句話說，混亂的愛情其實很正常。不要誤會，混亂的愛情不是指三角戀愛或外遇，這裡的正常與混亂意謂著一般人對愛情與婚姻的看法，如認定每個人都該體驗羅曼蒂克式的愛情、愛情是婚姻的保障、離婚代表著愛情的消逝、離婚率增加是「不正常」的現象……等等。

本書質疑這種「正常觀」，想證明「正常」的愛情其實包含了一定程度的「混亂」成份，雖然這些混亂引起了許多心理困擾，也造成了所謂的「家庭危機」，但它仍然是正常的，因爲在日常生活裡，隨時隨地都重複上演著被視作爲「混亂」的劇碼，而既然有愈來愈多人涉及到混亂的情境，難道這還不算正常嗎？

這麼模稜兩可的意見，出自於兩位社會學家之口，似乎有點奇怪，也容易讓讀者一開始如墜五里霧中，摸不清楚本書的主旨，然而了解作者們的背景後，便會明白這**本書的嚴肅企圖，是想解釋個人的私生活一樣受到社會規律的制約，包括最隱密的「愛情」也不例外**。伊利莎白・貝克和烏利西・貝克是一對夫妻，有同樣的專業訓練，並分別在德國巴伐利亞邦的兩所大學任教。先生烏利西・貝克自從一九八六年出版《風險社會》(*Risikogesellschaft*) 一書後，近來在國際學術界崛起頗快，頻頻與英國知名學者安東尼・紀登斯 (Anthony Giddens) 合作，鼓吹「第二現代」或「反省性現代化」的理論。

在上述理論架構中，烏利西・貝克認爲早期的工業化階段尚未反省到人類會「自食惡果」，盲目地製造了嚴重的環境污染和科技風險，「第二現代」代表著人類的「第二次機會」，必須勇於糾正以往的錯誤。而他和太太合寫這本《愛情的正常性混亂》，則是想藉助兩人的親身經歷，驗證他所致力提倡的「個人化」理論，這也是他從有關「風險分配」的問題意識中衍生出的觀點，意指**現代社會的各種分配制度，從職業訓練、社會福利、到家庭責任，都朝向以個人爲單位來設計，「個人化」概括了一連串社會轉型的現象，「愛情」作爲主題，適足以突顯「個人化」產生的普遍影響**。所以本書雖然在寫法上傾向通俗讀物，但卻是不折不扣的學術性著作。

本書考察的範圍，不僅僅限於「愛情」本身——德國另一位社會學家尼可拉斯・盧曼(Niklas Luhmann)，倒是曾寫過一本《作爲激情的愛情》(*Lieber als Passion*)，專注於剖析愛情的社會演化——還涉及了性別、婚姻、家庭、親子、職業等等研究領域，可看作是兩位社會學家聯手描繪了現代人生活和愛情形態的變遷，並試圖診斷相關問題的緣由以求化解。本書的特色，是伊利莎白和烏利西・貝克一方面相當生動地運用許多實例，把現代人從擇偶、結婚、生養子女，一直到如何調適夫妻關係與性別角色所面對的疑惑，一一娓娓道來，另一方面不忘時時加入學理的觀察與解釋，期能達到鞭辟入裡的效果。讀者若能順著作者提供的觀點舉一反三，或許有機會撥開迷霧，幫助自己更能適應充滿不確定性的現代生活處境。

進一步來說，本書的標題，意味著揭開愛情與家庭生活的「正常」表面，即可看到許多隱藏著的各種「混亂」或「風險」。的確，每個人似乎都在經歷著同樣的過程：正常地談戀愛、正常地過著婚姻與家庭生活、對於性別分工有「正常」的期待，但有時難免覺得什麼地方不太對勁，或發現自己正陷入夫妻反目、兩性衝突、工作與家庭無法兼顧，乃至離婚等「混亂」情境，突然不知所措起來……。這裡引用一段德文版導論中的敘述（這個部分由於太歷史取向，英譯本以較輕鬆的開場白予以取代）：貝克夫婦在本書的開頭，形容工業化後發生在家庭與個人私密領域的改變，有如一場小型的法國大革命，目標是想顚覆掉封建體制殘存的不平等關係，因此，無論家庭的形式或家庭成員彼此的關係模式，都持續地進行著解組與重組，甚至連家庭價值的神聖性，也像傳統的宗教般受到衝擊，不再屹立不搖。在這種比擬下，現代女性在家庭、職業上爭取自由和平等，有如農奴挺身要求解放，而男性則如貴族階級一樣，就算不情願放棄以來所擁有的特權地位，也擋不住時代潮流的大趨勢了。總之，傳統秩序崩潰了，一切都變動不定，個人處在社會失序的狀態下，顯得無所適從，「混亂的愛情」不過是衆多例證之一。

問題是，我們每個人在日常生活中，習慣於將各種社會關係的因和果歸責於個人，愛情偏偏又是其中包含最多情感投注的互動模式，怎麼想也很難把一對佳偶（或怨偶）的獨特經驗，說成完全是「社會」的力量在後面主導，好像當事人的性格、作風或決策反倒不重要了。誠然，社會學不可能建築在如此極端的論調上，但是透過「社會學的想像」，可以正視現代婚姻與家庭的結構性風險，同時適度地減輕個人所應負的責任。**本書兩位作者嘗試點出一個明顯事實，即個人主義或個人化的行爲取向，乃是一種集體性的趨向**——或是如古典社會學家涂爾幹(Emile Durkheim)所說的「集體意識」之表現——加上資本主義社會不斷助長追求個人慾望滿足的態度，現代人往往還眞是「身不由己」，根本無從抵擋個人化帶來的種種後果。於是，需要個人與個人間互相協調的場域，都必須發展出新的機制，以符合愈來愈強調尊重個人權益的社會規律，由個人互動層次到市場經濟、民主政治等制度層次、乃至普世性的自由、平等、人權、安全等價値規範層次，莫不體現了這麼一套演化邏輯。

明乎此，現代人多少可以稍爲釋然，對於在愛情、婚姻、家庭、性別關係裡出現的混亂與衝突，多一些體諒與包容。而若將個別的生命史經驗放在較廣泛的社會秩序中來理解，或許更可以領悟到：**混亂與正常都屬於秩序的一部分，正常或穩定代表著理想的狀態，混亂或不穩定則是現代人不得不面對的現實，愛情的正常性混亂，就是這兩種矛盾的統一，學著忍受它吧！**

愛情的正常性混亂

【目錄】全書總頁數400頁

譯者負責的章節

蘇峰山：導論、第四章（一八三—二二九頁）、第五章。

魏書娥：第六章。

陳雅馨：第一、二、三章及第四章（二三〇—二四四頁）。

導論

Das Ganz Normale Chaos der Liebe

個人化、生活與愛的方式

現代男女身不由己地追求正確的生活方式，
嘗試同居、離婚或契約婚姻，
努力調和家庭和事業、愛情與婚姻、
新的母職與父職、友情與交友。
這種趨勢蔚為風潮，且無中止的跡象。
我們可以說這是在階級鬥爭之後的「身分鬥爭」。

「爲什麼你要跟這個男人結婚？」在麥可・康尼翰的小說《世界末日的一戶人家》一書中，一位女兒這麼問著她母親。「你難道從不擔心自己可能犯下長久的錯誤，就好像失落自己眞正生命的軌道，甚而做了一個永遠無法扭轉的改變？」她母親對這問題揮了揮手，好像要趕走一隻一直在旁邊嗡嗡煩人的蒼蠅一樣，她手上的蕃茄醬閃閃發光。「我們從來就不去想這種偉大的問題，」她說。「想這麼多，計畫這麼多，妳不覺得這很辛苦嗎？」(Cunningham, 1991:189-90)。

在《證明的負擔》一書中，史考特・特羅用同樣的話描述一位父親，他女兒對自己的未來有著無盡的疑惑，這位父親窮於招架：「聽著松妮（他女兒）的話，哀求，被各種情緒包圍，諷刺以及憤怒，這些衝動與激情折磨著她。這些令史坦和克拉克（他太太）吃驚，可是他運氣比較好。在他那個時代，一切都有比較清楚的界定。那個年代裡，在西方世界長大的中產階級男女都會想要生兒育女，還有做一些大家都會做的事，每個人都沿著相同的軌道前進。但是在新的時代中，對晚婚的松妮而言，每件事都是一個選擇。她每天起床都要從頭再來一遍，質疑兩性關係、婚姻、男人，還有她選擇的心性不定的伙伴——在她眼中，那個男人還像是個大男孩一樣。這些令她想起瑪塔，她常說自己需要男人時，就用手指挑一個」。(Turow, 1991:349)

到底什麼是「新的時代」(The New Era)?**這本書要討論的是，新時代的主要風貌**

是在愛情、家庭與個人自由之間利害關係的衝突。以往核心家庭是環繞著性別角色地位建立起來的，而今核心家庭正遭受（婦女）解放與平等權利等議題的衝擊。這些議題不再像從前一樣，不會侵入我們的私生活。結果是相當常態性的混亂(normal chaos)，我們稱之爲愛情。

如果這個診斷是正確的，接手家庭，接手天倫之樂的將會是什麼？當然還是家庭！只是不同的、更多的、更好的（家庭）：磋商家庭、輪替家庭、多樣性家庭、離婚後的新安排、再婚、再度離婚，對於你的、我的、我們的小孩、我們以前和現在的家庭重新分類配對。那將是核心家庭的擴展，卻是在時間中擴展；那將如往昔一般是個人之間的聯盟。那將會被大大地頌揚，因爲在我們這個富裕、冷漠、不確定社會的冰冷環境中，傳統不再，各種風險傷人的冰冷環境中，家庭代表了一種避難所。比起從前，愛情將更爲重要，但也益發不可能。

現代男女身不由己地追求正確的生活方式，嘗試同居，離婚或契約婚姻，努力調和家庭和事業、愛情與婚姻、新的母職與父職、友情與交友。這種趨勢蔚爲風潮，且無中止的跡象。我們可以說這是在階級鬥爭之後的「身分鬥爭」(status struggle)。在財富和社會安全已有相當水準的國家中，和平與民主權利已是理所當然。在這些國家中，人們不再爲日常生活中的不幸和壓迫所苦，那已不再是日常抗爭的對象，因此家庭需要與個人自由，或者家庭需要與愛情之間的矛盾也就不再爲這種日常鬥爭所掩蓋。當傳統的社會認同逐漸消褪時，男女之間關於性別角色的對抗日漸成爲私人領域的核心。一連串看似瑣碎卻又重要的問題，從誰來洗碗爭到性事、忠貞以及各種態度問題，這些對立開始直接或暗地裡改變了社會。在以個人成長爲中心的社會中，愛情如偶像般被膜拜，如此爲衆望所託，以致愛情似乎不知滑落至何處。**當愛情承載了更多的希望，它似乎更快地散入輕煙中，不再有任何社會情義可言**。

正因爲這一切都是在愛情領域中出現的，所以以一種僞裝的、隱密的方式秘密地發生。首先這種對立被認爲只是「你」與「我」之間的相互厭惡。愛情的緊張常因這種對立而起，我們愈是關切這種對立，將之視爲當事人的直接衝突，是他們的性格、錯誤和盲目所引發的，結果導致一個相互攻訐而又想逃離的戰場，卻沒有想到這種對立的出現，乃是矛盾的社會角色所形成的。說得世俗一些，工人與管理階層也把他們的不同視爲個人問題，可是至少他們並非注定要相愛，合組一個家庭，讓婚姻順暢，共同養兒育女。然而在男女的家庭關係上，他們共持家務，這使得他們之間的不協調都成爲私人問題，而令人感到痛苦。**夫妻想要將外面的世界放在一邊，而從相愛中創造他們自己的世界**，他們試圖依個人考量來安排一切事實，也就**把兩人世界必有的不合轉變爲私人困難**。

愛情已不再令人安適，而人們卻對愛情投注更高的希望，這只不過是粉飾愛情，以對抗諸如私人背棄這種令人不快的現實。「下一次會更好」這種安慰人的廢話結合了兩個層面：失望與希望，同時激起這兩種情緒並將之個人化。這一切是那麼可笑，平淡無奇，令人啼笑皆非，有時則以悲劇收場，這一切是那麼複雜而又紊亂——而這正是本書所要探討的主題。也許人們只是喪失其他議題的軌跡。或許，愛情擔負了期待與衝突，已成爲我們這種去傳統生活所環繞的新核心。愛情將自身表現爲希望、背景、渴望與妒忌——就算德國人這麼嚴肅的民族都不免爲情所苦。這就是我們所謂的愛情的常態性混亂。

個人化：一個新的起點，一種新的社會？

可是到底是什麼驅使人們以他們的自由，他們想成爲自己的渴望，以及他們對抗家庭的自我等一切事物作爲成敗的關鍵？**爲何你要深入探究自身最遙遠**（因爲也是最親近）、**最神聖，也是最危險的內陸？**這種顯然是高度個人化卻又普遍的模式，這種遊走於身不由己的執著，這種迎接痛苦，這種處處皆是的殘酷，將人連根拔起，將人撕裂質疑自身是否健全，我們如何解釋這些現象呢？

許多人認爲答案是顯而易見的。個人主義本身正是問題所在，關鍵在於個人主義的需求與不滿，個人渴求刺激，不願配合別人，不願屈於人下，無所謂的態度。

一種普遍的時代精神掌握了人們，驅使他們各行其是，人們盡可能地遂行其意，恣意混雜期望與現實，而這種時代精神的影響也就無所不至。

這種解釋卻引發更進一步的問題。**許多人過得困頓不安，卻又逃出家庭之外，**我們該如何解釋這種現象呢？成千上萬的離婚者並不想要這樣安排自己的生活，他們背後也沒有一個工聯責求他們要自治，要爭取罷工的權利。就他們的了解，他們是在對抗一種威脅要控制他們的力量，他們相信自己正在爲內心深處的渴望奮戰。**每一次的悲歡離合看起來都像是每個人獨有的劇碼，**穿戴著高度個人化的戲服，事實卻是，在世界各地的大都會中，儘管人們說著不同的語言，卻使用相同的道具，一次又一次地上演同一齣戲。

在世界各地，成千上萬人彷彿陷入集體癲狂般，依個人意願決心放棄往昔婚姻帶來的喜悅，用以換取一份新的夢想，他們選擇不受安全網的保護或法律保障外，共營「開放的婚姻」，或者獨立扶養小孩，我們該如何解釋這種現象呢？而今這樣的夢想已有如夢魘，但他們仍執意如此過活，追逐著獨立、多樣變化等觀念，持續翻開新的一頁自我，爲什麼他們寧願這麼做呢？這是一種自我的流行病嗎？是一種需要以倫理的滴劑、「我們」的藥糊，以及以共善爲基礎的日常格言加以治療的熱病嗎？

或者這是朝向新領域的先驅之航，探尋不爲人知而卻是較爲理想的解答？這些個體好似以自我決定(self-determination)爲裝備展現耀眼的槍術決鬥，他們會是一種深刻轉變的行動者嗎？他們會是一群先鋒，宣告一個新時代，一種個人與社會新關係的來臨嗎？這會是不一樣的共同基礎：不是建立在以古老箴言保障共識的共同基礎。每一步都要爭論質疑，找出新的安排方式，面對新的需要，辯護自己的決定，共同基礎由如此的個人生命史中浮現；而人們必須保護這樣的基礎，以避免遭受會威脅我們生命秩序的離心力和變幻無常之破壞。這是本書所要呈現的觀點和理論，其關鍵詞是個人化（individualization，或譯爲個體化）。在此我們先就個人化與晚近的例子做個比較，以說明這個字究竟是什麼意思。

在十九世紀末，家庭危機的徵兆已經顯露，德國民法之父（這個孩子〈指德國民法〉只有父親絕非只是巧合）對婚姻做了如下的界定，婚姻乃是以其自身爲目的，依其自身爲合法基礎的制度，是一個已婚之人尤其沒有資格批評的制度。人們可以在他的討論中看到這樣的說法（就好像是從一本功能論教科書，「一般價值系統」那一項影印下來的內容），「符合一般德國人民的基督徒觀點，這份草案的基本觀點是在婚姻法當中……個人自由原則不該成爲主導力量，而婚姻更應該是獨立於夫妻雙方意志的道德法律秩序。」①

個人化產生並朝向全然相反的原則。生命史擺脫了傳統的誡律與確定性，不再受外在情境的控制與一般道德法規的限制。生命史成爲開放的，只依個別決定而成形，並且是每個人該去成就的工作。生命中與決策無關的可能性正逐漸消失，而開放給決策及個人主動開創的部分則逐漸增加。標準的生命史轉變成「抉擇的生命史」(Ley, 1984)，這樣的生命史則充滿了在交換中得到的「自由的戰慄」與強制(von Wysocki, 1980)。

換另一種方式說，家庭、婚姻、親職、性或愛的意義是什麼，它們應該是什麼樣子，可以是什麼樣子，關於這一切已不再可能有一套固定的說法；這些事情的實質內涵、例外情況、規範與道德變化多端，因人而異，因關係而變。想要回答這些問題，人們必須在如何、爲何、爲何不是以及到底是什麼等細節上下工夫、安排與證明；雖然這麼做可能會將原本在細節裡打盹的衝突與大家認爲已被馴服的惡魔釋放出來。精確一點說，那些想要生活在一起的個人，越來越成爲自己生活方式的立法者、自己罪行的法官、消解自身罪惡的祭司、鬆動自身往事束縛的精神醫師。然而，他們也逐漸成爲復仇者，對一直不斷的傷害施以報復。愛情成爲一面空白，戀人必須跨過日漸擴大的生命史之溝渠，將自身塡入這面空白裡，這種將自身塡入愛情的行爲可能是受到流行抒情歌曲、廣告、色情作品、言情小說或心理分析的影響。

感謝宗教改革，人們得以從教會與神聖有秩序的封建層級中解放出來，進入一個社會的、布爾喬亞的、工業的世界，這個世界運用科技的畫板，提供人們一個看似無限的空間，用以征服自然並培育他們的興趣。與此相似的是，身處當前繁華與常規的舒適中，藉由現代科技之助，個人不再被某種責任所限制，然而現代科技卻可能接管人們的生命，使他們不得不懷疑現代世界是否眞的是繁華進步的。人們發現自己身處一塊孤獨之域，在這裡他們必須爲自己負責，自己下決定，並且將自己的生活與愛情置於險境，只是他們對這些工作尙未有充分的準備，他們的成長過程並沒有培養他們有足夠的能力來面對這些工作。

工業社會對核心家庭生活中的性別角色下了一定的準則，個人化意謂著男女雙方都能擺脫這樣的性別角色規範，而這使得整個處境益形惡化，他們發現自己必須在物質條件不利的折磨下，被迫建立屬於自己的生活，所能憑藉的乃是勞動市場、訓練與升遷，如果有必要的話，還需要以家庭、人際關係或朋友爲代價來追求自己的生活。②

因此表面上是個人努力追求自由，發現眞實的自我，轉而形成一股順從普遍無上命令(a general imperative)的趨勢。這要求個人的生命史必須以勞動市場爲核心來進行規畫；這預設了個人必須具備了一定的資格，而且可以自由流動，對那些極力主張快樂家庭的重要性，卻又否定其成立條件的人來說，上述的要求更是被強調。自由的感覺以及實際的自由推翻了舊有的家庭生活圖像，並鼓勵人們去追求一種新的家庭生活，這種自由感並非個人的發明，而是晚近勞動市場的產物，另一方面還受到福利國家的抑制。這樣的自由實際上是勞動市場的自由，那表示每個人都有自由去順從某些壓力，符合職業市場的要求。重要的是你會將這些壓力內化，將這些要求納入你的人格、日常生活以及對未來的規畫考量，儘管你的家庭必然會排斥這些要求，這些要求必然會與你家庭的需求及家庭內的分工相衝突，你還是會這麼做。

從外部來看，或者從歷史的角度來看，表面看來是個人的失敗，尤其大多是女性伴侶的失敗，實際上卻是一種家庭模式的失敗。**這種家庭模式能調和一個勞動市場的生命史與一個終生家管的生命史，卻無法調和兩個都是勞動市場的生命史**，因爲勞動市場的內在邏輯會要求夫妻雙方都優先考慮自己。要銜接兩個分道揚鑣的生命史需要一番工夫，是一種驚險的平衡動作，在先前的時代，這並不是個普遍的期望，可是未來的世代，有愈來愈多的女人追求自我解放，這樣的要求勢不可免。

這只是問題的一面，可是這清楚顯示了在性別角色之間，整個牛仔與印第安人的遊戲已浮現某些矛盾，毫無疑問的即是與性愛無涉的矛盾：那是在勞動市場的需求與各種關係（如家庭、婚姻、母職、父職、友情等）的需求之間所存在的矛盾。勞動市場所傳達出來的理想形象乃是完全機動的個人，這樣的個人將自己看作是可任意變通的工作單位，充滿了競爭性與野心，隨時可以不顧自己的存在與身分認同價值爲工作付出。這種完美的受雇者符合職業市場的要求，隨時準備配合工作需要來遷移。

個人化一詞涵蓋了極爲複雜而又分歧的現象，更精確地說個人化包括了一整個社會轉型的現象；我們必須區辯出這個名詞的各種含義，而每個含義的實際意思都不該被忽視。一方面個人化意味著選擇的自由，另一方面則代表順應內化需求的壓力；一方面它表示對自己負責，另一方面則意味著你必須依賴自己全然無法掌控的情境條件。因此每一種鼓勵個人主義的情境都會產生一種你不熟悉的新依賴形式：你有責任標準化你自己的生存樣態。**從傳統限制解放出來的個人會發覺自己被勞動市場所支配**，他們必須依賴職業訓練計畫，社會福利的控管與照顧，從大眾運輸系統到托兒所設置地點與開放時間，入學許可到退休計畫都是他賴以生存的情境條件。

換言之，**傳統的婚姻與家庭並不就代表限制，而現代的個人生活並非就是自由**。簡而言之，乃是一個同時具有限制及自由的混合體被另一個混合體所取代，而後者似乎顯得較爲現代，更具有吸引力。儘管現代人從這樣的生活中也得不到什麼，卻很少人想要回到「過去美好的時光」，可見這種生活形式是比較能適應現代的挑戰。當然也**有一些男性想把時光倒流，不過並不是想讓他們自己回到過去，而是讓婦女回到過去**。

往日規範的力量逐漸消褪，不再能決定我們的行爲。以往被視爲是理所當然的生命歷程，現在則常被提出來檢討、溝通、討論、尋求新的同意，也往往因此不再被視爲是理所當然的。在追求親密關係時，行動者轉而成爲自己的批評者、指導者和聽衆，他們將自己的行動變成檢討的對象，所以雖然他們渴求親密關係，對於達成目標的規則卻無法形成共識。那些規則往往被證明是錯的、不公平的一偏之見。在這樣的環境中，那幾乎就像把救贖托身於嚴苛的生活，於新舊截然二分的思維中，只好說，「就現階段而言，那已經夠了。」

其結果複雜多樣，卻充滿了特異且矛盾的眞理。人們嘗試制訂新的禁令，並將之視爲規範。這種懷疑是帶有傳染性的，因此就算人們覺得安穩地待在舊有的確定性中，也不禁會有疑惑的眼光。毫無疑問的，多樣性要求相互容忍，可是從相對的觀點看來，多樣性也很容易呈現出失序、放蕩或道德上的無政府狀態，因此難免有人籲求要鐵腕整頓。我們可以依此來解讀對傳統確定性的渴望，這樣的渴望回應了人們對失去自己的生活與社會地位之恐懼，也回應了強烈的文化不確定感，這種不確定感被個人化的過程所喚醒，出現在日常生活的每個層面、每個角落中。我們到處聽得到人們信誓旦旦地說，甚至在日常生活中，性別角色的區別都已瓦解，令人憂心，並且宣稱只有祖國、民族等等才能拯救這種沈淪。

個人化的過程不是一直在進行嗎？

或許有人會質疑，個人化的過程難道不是一直在進行嗎？在古希臘（傅柯的討論）、在文藝復興（布克哈特的討論）、在中世紀的宮廷文化（埃里亞斯的討論）等，不都是有個人化的現象嗎？③就其一般性的說法而言，個人化確實不是什麼新鮮事，現時繁華德國所出現的個人化也不是什麼歷史創舉。然而表面看起來好像一樣的現象，實際上有其不同意涵，這些並沒有被充分地發掘出來。當代個人化現象與以前最大的不同在於其大衆性，這股個人化浪潮的規範是前所未有的。西方長期現代化造就了富有的工業國家，也形成這股個人化浪潮。如前所言，這是一種勞動市場的個人化，我們不要把它與有如傳聞般的市民階級概念相混淆，後者在現代社會早已壽終正寢，卻一再在美麗辭藻的修飾下重現。往昔只有一些小團體、菁英的少數才有餘暇關注自身的發展；現在，就如凱普所說的，與個人化息息相關的「風險的機會」(risky opportunities)已被民主化了，簡單一點說就是，我們的生活方式，諸如繁榮、教育、流動與各種因素讓大多數的人都能有「風險的機會」。

從歷史的角度來看，在現代德國，就算是較底層的社會階層，其生活水準也已經有大幅度驚人的改善(Mooser, 1983:286)，雖然在過去十幾年，高失業率引發一些衰退，可是生活水準的改善還是很顯著。以前的人日日汲汲營生，陷入貧窮與飢餓的循環裡；現在大部分的人都能具備一定的生活水準，雖然貧富差距在拉大，但這已足以讓他們安排規畫自己的生活。更重要的是，一九七〇年代以來，教育進步所造成的影響不容低估，教育進步對婦女的影響更是不容忽視。「**當婦女開始會閱讀時，女性議題於焉展開**」(Marie von Ebner-Eschenbach, in Brinker-Gabler, 1979:17)。教育開啓了天窗：它讓婦女逃離家庭主婦的宿命；它讓兩性不平等喪失其合法性；它加強女性的自尊，使她願意挺身爲自己以前不被允許的榮耀而戰；女性有自己的收入，能夠提高自己在婚姻中的地位，使她不必單純爲了經濟理由而結婚。這一切未必眞的消除了不平等現象，卻加強我們對不平等的感受，讓我們覺得不平等是不合乎正義，令人良心不安，在政治上必須正視的問題。④

你當然可以反對說，我們只是從少數個案做出類推通則，我們過度誇大這些少數特例的趨勢及其膨脹的未來。可是我們不應該把這裡所談的個人化過程看作是一種突發的改變，好像它是在刹那之間對所有人都造成影響。個人化過程實際上是長久發展的結果，這樣的發展在有些地方比較早，在有的地方則比較晚，所以有些人會覺得我們的說法像來自遙遠異國的新鮮事，有些人則會覺得那是他們耳熟能詳的日常生活。就德國來說，像慕尼黑、柏林和法蘭克福等大都市，單身家戶的比例正凸顯其個人化趨勢，可是在東佛利西亞，中佛蘭科尼亞或上巴伐利亞等鄉村地區，整個情況就完全不同。⑤這就好像在後期工業社會中，仍然會有手工業者和農民一樣，在個人化最發達的國家城市中，仍然會有一些階級區分，有一些維持不變的婚姻和核心家庭。就好像我們在討論十九世紀的工業社會時，封建主義與社會層級仍處處可見，我們描繪今日的個人化社會，其內部的杆格必然是有的。我們該掌握的重點是，將現代的發展銜接起來的趨勢和力量究竟是什麼。

如此看來，並無所謂「當下」(the present)；我們所能看到的，是布洛赫(Ernst Bloch)所說的「非同代的同時性」(the simultaneousness of the non-contemporaneous)，觀察者有時會將其中的現象說成是甲，有時候又說成是乙。到底我們的世界是有延續性，或是變動不居的，現實常是兩者兼具。不過揚克羅維契(Daniel Yankelovich)對美國的刻畫，同樣適用於德國：

> 在美國生活中，連續性與無所不在的變遷是同時並存的。美國文化實際非常多樣，所以觀察者想要強調其連續性將是很容易的事。換個角度，觀察者同樣有充分的證據指出美國生活根本是持續在改變。關鍵在於：重要的事物是否仍然相同，或是有所改變？如果重要的事情已經改變了……那麼它們將會遍及整個文化界限，並且滲入我們的政治經濟生活。如果它們真的很重要的話，那將會徹底打破我們生活的連續性。(Zoll, 1989:12)

我們所勾勒出的圖像雖然不是面面俱到，卻算得上詳細深入。我們的重心擺在日漸凸顯的新現象是什麼，而不在於說明古老熟悉的事物是什麼。我們更關注衝突與危機，而不注重連續性。但也正是喧嘩騷亂才令人困惑，想要去面對那些議題。正如海利許・曼(Heinrich Mann)所說的，「**一個全然快樂的時代或許不會有文學存在**」（載於 Wander, 1979:8），也可能不會有社會科學。

讀者可以將這本書看作是兩本書，同樣「客體」(object)的兩種觀點（所謂同樣客體乃是依作品處理的「客觀性」[objective]而定），雖然我們之間有許多對話與共同經驗，但是我們各自書寫自己的章節，而且我們並不想抹平各自作品之間的差別。結果就是各章節有重疊之處，想法互相流通且重複出現，但是我們接受這樣的結果與別人的批評。此外以這種方式呈現出來，更可讓大家清楚看出我們的討論只是階段性的說法，有些大膽的假設。進而言之，想要夫妻齊心一意，沒有相左的看法共寫愛情的混亂，那就有如穿著百慕達短褲學愛斯基摩語一樣。

這樣做的危險是顯而易見的。在非常不同的情境下，伊凡・伊利區(Ivan Illich)曾經清楚有力地說了一些話，我們同樣以此期待閱讀這本書的男男女女。「你們可以想像，我們的過程就像六次攀上相同的山頂，或者騎著掃帚環繞高山六趟。有的人甚至會覺得自己是向地獄沈淪，一次又一次見到同一個陰暗的洞穴，只是每一次……都好像通過一個不同的螺旋梯」(Illich, 1985:18)。

註釋

①Motive zum BGB”（民法法典的動機），約一八八〇，頁五六二；強調記號為著者所加。

②個體化作為一個概念、臆測、解釋、補救及詛咒，如今成為每個人朗朗上口的名詞。這個名詞和所謂的「情緒的民主政治」（democracy of mood）一起受到討論，後者指的是從前規矩的選民們所出現的不可預期的行動、工會所遭遇到的困難；很清楚地，工會無法以陳舊的標語及組織形式、年輕人的倔強（「X世代」），或是以社會結構不平等的議題來維持它們的會員數，因為不平等的議題只會被蒼白的大規模統計數字，給打回階級議題的原處。幾乎不消說也能知道，這情況同樣適用於由婚姻加家庭的統計數字所提出的尋常謎題，在這個謎題上，沒有人是個全然中立的觀察者。關於「個體化」概念爭議的摘要，請參見 Beck 1994; Beck 和 Beck-Gernsheim 1994 和 1995。關於社會個體化的理論方面，尤其參見：Elias 1991; Habermas 1988: 223ff; Honneth 1988a 和 b; Luhmann 1989; Kohli 1988; Keupp 1988; Keupp 和 Bilden 1989; P. A. Berger 1987; Berger 和 Hradil 1990：導論; Dörre 1987: 43ff.; J. Ritsert 1987; Brose 和 Hildenbrand 1988; Lau 1988; Rosenmayr 1985; Hennig 1989; Esser 1989; Hornstein 1988; Flitner 1987; Weymann 1989; Klages 1988; Heitmeyer 和 Möller 1988; Wahl 1989; Neckel 1989; Zoll 及其他人 1989。

③ Foucault 1978; Burckhardt 1958; Elias 1991第一卷第二冊。在喀爾文教派的內在禁慾主義當中，馬克思・韋伯（1985）看出了從傳統救贖確定性中的解放；對他而言，這也呈現了藉自我主張來馴服自然的強迫性，並導致敬謹的生活及財富的累積。對 Georg Simmel（1978）而言，個體化的核心動力在於金融經濟；後者開放了社交圈，並使其重新混雜。因此個體化的主題可經由這些時代及社會理論而追溯到現在。

④ 司法審判、福利國家的保護、傳統家族的崩解、工作天的縮減及其他因素，在這兒都扮演了一個角色（參見 Beck 1986: 121-30）。個體化概念的歧義性及其對公衆所發揮的廣大影響，表示了整個社會在社會結構方面的不安定。當舊的社會不平等形式逐漸消失、新的不平等形式曖昧地浮現時，個體化是其中的密碼。這個觀點參見 *Soziale Welt*, 3/1983，以及由 Kreckel（1983）、Berger 和 Hradil（1990）所編的、關於 *Soziale Welt* 的特殊議題。

⑤ 如同 Burkart, Fietze 和 Kohli（1989: 256; 同見 pp. 11-12, 61, 195, 259）所詳細顯示的，「個體化過程以不同的速度在不同的地區運行著，而且不見得是朝向同一方向。」也請參見 Bertram 和 Dannenbeck 1990。

1

Das Ganz Normale Chaos der Liebe

要愛情或者要自由

共同生活、分居或爭執

自由加上自由並不等於愛，
而更可能意味著愛情的威脅，甚至終結。

自由、平等、愛情

一個人可以熱愛各式各樣的人、事、物：安大路西亞（譯按：西班牙的一省）、他自己的祖母、歌德、雪白肌膚襯著黑色網狀絲襪、起司三明治、大胸脯女人誘惑人的微笑、新鮮麵包捲、雲的流動以及小腿、愛娜、伊娃、保羅、海茲・德里希——他可以以雙手、齒牙、字詞、眼神、狂熱，同時地、連續地、極端地或是無聲地做著所有這些事。然而性愛（無論其採取何種形式）具有如此令人難以抗拒的力量，它是如此奪人心神以致於我們常要縮小我們愛情潛力的廣大範圍，去渴求一個愛撫、一個字眼、一個吻——還需要我再繼續舉例？

嘈雜或沈默、內在、外在、婚前、婚後以及伴隨著整個婚姻，日常生活的兩性戰爭或許是愛情飢渴的最佳度量衡，我們懷著飢渴而彼此攻擊。世人們呼告「**給我們天堂，現在就要**」，他們的天堂或地獄若非在此世，否則便是不存在。這個呼聲在受挫者以及自由追尋者的怒號中得到回響，**他們明白自由加上自由並不等於愛，而更可能意味著愛情的威脅，甚或終結**。

人們結婚與離婚都是爲了愛情。我們經歷著有如可以相互交換的關係，這不是因爲想要擺脫愛的束縛，而是眞愛的法則要求如此。建築在離婚判決之上的當代巴別塔紀念著令人失望且過分高估的愛情。即使是犬儒的態度有時也無法掩飾自己是愛情煎熬過後的變形。人們因此熄滅了對愛情的渴望，這似乎是唯一保護自己免於難以承受之痛的最佳辦法了。

許多人談論愛情與家庭就像早幾個世紀的人們談論上帝一樣。對於救贖及情感的渴慕、無端的心煩意亂，以及深植人心的流行歌曲裡不切實際的老生常談——所有這些都有種宗教性的、期盼超越日常生活的味道在（對於這個觀點的延伸性討論見第六章）。

這個殘存而新興的愛情聖教，在決心要捍衛個體性，要在離婚律師或者婚姻諮商專家的辦公室裡一決勝負的兩造間，導致苦澀的宗教性論戰。在現代，對愛情的耽溺是幾乎所有人都服從的基本教義派信仰，那些反基本教義者尤是。**愛情是宗教消失後的宗教，所有信仰盡頭的終極信仰**（這個類比在第六章有說明）。它之於我們的環境就像宗教審判之於原子能委員會，雛菊之於開往月球的火箭般。而愛情的圖像依舊盛放在我們心裡，受我們最深切的期盼所灌溉。

愛情是私生活中的神祇。「真正的社會主義」可能隨鐵幕而消失，然而我們卻仍生活在真正的流行歌詞的年代中（見第六章〈當前的浪漫主義：愛是一首流行歌曲〉一節）。浪漫主義已然獲勝，心理治療師們正靠它大削一筆。

存在的意義不再失落；至少在日常生活的誘惑及壓力之下，生活不再空虛。某一有力的勢力奮起，並補上了被從前的世代認爲是由上帝、國家、階級、政治或家庭所支配的空缺。做爲重要人物的我與做爲我助手的你——而你可以是任何人。

然而無論怎麼想，愛情都不等同於慾望的滿足，肉體的激顫只是愛情的光明面。愛慾隱含的許諾喚醒了我們的慾望，暗示著新奇而親密的歡悅，然而即使是愛慾的強大誘惑也並不意味著慾望的滿足，或甚至是對於滿足的要求。這個目標的達成經常使得前一刻尚如此歡悅的肉體景觀變成吸引力盡失的蒼白肉塊，以及粗率地卸下的衣物。

才滿足的期盼要變成冷淡的凝視是何等容易啊！不過在片刻之前，難以抗拒的迫切性讓兩個從事禁忌遊戲的戀人們肢體交纏，彼此水乳交融而界限泯滅；而現在這對人兒彼此瞋視，就如同是前一刻看著牛隻、豬隻的人們，如今成了肉品的檢驗員甚或看著臘腸的屠夫。

對那些將肉體高潮的追尋與愛情泥淖中的安穩生活混淆在一起的世間男女而言，無論如何生活是沒什麼指望的了。愛情是愉悅、信賴、情感及其反面的厭倦、發怒、習慣、背棄、寂寞、要脅、絕望及冷笑。**愛情抬舉了你的情人，對你而言他／她可能是歡樂的泉源，對別人來說，卻是層層的脂肪堆積、隔日的殘羹剩屑。**

愛情不懂得感恩，更別說能信守誓約。戀人們貌合神離、言行不一。**被拋棄、被誤解的戀人又能向哪個法官要求權利？**誰說戀愛講什麼正義、眞理與權利？

從前的人盼望並相信著，當兩性同享自由與平等之時，真愛將如花朵般光輝、熱烈地盛放；**愛與不平等猶如水火不容**。而今我們似乎至少抓住了這個理想的一端，卻因此發覺自己正面對著另一方面的問題：兩個期望平等、自由或是期望變成平等、自由的個體，如何找到能使愛情成長的共同基礎呢？在過時的生活風格遺跡當中，自由似乎意味著逃離現狀與嘗試新事物、意味著追隨著自己的心跳以及加入別人的步伐當中。

也許在遙遠的未來，這兩條平行線終將相遇。我們不會知道的。

性別鬥爭的現況

人們花了兩千年的時間才開始懷疑「人(men)皆平等」這個啓示所造成的強大影響。**二十年間**——從歷史長流來看不過是短瞬間，**他們開始了解自己恐懼的是「女人也和男人一樣平等」所具有的意義**。

但願這不過是個關於愛情與婚姻的問題罷了。然而人們卻再也無法單用像是雙方同時涉入的性、情感、婚姻、親職等事物來定義兩性關係，他們還必須將幾乎所有其他的事，包括工作、職業、不平等、政治、經濟也統統包括進去才行。就是這麼一堆各不相同的因素所造成的無法擺平的混亂，讓這個議題變得複雜透了。任何人要討論家庭就必須論及工作和薪水，要談到婚姻則必須檢視一下教育、機會與流動，特別是還得要討論這些兩性差異，如何能在女性的能力經常不遜於男性的事實下形成的。

從各種角度來看男女不平等的現狀時，有人能認出過去一、二十年裡所發生的任何變化嗎？我們的發現是曖昧的。一方面，關於性、法律及教育的各個面向都出現了劇烈的變動，總的來說，這些變化——性的方面除外——主要出現在態度及字面上，而非在事實上有所改變。另一方面，男女行爲方式卻驚人地停滯不變，在就業市場中情形更是如此；而在保險以及津貼給付的範圍上，兩性差異也同樣維持不變。分析這結果我們發現一些弔詭之處：**兩性間越像是平等，我們越會意識到這之間固有而致命的不平等**。

這種舊狀況與新態度間的混雜共生在一個雙重的意義上可說是破壞性的。一方面，受到較好教育的年輕智識女性期望在公私生活裡都受到伙伴般的待遇，但她們卻面臨勞動市場及男性同儕的反挫力量。相反地，男性們則是大肆鼓吹平等，卻言行不一。兩方面的幻想都極爲容易破滅；雖然兩性間資格能力相當，同享相同的法定權利，然而大家都明白不平等的現象與日俱增，而關於這個事態的立法卻停步不前。女性熱切希望能活得像她們的同儕友伴一樣平等，當面臨實際的狀況時卻產生尖銳的衝突。

同樣地，這樣的衝突也出現在男性身上；他們既堅持一種相互負擔責任的制式男性價值，卻又不樂意自己例行的日常生活有絲毫改變。我們似乎正處於從舊封建模式中分離的初步階段，面對著對立、機會及衝突等此一進展所包含的所有正負效應。女性的覺醒遠遠走在現況之前，但沒有任何人能使時間倒轉。我們預診了時代的病況，發現自己正面臨艱苦的長期抗戰；在未來的好些年裡，兩性戰爭將持續地上演。以下我們從不同而廣泛的領域中，找到一些資料來描繪這樣的現況，並提供一些理論性的思考。

性與婚姻

幾乎所有西方國家都出現了高離婚率的信號。雖然德國相對於其他國家，比方說美國，離婚率算是低的；但就算是在此地，也幾乎是每三對夫妻中即有一對以離婚收場（大城裡的離婚率是二分之一，小鎮及鄉村地區則大約是四分之一）。雖然統計數字顯示從一九八五年①以來離婚率有些微的下降，但持久婚姻中的離婚率卻有顯著的增加。②同時離婚率在再婚和有小孩的夫妻間也在攀升當中。親子關係連帶地呈現愈加糾結紛亂的狀態：我的小孩、你的小孩、我們的小孩，以及相關連的每個人各自不同的生活規則、反應及爭執。

然而「非正式婚姻」(informal marriages)數目的急遽攀升，更遠超過官方的離婚數字。據估計，一九八九年時在德國（當時的西德）約有兩百五十萬至三百萬人過著「私通」的生活。③非婚生子女數的增加亦指出了同樣的狀況；在一九六七年時，非婚生子女佔所有孩童的百分之四・六；到了一九八八年這數字已經上升到了百分之十。④然而我們無法得到任何關於非正式家庭離婚率的統計數字。不只是選擇這種同居方式的人口比例在過去十年間增加爲四倍之多。令人驚訝的是，這種直到一九六〇年代都還被極力反對的「非正式婚姻」是如何演變成被人廣泛接受的。這個變遷的步調或許主要是顯示了一種非官方、非傳統式的生活模式已然建立的事實。

在一九六〇年代的家庭裡，婚姻與家庭被視爲是建構正常生命歷程的堅固基石。可是在另一方面又總會蹦出許多問題和選擇來。一個人不再清楚自己是要結婚還是要同居，是要在自己家還是要跟別人在外面養育小孩，是要選擇應該生活在一起的這個男人，還是要選擇自己愛著卻和別人同居的那個男人來當孩子的爹，或者這些事情是該和事業同時並重，還是有個先後比較好。

所有這些協議都有可能被推翻，因此它們的維持有賴於雙方將其合法化，而這也意味著或多或少的不平等。這個現象可以被理解爲是慣常隸屬於婚姻與家庭生活的行爲態度的解組及分化(decoupling and differentiation)。這使得我們愈來愈難將現實與概念扣連上。家庭、婚姻、親職、母親、父親等等這些制式名詞的使用，隱匿了隱身於它們背後的那些日漸成長的異質性（離婚父親、親生父親、單身父親、非婚生子女的父親、外籍父親、繼父、家庭主父、與妻子平分孩子的父親、週末才能和孩子見面的離婚父親、妻子是職業婦女的父親等等，參見Rerrich [1989]以及本書第五章)。

家庭成員的組成也顯示了社會發展的趨勢；越來越多的人們過著獨居生活。在德國，已有超過三分之一（三五%）比例的家庭是單身家庭。在諸如法蘭克福、漢堡或慕尼黑等重要城市，單身家庭的比例，則超過百分之五十，而且仍在攀升當中。在一九〇〇年的時候，家庭成員五人以上的佔所有一般家庭的百分之四十四，到了一九八六年，這個群體只剩下百分之六。相對的，雙人家庭的比例則從一九〇〇年的百分之十五，成長到一九八六年的百分之三十。一九八〇年代晚期，在德國有九百萬人（大約佔人口總數的一五%）獨居，而且這個數字仍在持續增加，這之中只有半數多一些的人符合單身的刻板印象——年輕未婚的專業人士，其他的則都是些鰥寡獨居的老人，尤以女性爲多。⑤

把這種傾向單一地詮釋爲男女關係中日益增長的無政府狀態和恐懼承諾的反映，恐怕是錯了。在這同時也存在著一種相反的趨勢：三分之一的離婚率意味著仍存在著三分之二的「正常婚姻」與家庭（無論隱藏在這個名詞背後的可能是什麼）。的確，在一個單獨的世代裡，性行爲方面已有令人驚訝的改變，發生在女孩和婦女身上的改變則更是明顯。過去，只有年輕男性被允許私下「亂搞」，甚至這樣的行爲也常招致訕笑。如今有超過一半以上的女孩（六一％）認爲對女性而言，性的歷練是重要的。這其中又有半數人可以體會腳踏兩條船所具有的特定吸引力（Seidenspinner and Burger, 1982:30）。然而這些數字不應該嚇住我們；事實上這些新的行爲規則自有其嚴格的規範。多數年輕人即使是把拒絕婚姻與家庭當作一種生活模式，也仍然追尋情感的許諾。即使在今天他們還是把穩定的伙伴關係當作自己的理想和目標，「在沒有法律以及宗教信仰的正式壓力的情況下，人們似乎常把對於關係的忠實視爲理所當然」（Allerbeck and Hoag, 1985:105）。因此我們還不清楚這整個趨勢將要把我們帶往哪個方向，而針對「家庭是否正在消失當中呢？」這個常見的問題，這裡得到的答案是對或錯皆可。

教育、就業市場與雇傭工作

即使德意志聯邦共和國的憲法保障了兩性的法律平權，直到一九七七年新的婚姻與家庭法問世時，一些重要的歧視形式才被廢除。如今我們再也找不到成文的理由可以差別地對待兩性了。女性被允許保留娘家的姓氏，從前法律強加在女性身上的那些對家庭和孩子們的責任已被拋棄，誰來持家成爲夫妻間必須商量的大事。此外，由於雙方都有在外工作的權利，照顧小孩成爲父親與母親的共同責任。法律上強調，夫妻雙方如果對於事情的意見相左，「必須盡力取得共識」（Beyer, Lamott and

Meyer, 1983:79)。

在這整個針對女性權利的廣泛改革當中，也許最爲激烈的改變是發生在德國戰後的一個幾乎是革命性的進展：女孩以及年輕女性取得了接受各種型式的教育及訓練機會。直到一九六〇年代，在教育領域中對於女性的歧視仍是不證自明的（令人驚訝的是，這個情況在上層階級更爲明顯）。到了一九八七年女孩實際上已經可以和男孩並駕齊驅了，而且在完成中等學校義務教育的人數中，女孩佔了大多數（五三・六％）。

然而有些改變違反了這個趨勢。從接受職業訓練的機會顯示強烈的性別偏見仍然存在著（在一九八〇年代早期，四〇％的女性勞工並未獲得任何職業證照，而男性勞工只有二一％）。在過去十年裡，願意繼續上大學的女孩比例從八〇％落到六三％（而青年男子願意繼續升學的比例則從九〇％降落到七三％）。⑥女學生仍繼續偏向某些學科的學習（幾乎七〇％的人選擇了人文、語言或者教育學），而且女性傾向於取得層級「較低的」學校的任教資格。⑦

但與二十年前的情況相較之下，說教育領域已經女性化(feminized)了也並不爲過。問題是教育的革命並未帶動勞動市場或者雇傭體系的變革。相反地，爲受較好教育的人們而開的門「在雇傭及勞動市場中……再次被砰然甩上」(Seidenspinner and Burger,1982:11)。從事「男性」職業的女性人數雖有些微成長，但相對的她們在其他各項領域中工作也被大幅地取代。一九七○年代時將女性吸收進有需求的（且是被鼓舞的）職業中的趨勢，持續伴隨著一種翻轉的階級制的「封建性別模式」（the 'feudal gender pattern' of an inverted hierarchy)：越是社會的核心領域裡面，佔有位置的女性數目越少；相反地，越被認爲是邊緣性的活動、越缺乏影響力的團體裡面，女性在裡面佔有位置的機率越高。相關資料顯示，所有領域裡面的情況都是如此——政治、商業、高等教育、大衆媒體等皆然。

在政治領域的高層職位上，能找到一名女性還是件反常的事。從一九七○年起女性參與決策體系的人數增加的同時，進入政策制定核心的女性比例卻減少了。社會民主黨的女性配額法正是爲了克服上述現象而出現的，然其效果則仍有待評估。至少到目前爲止，女性已經較容易進入政黨委員會了（從一九七○年的一四%上升到一九八二年的二○・五%），女性進入議會的比例從上到下都有增加，比例最高的在縣市層級（地方議會裡女性的比例約在六%到一五%之間，鄉鎮民代表會裡，女性比例則在九・二%到一六・一%之間）。

在商場上，很少女性能取得眞正具有影響力的職位，她們大多擔任較不重要的工作（例如人事室）。在法律系統裡的較高層級也出現了類似的情形。法律體系裡的女性比例是多多了（例如在一九七七年，檢察官裡有十%是女性(Federal Office of Statistics, 1988:30)。然而在聯邦法庭裡「做出重要裁決的位置以及規畫未來十年社會遠景的地方，女性（幾乎）絕跡了」(Wiegmann, 1979:130)。

在高等教育裡面，女性爬到薪資金字塔頂端的仍屬少數例外；一九八六時，爬到教授職級頂層且拿到最高薪的人共計九、九五六位，其中只有二三〇位是女性。在這個職級底下，女性的比例穩定增加，而且在薪水較差的職位——即不穩定的中級職位及助理教授中，尤其是在「邊緣領域」裡頭，女性所佔的比例更是大多了。⑧大眾媒體裡亦出現同樣的情形，職級越高的地方，女性越少。如果有女性活躍在螢光幕前，也多半是擔任助理職務或者是在輕鬆的娛樂部門，少有人能進入重要的政治、經濟新聞部門的，女性要進入決策階層則更是困難(Federal Ministry of Youth, Family and Health, 1980:31)。

年輕女性的專業能力並不是造成這種性別差異的理由。她們受過良好的訓練，而且大部分爬到比她們母親那一輩還要高的位置（而且還常超越她們的父親！），然而這個印象卻是錯誤的。在許多職業生活的領域裡，女性的境遇每況愈下。她們經常從事沒有確定未來的工作，像是秘書、銷售員、老師、工廠裡不需什麼技術的女工之類。正是在那些有大量女性從業員的領域裡面，出現大量裁員的強大趨勢；用社會學家的術語來說，這是對於「大量理性化潛能」的反應。這個說法特別適用於工業裡頭。

在電子業、食品業、服裝及紡織業裡，大部分給女性做的工作都很難機械化，這些工作填補機械化過程所減少的工作量，或至少能提供自動化生產所餘下的一些人力工作，然而這些工作可能將很快被微電腦或全自動的設備所取代。失業率顯示大量的女性已經因此而失去工作。過去幾年裡登記有案的失業女性始終高過男性，而且數字還在持續增加當中。一九五〇年時，女性的失業率是五・一％（男性則是二・六％），到了一九八九年，女性失業率已攀升到九・六％（而男性是六・九％）。一九八八年在聯邦共和國（指西德）粗估有約兩百萬的失業人口，超過半數是女性，即使女性也不過佔勞動人口的三分之一。⑨

在學院裡頭女性失業率從一九八〇到一九八八年間不斷增加，其中男性失業率是一四％，女性卻是三九％。這些數字還不包括多少是自願離職而成爲家庭主婦的人數。這也意味著在過去十年裡，進入一種「完全失業」狀態的人數大增，尤以選擇回歸家庭者爲衆（一九七〇年只有六千人選擇家務工作，一九八四年時已增至一二一、〇〇〇人）。換言之，對女性而言，每樣事物都在揚升當中，包括參與勞動市場人數以及失業、準失業人數都是如此。

一般而言，女性勞動力所受到的歧視最終顯現在低所得這項事實上。女性工廠作業員在一九八七年的時薪是一三・六九馬克，不過爲男性平均工資的七三％ (Federal Office of Statistics, 1988:480)。從一九六〇年以來所做的歷時性研究顯示，整體而言兩性間的時薪差距有降低的情形，然而即使受同樣訓練且相較於年齡較長的男性，一般也仍可取得較女性爲高的工資。例如，女性白領工作者平均只取得男性月薪的六四%，而在生產團隊裡面，女性也只掙得她們男同事薪水的七三%。⑩

事態發展明顯不符合年輕一代女性的期望與需求。一九八二年由薩登史賓納(Seidenspinner)和柏格(Burger)所發表的研究「少女」(Mäedchen)發現：「對十五到十九歲之間的女性來說，最重要的事情是取得職業成就」，比婚姻及母職（譯註：motherhood，視脈絡而定，或譯爲母職、母性，或譯爲母子關係。而 fatherhood、parenthood亦同）的重要性高(1982:9)。年輕女性極想要取得專業證照、找到好的工作，但她們卻只能被迫面臨職場上的反方向壓力。長期及短期以來，她們將會如何因應來自私下及公開的無情打擊仍有待持續觀察。

打破傳統性別角色的影響範圍當然不限於女性。事實上只有到了男性也改變態度及行爲的時候，傳統性別角色才可能眞正破除。在對女性重新築起一道高牆的就業市場及其他「女人工作」像是持家、育兒的傳統領域裡面，這尤其是一件再明顯不過的事。

從男性觀點看婦女解放及家務工作

一九八五年由麥茲・果克(Sigrid Metz-Göckel)和穆勒(Ursula Müller)所發表的研究「男人」(Der Mann)裡面提供我們一幅矛盾而衝突的景象。普羅斯(Helga Pross)在一九七

○年代中期所報導的男性性別角色觀點似乎是這樣：「男人較強壯，他希望擁有一份工作來養家。女人則較弱勢，她希望維持她在家庭裡面固有的角色，而且只希望偶爾能有一份相對上要求不大的工作，她尊敬她的丈夫」(Pross, 1978:173)，這種對於性別角色的態度現在被一種口頭上開放而行爲保守的態度所取代。「男人的反應是分裂的。他們不去做自己所鼓吹的事，而是把實際上的不平等用追求公平基礎的口號給隱藏起來」(Metz-Göckel and Müller, 1985:18)。

最近二十年間事情幾乎沒什麼改變，尤其是關於家庭和養育孩童的責任方面。「父親們不煮飯、不洗衣服、不掃地，他們認爲自己對於養家和育兒方面的經濟貢獻已經夠了」(1985:21)。相應地「大部分男人接受家庭主夫這個角色時，只把它當作是適用於別的男人身上的事」(p. 63)。這種表面上（口頭上）具有彈性，骨子裡仍抱著舊性別角色不放的態度十分狡猾。對他們而言，捍衛自己「做爲家庭主夫的權利」和接受女性的平等這兩件事並不相衝突。十年前，大部分的男人用女性所受訓練較少作爲藉口來解釋女性受雇者所受的歧視。自從近年來女性在教育方面大有進展以後，這些藉口已經不再適用了。新的城牆於是被築起——他們開始拿女性的母親角色作爲新的藉口。

六一%的男性認為女性之所以無法在職位梯階上晉升，是由於她們身負家庭責任的緣故……當他們被問到了對一個擁有（十歲以下）小孩的家庭，怎樣才是分配工作、家務及育兒的最佳方式時，大多數德國男人(八十%)建議女性留在家裡，讓男性出外工作……在男人的眼中，這種安排並非不利於女性，而只是出自於客觀事實的考量……把女性議題轉化成兒童議題是對抗女性對平等要求的最佳堡壘。(pp. 26-7)

小小的歷史反諷，與此同時一個雖小但逐漸成長的群體——家庭主夫和單身父親——正在削弱這種防守位置。

作者挖苦地總結了新女性的陽剛形象所帶來的矛盾：

甜蜜的家庭已經消逝了。這彰顯了女性自己作主的權利所具有的相當重要性。一個知道自己想要什麼的獨立女性是令人嚮往的。獨立的新女性能夠以一種負責任、自信的方式處理好自己（以及其餘家庭成員）的事，因此她能幫助減輕一些男性的負擔……男性甚至可以在這一類的女性解放者身上發現一些積極的面向……只有當女性的「獨立」威脅到他們自身、當女性對男性提出要求、當女性主張的利益和男性自身的相牴觸時，女性的解放才會構成他們的問題。(pp .22-3)

對於這一小群轉變了性別角色而成爲「新好爸爸、家庭主夫」的男人所做的初步研究提供了我們一幅更完整的圖像(Strümpel et al. 1988; Hoff and Scholz, 1985)。根據他們的說法，只有在一個嚴格的講法上，他們所做的這個決定才可說是自願的。他們「呼應了配偶對於專業事業的懇求和需要，在某些個案裡這是她們孕育小孩前的條件」(1985:17)。這些家庭主夫罹患了家庭主婦症候群：看不見的成就、缺乏存在價值和自信。他們之中的一位說道：

> 最糟糕的是清潔工作，那真是恐怖得令人作嘔。你只要每天都做一次你就會知道了。假如你在某天，譬如說禮拜五，清了某樣東西，在下個禮拜相同時間的相同地方會躺著同樣的灰塵。這似乎就是使得這個職業地位低落的真正原因了，或者說至少使人幾乎提不起勁來……幾乎可以這麼說，這工作有點像是想要清潔整個海洋一樣。(pp. 17-18)

由於這個經驗，即使是那些有意轉而從家務工作中「轉換跑道」的男人，也改變了他們原先對於家務工作的看法，而且開始明白在外工作是使得他們和其他人有自尊的基本原因。現在他們所有人都正在尋找至少是兼職的時薪工作(pp. 2,43)。我們可以從下列事實看出這種性別角色的轉換是如何地爲社會所不容，男性經常因爲承擔家務工作而被稱讚，然而女性卻因此而受到批評。她們被控訴爲「壞母親」(p. 16)。

總結來說，在兩性共同耕耘的理想關係表象背後，矛盾時時發生。要說是進步或者是倒退，端視你從哪個角度去看。和她們的母親那一輩相較，年輕女性如今的確享有了「自由的全新領域」，她們擁有更多的權利、教育機會以及更多對於私生活和職業的選擇（Beck-Gernsheim, 1983，及本章）。然而更仔細地檢視社會發展，我們發覺這些新的自由並未受到社會的保護。在就業市場以及政治、商場上，男性固執地要將女性自重要職位排除，這導致人們不得不懷疑，目前爲止女性所面對的爭論不過是溫和的口角，後面還有一場眞正的硬仗要打。

這個立場的出發點及其未來的展望之間是高度自相矛盾的。一般來說，和過去的世代相較，現在的女性可說是相當成功的。她們受到較好的教育，也因此擁有獲得好工作的資格。然而大致上她們已經被也受到良好教育的丈夫所趕上了，女性仍被宣判得過著「家庭主婦的生活」。女性樂意於經濟獨立和擁有一份有意思的工作，而這和丈夫想要一個具有愛心、母性的伴侶的願望相牴觸。對於那些了解放棄職業生涯和依賴於丈夫意味著什麼的女性而言，這件事特別的眞實。

由女性在選擇「爲自己而活」或是「爲他人而活」的困難掙扎當中，透露出女性「個體化」所牽涉到的整個複雜過程。當然這股新的解放精神也不只被迫走回頭路罷了。從男性的觀點來看，在女性的見識由於教育而增廣的同時，如果還希望她們看不透男性們主張維持封建現狀的陳腐言論，那未免也太短視、太天眞了。

過去十年裡，男性在這方面也產生了一些改變。「男子漢」(tough guy)這種老掉牙的說法已不再適用。多數男性希望能表露自己的情緒，也希望能示弱(Metz-Göckel and Müller, 1985:139，及第五章)。他們開始發展出一種對於性的全新態度，「它不再是種孤立的驅力，而是他們人格中自然的一部分。對他們而言，體貼自己的伴侶是很重要的。」(p. 139)

然而男性仍舊佔據著一個有差別的位置。「平等」這詞意味著事情變得大爲不同。平等不是指更好的教育、更好的機會、更少的家事這些發生在女性身上的改變；恰好相反，平等是要男性們去接受更多的競爭、放棄職業、做更多的家事。大多數男性仍沈浸在魚與熊掌兼得的幻想裡。他們想像平等不會改變舊日的性別勞動分工（特別是這跟自己無關）。根據從前的經驗，每當女性的權力開始對他們形成威脅時，男性便訴諸自然，他們藉著生物基礎上的性別差異來正當化普遍存在的不平等，以便向自己隱瞞自身的言行不一。從女性具有生殖能力這事起，他們直接跳到結論來，首先是說她們對小孩、家事及家庭有責任，然後說因此她們應該放棄職業生涯或是安於從屬的地位。

這些表面化的爭論與不合在一個高度敏感的領域裡對男性產生了影響。根據傳統的性別刻板印象，一個男人的「成功」和他的經濟及職業成就密切相關。只有穩定的收入才能使他達成「會養家的好男人」、「顧家的丈夫、好父親」的性別理想。根據這想法，即便性需求的滿足符合一般的規範，這也是得長期依靠他的經濟能力。於是相反地，男性必須「賣命」(do his best)工作，內化工作強加給他的壓榨，甚至耗盡自己來滿足這些期望。

雇主用來規訓勞動力的獎懲策略如果有效的話，這種男性「賣力工作」模式即是基本的原因。有妻子及兩個小孩要養的男性可能會去做老闆交代的任何事。另一方面，要一個男性在工作上消耗精力，則必須以女性提供的「快樂家庭」爲前提。男性爲了遵從工作理念所受的壓力，使得他們在情感上高度依賴。他們投身於勞動分工當中，並將自己人生基本方面以及情感投入的能力全託付給自己的配偶。同時，他們也感覺到一種想要符合他人期望的強烈衝動。男性可能發展出一種無視於衝突正在醞釀的顯著能力。然而當他們的伴侶部分或完全收回情感的支持時，他們卻顯得極容易受傷。家庭生活不睦而且充滿緊張憤怒時，他們會傷得更重。沒有人理解他們。當配偶拒絕了解自己時，他們簡直無助到了極點。

命題

性別差異的關鍵並非如一般認爲的只是性徵差異而已。性別差異毋寧是整個社會結構瓦解的隱密象徵。以下三個命題描繪了個人問題中所涉及的理論面向：

㈠強制的性別角色是工業社會的根基，而不是可以輕易拋棄的傳統遺跡。沒有男女角色之別，就不會有核心家庭存在。沒有核心家庭，就不會有社會典型的生活及工作模式。關於工業社會中資產階級的印象是奠基在不完全的——或者更確切地說，是分離的——人類勞動力的商品化。而整個工業化、商品化是和傳統形式的家庭角色互斥的。一方面，薪資勞動者是以家庭勞動者的存在爲前提，而市場性生產又預設了核心家庭的存在，在這個面向上，工業社會乃是依賴於性別角色的不平等；另一方面，這些不平等和現代思想相悖，並且隨時間推進而產生越來越多的爭論。

男女間變得越是平等，家庭的根基（婚姻、親子關係、性）就似乎越受動搖。換句話說，二次大戰以來的這段現代化時期中，工業社會既創造了極大的進展，卻也開始步入解組當中。原本女性受限於照顧丈夫的「命定身分」，丈夫則必須負擔兩人的生計。而今市場經濟無孔不入，使女性得以掙脫這層束縛。但夫妻間彼此生命經歷的配合——關於生殖及生產方面——以及家務的分配卻因而變得更加困難，女性在社會保護措施方面的缺乏也更爲明顯了。今日的夫妻們所必須解決的那些問題來自於工業社會中個人化(personalized)觀點的互相矛盾，由於人們想要「做自己」，整個工業的封建及現代根基都爲之動搖。

㈡那種從社會階級成員中提取出個人的變遷動態並未在家庭這塊領地前稍停。它們創造出一股自己也不了解的神秘力量，無論這股力量採取了什麼形式，僵化的性別角色、資產階級道德綱領都得讓路，要不就得被迫躲回自己的角落。向它們襲來的是一股信念——儘管我是個女人，我就是我；儘管我是個男人，我就是我。「我」和那個被期望的女人、被期望的男人是不同的世界。這種個體化過程得出了一些相當矛盾的結果。由於其他社會束縛似乎太薄弱或是不可靠的緣故，**當男性和女性從傳統規範中解放出來並尋求「爲自己而活」的同時，他們被迫要在一個封閉的關係裡尋求幸福**。理想的婚姻和結合所顯示的是你必須去和某個人分享你的內在情緒，而這卻不是人類的基本需求。當我們變得更獨立而且更在意犧牲所帶來的收穫時，這種需要才會更爲增強。因此，從婚姻與家庭的直接出走經常或快或慢地導致了對婚姻與家庭的回歸。

㈢二十世紀最爲顯著的特徵，是各式各樣的利益衝突正在各種家庭中上演，這些家庭包括共同的家庭、自己的家庭、婚前的、婚姻狀態中的或是婚姻結束後的家庭。在這些地方展現的只是利益衝突中隱密的那一面。家庭不過是衝突事件的環境，而非原因；甚至當這個背景換了之後，衝突還是繼續上演。

兩性之間以情人、父母、配偶、薪資勞動者、個人及社會成員等身分緊密交織在一起，而這些利益間的衝突似乎使得這些關係鬆弛了。當已婚（或未婚）的伴侶們了解到還有其他選擇——例如在別的地方工作、以不同的方式分配家務、更改某人的家庭計畫、和其他人做愛——時，爭執就開始了。這些事情的決定使我們體會到，事情的結果對男性和對女性來說有多麼不同。實際上兩性乃是屬於不同的陣營。譬如決定誰來照顧小孩的同時也就是在決定誰的工作有優先性，而這也會單方面地決定誰在未來成爲經濟上的依賴者，以及相關於此事的種種後果。這類決定涉及了個人的和公共的兩個方面；沒有公共方面的支持（日間托育、彈性工時、適當的保險給付範圍），私生活的爭戰定會增加，有足夠的外援才能緩和家庭裡的緊張氣氛。因之，我們必須把解決問題的個人和公共策略看作是相關的。

現在該是更細緻地討論這三個命題的時候了，這三個命題是：工業社會的「封建」性質、性的個體主義傾向，以及對於我們能有選擇這件好壞參半的事的一種漸增的意識。

工業社會：封建主義的現代形式

要定義性別角色的獨特性質，最好的方法是將其與階級區分相比較。勞動人口由於普遍的貧窮和悲慘境遇而在公領域裡引爆了階級戰爭，而今日的衝突則多在私人關係裡爆發，在廚房、臥室、遊戲室一決勝負。這些衝突的徵兆包括無休止而迂迴地談論著情緒或者是冷戰、疏離冷漠的逃避態度，對於不再了解的另一半失去信任、經歷離婚之痛、將精力集中在孩子身上、努力從另一半身上奪回屬於自己的小小角落，卻仍得在許多事情上和對方分享、從日常生活細節裡吹毛求疵而其實壓力都是自找的。**「兩性間的壕溝戰」**、**「自我的隱退」**、**「自戀主義的年代」**，你想怎麼稱呼這現象都可以。作為社會結構的工業社會之封建核心正是以這種方式在私人生活中內爆的。

在某種意義上，工業體系所引發的階級鬥爭是一種社會現象，是工業運轉方式的產物。而兩性間的戰爭既不適用於現代階級衝突的模式，也並非只是過去的遺跡。兩性戰爭是第三種變形。就像勞力與資本間的對立一樣，在薪資勞動以家務工作為前提的意義上，十九世紀時，生產和家庭部門才被區隔出來成為兩個範疇。因此性別戰爭同時是我們工業世界的產物及根基。

與此同時，男性和女性一出生即被指派各自的位置，從這個方面來看，他們也就進入一種奇異混雜的「現代遺產」當中：在工業社會當中，一種男尊女卑的現代階層被建立了起來。從現代思維與舊模式間具有衝突拉扯的角度看來，爭執乃是不可避免的。相應地，作為爭執來源的性別暨地位角色，其展開衝突的方式也異於現代化過程早期的階級問題。只有在隨後的現代化過程中，當社會階級已經喪失大部分意義、新的觀念因而能滲透進家庭、婚姻、親子關係及整個私領域的現在，性別暨地位角色的衝突也才於焉展開。

個體化在十九世紀紮根之時，幫助形塑了核心家庭，而如今核心家庭已失去了傳統的樣態。出外工作及在家工作這兩種生活，乃是沿著衝突的軸線而被組織起來的(Rerrich, 1989)。市場力量在家庭之外發揮影響力，在這同時家庭內的無酬工作則被視爲理所當然；關係涉及的是伴侶之間的約定，然而家庭及婚姻則意味著共同體的利益。就業市場上鼓勵的個體競爭與流動力遭遇來自家庭的相反期待，在家庭裡個人則被期待要爲他人犧牲自己的利益、投資所謂家庭的集體計畫。於是，兩個時代在對立的軸線上被組織起來，價值體系——現代性與反現代性、市場效率和家庭支持——被加以結合，彼此補充、調節及產生衝突。

工作場所與家庭的區隔造成男性及女性日常處境的本質性差異。因此這並不只是一種市場價值的不平等；這種不平等會導致薪資、工作及升遷等事情上的差異；這也是日常生活裡偶然會遇見的另一種不平等。經由勞動市場，生產被管制著，而人們實行生產所涉及的工作以便換取金錢。從事這樣的工作使得無論是有多依賴於雇主的人們都能成爲自給自足者(self-provider)。他們是被供給新工作、新任務及新觀點的人。

相反地，無酬家務工作則是經由婚姻強加給女性的天職，其本質即暗示著依賴。那些從事家務工作的——我們都知道她們是誰——以「從別人手裡接過來的錢」(second-hand money)來持家，持續依賴著配偶的收入來源。我們不需要從這些工作如何分配的討論出發就能了解工業社會的封建核心。原則上，即使是在工業社會裡面，一個人的命運是終生從事家務工作，還是配合勞動市場，是在搖籃裡就被決定了的。這些封建的「性別命運」(gender fates)被我們彼此對於愛情的承諾所減輕、中合、加重或者隱藏。愛情是盲目的。由於愛情看似是逃離自身所帶來的痛苦的唯一辦法，我們便傾向於去否認隱藏於愛情背後那不平等的眞實性。然而不平等是眞的，這不平等使得愛情顯得陳腐而冷酷無情。

看似是由「親密關係的恐怖」所形成的威脅其實不過是現代觀點對人口半數的人適用時所引發的衝突罷了。這半數的人口熱中於家庭外的工作，而另一性別的人們的個體自由與平等的原則從一出生時就被剝奪並被歸給其他人。工業社會從未並且也無法完全地工業化，它從來是半工業、半封建的。工業社會裡封建的這一面並非只是遺跡而已，而是將工作及家庭生活撕裂開來的先決條件及結果。

在二次大戰戰後，當福利國家組成時，有兩件事發生了。一方面，根據就業市場需求來組織個人生活的想法也影響了女性。這想法本身並不是個新的運動，而毋寧是支配工業社會的原則對於性別界線的一種跨越。然其所導致的結果卻是男性與女性間全新區分。勞動力的擴張及於女性意味著家庭理想、性別命運、親子關係與性的禁忌的終結之始，甚至它還導致了家庭與工作場所間部分的重新統一。

在我們的工業社會中，社會結構已知呈等級秩序，而這樣的社會結構是有賴於幾個相異的元素而存在的。這些元素包括了：具有衝突性的家庭與工作場所的區隔、出生時即被強制指派並決定著人生的角色規則、由濃厚（或淺薄）的愛情及彼此以爲人配偶、父母的身分互相珍視扶持的誓言，這兩者所形成的失衡構造(lop-sided construction)。回顧過去，上述結構顯然是無視於彼此間的極端對立而建立起來的。現代化也常被視爲是過分單方面的一種過程。事實上現代化有兩面；現代封建性別模式乃是平行於十九世紀工業革命的發展而被引入的，也可以說現代的步伐是伴隨著反動的跫音前行的。家庭外的生產性工作與家庭內的家務工作間所具有的重大差異被建立、加以正當化並轉而形成外在的眞實。而男性哲學家、神職人員及科學家們所形成的同盟則藉著將這些社會現象標示爲男性及女性的「本質」來隱瞞實情。

換言之，現代化並不只是廢除了農業社會而已。它還創造出自身的封建規則。這些規則在現代化的第二個階段當中逐漸失效。二十世紀現代化過程所發揮的影響力乃是對立於現代化在十九世紀的作爲的。十九世紀時現代過程導致薪資勞動及家務工作間的截然二分，如今它卻努力想將這兩者重新結合起來；鼓勵女性從事工作的誘因取代了使得她們依賴他人的限制，陳舊的性別角色刻板印象被破除，取而代之的是，兩性都有機會逃離性別的限制。

然而，這些現象不過爲我們指出了正在前進的方向罷了。基本關鍵是，只要社會仍被互相衝突的生活模式及工作期待一分爲二，則市場經濟裡面引發的人的問題就無法解決。男性及女性都希望而且也必須在經濟上獨立，但由於核心家庭維持了關於工作條件、社會立法、都市計畫、學校必修課程等凡此種種的綱領，而這些綱領都假定了兩性間應扮演不同的角色，因此，只要傳統核心家庭不被打破，這目標就無法達成。

在無數家庭裡上演的「世紀之戰」混雜著沮喪及罪惡感的意識，驟然地點燃了。這是由於兩性試圖在私生活中擺脫性別刻板印象，卻又在家庭外繼續維持這種刻板印象所導致。結果不過是換了種形式的不正義罷了。要將女人自家事的負荷中解放出來，則男性勢必被期待要適應「這種現代的封建存在」(this modern feudal existence)，並且要承擔起女性爲了自己著想而拒絕去承擔的責任。

從歷史的觀點來看，這就像是要把貴族階級變成佃農的奴隸一樣。雖然男性並不比女性更希望「回到罪惡的淵藪」(back to the sink)（這點女性應該比男性更清楚），但這也只不過是問題的一個面向罷了！兩性間的平等不可能由那些自身已預設了不平等的制度來達成。這些新人們(new round people)也無法被硬塡進雇傭體系、鄉鎮規畫者和所謂的社會安全所要求的舊制度當中。假如這種緊張的結果導致夫婦在類似「角色互換」或者「分配打掃工作」等事情上的惡毒口角，那也並不令人驚訝。

從性別角色中解放？

上面描繪出來的這個觀點零星地對照著一些經驗上的資料。這些令人印象深刻的資料記錄了一種朝向性別階層制重建的代間趨勢。到底要在什麼意義上人們方可正當地談論自由？這個自由是同等適用於兩性的嗎？在什麼條件下它是可行的？又是什麼因素使得它窒礙難行？

就像前述的資料所證實的，至少我們把女性從傳統的女性任務中略微解放出來了。在這之中，我們可以辨認出五條並不全都相關的主要軸線。過去幾十年裡，這些方面已經有了長足的進步。

首先，因爲女性如今擁有較長的平均壽命，她們生命經歷的輪廓於是有了變化。特別是如殷霍夫(Arthur E. Imhof)的社會史研究所顯示的，這種情形導致了「女性的解放」。幾個世紀前，女性的壽命還只夠她生養完社會所期望的(socially desirable)存活後代數目，如今，她「做母親的職責」在大約四十五歲時便已完結。女性只有在一段短暫的時期裡「爲子女而活」，接著便是平均爲時三十年的「空巢期」，這種改變超越了關於女性生涯的傳統關注焦點。「今天單在德國一地，超過五百名處於後親子(post-parental)關係黃金時期的女性……經常……無所事事」。(Imhof, 1981:181)

其次，特別是從二次大戰以來的現代發展，已經使得家務工作產生革命性的轉變。如今的現代化牽涉到的社會疏離並不是現狀所固有的特色，而是面對傳統生活模式的態度產生變遷的結果。在個體化過程的覺醒當中，核心家庭傾向於強調自己的獨立性，以一種自掃門前雪的態度，拒絕接受親友鄰里的束縛。其結果是家庭主婦成爲最卓越的孤立工作者。

另一方面，自動化設備已經接管了難以計數的家務任務，各式各樣的家用品、電器、消費性商品等減輕了家庭主婦的負擔，卻也同時剝奪了其工作的意義。她們的工作被立即可用的產品、付費服務、技術完善的器具所取代，最後只剩一系列不可見的、無休止的「善後工作」(finishing-off jobs)。把家庭主婦的孤立狀態和自動化的趨勢放在一起考慮，兩者所造成的影響是「去技術化」的家務工作，這使得許多女性在外頭找工作以尋求成就感。

第三，雖然母子關係仍是讓女性束縛於傳統女性角色的最強烈手段。然而我們也不能過分高估避孕及墮胎合法化，在解放女性傳統義務上的重要性。

孩子及由此而來的母子關係（及其導致的所有結果）不再是女性「與生俱來的

命運」，至少在原則上，小孩及母子關係都是意圖及期望下的產物。當然，我們的資料也顯示，對許多的女性而言，能夠不在經濟上依賴丈夫／伴侶而盡母職，或者多少不必全責照顧小孩，這些都仍只是夢想罷了。然而年輕女性不像她們的母親，她們現在至少能和伴侶共同決定是否要生小孩、什麼時候生，以及想生幾個這些事情。與此同時，她們的性生活也不必然和母職有關係，而可以用經常是違反男性規範的方式來自信地探索、開發性生活。

第四，逐漸成長的離婚率顯示婚姻所提供的支持是何等脆弱。女性經常陷入「丈夫不在」(a husband away from)的貧困當中。幾近百分之七十的單親媽媽每月必須靠少於一、二〇〇馬克（約合七五〇元美金）的收入勉強過活。領取養老金的女性是最常需要紓困救濟的人。在這個意義上，被釋放自由的女性也可說是失去丈夫這張長期飯票的人。統計上記錄著女性大量湧入勞動市場的數字，這顯示，她們之中的大部分已經從這個歷史教訓中得出了自己的結論。

第五，教育的平等機會也已經有助於促使年輕女性進入就業市場。

包括人口解放、無酬家務工作、避孕、離婚法、專業訓練和機會等所有這些因素，都共同強調，女性已準備好掙脫她們現代封建角色束縛，這運動肯定是無法被喊停的。然而這確實也意味著女性追求有彈性、有能力、可流動以及事業心的個體解決途徑時，也給家庭帶來了兩重與甚至三重的衝擊。

此外，有些運作中的力量正在驅使女性回到她們的傳統位置上。假如我們的市場經濟眞的健全，而每個男性跟女性也都自負生計的話，那麼可恥的高失業率還會增加。而只要存在著大量失業人口，那麼失去工作的女性從婚姻的直接依賴解放後，就可能無法透過家庭外的工作而獲得獨立。即使丈夫已經撤銷了對她們的支持，這些女性還是得大量地倚賴經濟庇護。這種徘徊在「脫離」配偶的支持以及「自由」地找份工作之間不上不下的位置，最後被從事母職的誘惑給確定了。一旦女性不只要生孩子，而且還要照顧孩子、自覺得對他們負責任，把孩子看作是她們生命裡面基本的部分，那麼小孩就會成爲她們甜蜜的「負荷」，成爲拒絕這種激烈競爭時難以抗拒的理由。

於是，當女性試圖在這兩個矛盾的選擇裡面取決時，便顯得反反覆覆。她們的困境反映在其行爲上。她們逃離家庭找到一份工作後卻又再次回頭。她們試著做出矛盾的決定來調停在不同生命面向所面臨到的衝突局面及期待。而她們面臨的環境使得情況更糟。她們必須忍受離婚法庭質問爲何忽視了自己的事業，而社會工作部門則爲何未盡母親的職責。她們被指控只爲了自己的野心而讓丈夫們原本就艱苦的職業生涯過得更糟了。對年輕女性來說，個體化看起來就是：離婚法背後隱藏的缺乏之社會保護的現實、勞動市場裡那扇關閉的大門以及家事的沈重負荷。

對男性而言，情況就很不一樣了。當女性被期待放棄「照顧他人」的舊角色，並且尋求經濟自立的新社會認同的同時，男性仍維持舊文化模式中獨立薪資工作者的角色。依照男性刻板印象，「事業人」形象、財政自給自足以及陽剛的行為這三者是合而為一的。男性從來不讓配偶（妻子）養，而且他們把工作謀生的自由視為理所當然。傳統上，伴隨在背後支持他們的總是女性。父子關係所帶來的喜悅及責任總被認為只是小小的消遣罷了。父職並不是男性事業的一種阻礙；相反地，找到工作才是他們的強制責任。換句話說，所有那些將女性從她們傳統角色中逐出的因素，在男性這邊都不存在了。在男人的生涯脈絡中，父職與事業、經濟獨立與家庭生活是不相牴觸的，他們不須去和普遍的社會環境對抗；事實上他們是被強制適應於自己的男性角色的。然而在這個意義上，個體化也意味鼓勵男性在行為上遵從傳統陽剛氣質的規則。

假若男性拒絕他們性別角色的支配，他們這麼做也是為了別的理由。對個人事業的執著其實也是種矛盾：這意味著為了某樣他既無閒暇、需求，也無餘力享受的東西犧牲精力及時間、擠破頭爭取晉升、為了個人無法卻仍必須與其融為一體的專業及組織目標而耗盡自己、處理那些各不相同卻都無足輕重的小事。即使如此，直到來自女性的壓力產生為止，並沒有固有的誘因來改變這情況；這件事是具有雙重意義的。假如女性加入勞動市場，男性就可以從家庭唯一支持者的枷鎖中解放出來。一方面，這可以減輕為了妻子及家庭而服從他人的壓力，使得男性與這兩個領域內的約束關係有了新的形式。另一方面，家庭氣氛可能會有所轉變，男性的生活中交由女性來運轉的那一面出現了新的傾斜，他們開始感覺到自己在日常事物以及情感上有多麼地依賴。所有這些情況都鼓勵著他們以較具彈性的方式來認同自己的男性角色，並嘗試各種新的行爲方式。

夫妻間越是有爭論，越能把兩性地位的差異給凸顯出來。小孩以及經濟的安穩是引發爭執的兩個核心催化劑。在婚姻中，衝突可能隱藏在這兩者背後，而一旦夫妻間決定離婚後，衝突必然表面化。從一個受薪者到兩個受薪者的過渡期中，責任和機會一般而言也會產生重組。（譯按：一個受薪者模式）坦白說就是離婚後女性被迫承擔照顧小孩而且沒有收入，而男性只有收入而沒有小孩。

乍看之下，離婚之後，兩個受薪者模式和一個受薪者模式似乎並無太大差異。（根據大部分的離婚判決）女性在離婚後擁有收入以及小孩。然而，由於女性找到一份好工作，或者是法庭判決贍養費、退職保險費由雙方共享等因素，男性及女性在經濟上變得更加平等了，做父親的於是逐漸意識到自己在自然上、在法律上都處於不利的地位。女性擁有小孩，她們把孩子當作是出自自己子宮孕育出的產物，人們知道小孩在生物上、在法律上都屬於她。卵子與精子的所有權屬誰仍是衆說紛紜之事。孩子的父親是誰卻總是任由女性擺佈、取決。事實上，特別是在墮胎所牽涉到的各種問題當中，更可見出這種說法的眞實性。隨著男性及女性角色的逐漸分歧，這種跡象正在復甦當中，選擇了放棄事業計劃以便多陪伴自己小孩的男性，發現自己回去的家已變成了空巢。（特別是在美國）關於這個現象的明顯跡象是，被離婚判決剝奪了撫養權的男性綁架自己小孩的個案也增加了。

個體化可能促使男性與女性分離，弔詭的是它也促使他們回到彼此的臂彎之中。由於傳統風氣式微，親密關係的吸引力遂逐漸增加了。人們所失去的所有事物都要在另一半身上尋回，上帝爲大，要不我們便取而代之。「信仰」這字曾經意味著「體驗」，如今它被以尖酸的語氣說成是「違背了我們的最佳判斷」(against our better judgement)。上帝消失了，連帶地向神職人員告解的機會也少了，我們無處可以卸下罪孽的重擔，也無法辨明是非。過去那些至少可以爲自己造成的痛苦提供自我說明的階級體系已然蒸發，成爲統計數字及其註解的煙幕。曾經因爲交換小道消息及共享回憶而興盛一時的鄰里關係，因爲工作及居住地的分離而正在消失當中。一個人或許認識了許多朋友，然而這些朋友都傾向於各過各的生活。他或許得加入一個俱樂部，才能得到眞正的友情。人們接觸的範圍是越廣越多樣了，然而對他們而言，這又太多了，大部分只是膚淺的接觸罷了；以致於我們才剛顯示出對彼此的興趣，就因爲對方更多的要求而急踩煞車。即使是親密關係也可能只是這樣的一種快速交換，就像不過是個握手的動作一樣。

所有這些也許都能使事物維持進展並開啓新的「可能性」，然而關係的多樣性卻不能取代給予人們認同感的穩定的根本聯繫。研究顯示，多樣的接觸及持續的親密關係都是人的需求。擁有幸福婚姻的家庭主婦經常有不安全感及孤立感。形成自助團體的離婚人士則發現，假若沒有大量的社會接觸，寂寞將難以忍受。

現代社會的發展方向反映在將愛情理想化的方式上。我們以使我們窒礙難行的方式，來禮讚愛情，以便能平衡妨礙生存的失落感。如果禮讚的對象不再是上帝，不再是牧師或神父，不再是階級，不再是鄰里，那麼至少還有你可以禮讚。而這個你的分量必須和似乎是普遍的情感空虛狀態成反比。

這意味著**與其說是物質安全感，倒不如說是對孤獨的恐懼才讓家庭與婚姻結合起來的。或許不考慮各種危機和質疑的話，對婚姻而言，最可靠的基礎在於失去時的威脅——孤寂感**。

我們可以從這裡面得出什麼結論呢？首先是，所有關於家庭的爭論都是相對的。資產階級核心家庭已經被神聖化，或被詛咒了。人們要不只能把焦點放在危機上頭，要不就寧取那些從令人沮喪的替代方案灰燼中產生的完美家庭觀；但所有這些觀點都建立在錯誤的前提之上。把家庭貼上美好或者邪惡標籤的所有人都忽略了一個事實：家庭不過是使得兩性間長期存在的差異表面化的場所罷了。無論在家庭內外，兩性都遭遇到彼此間日益升高的各種矛盾。

在什麼意義上我們可以談到要擺脫家庭呢？由於個體化過程的動態已然滲透進

家庭生活，所有的共同生活形式也都開始產生激烈的變化。個人的生命經歷與家庭間曾有的連結已然鬆弛。一個終生的核心家庭能使男性和女性的生命經歷在做爲父母的身分上融合在一起，如今這樣的核心家庭變成了例外的少數，視個人生命經歷階段而往返於各種介於家庭和非家庭設定之間的情形，則成爲通則。當我們從一個階段跨過另一個階段時，生命經歷背後的家庭根源所面臨的處境日艱、影響力式微。每個人都參與了好幾個家庭和非家庭的階段，在這個意義下他／她們可說是越來越過著自己的生活。只有當人們從長程的觀點而非從統計數字或暫時性的觀點來觀看生命經歷時，才會發現個體化的家庭生活是如何地顚倒了傳統的優先順序而成形的。因此家庭紐帶鬆動的程度可以從對於生命經歷的概觀中得到最好的說明，這種生命經歷的概觀呈現在關於離婚、再婚，以及婚前、婚內和婚外同居形式的資料當中。可以料見的是，這些發現與其透露出來的關於婚姻生活的正反意見間，是自相矛盾的。面對著要或不要家庭的抉擇，越來越多人「選擇」了第三種可能性：各種家庭形式的混合，以便找出似乎最能適合目前情境的一種。

於是終其一生，許多人都在痛苦並努力地嘗試著和他人一起生活的不同方式。結果如何則難以預料。不管犯了再多「失誤」也無法阻止他們一再嘗試。

察覺差異而必須做出抉擇

兩性在處境以及期待上的差異並非昨天才出現。然而直到一九六〇年代絕大多數女性仍理所當然地接受著這樣的性別差異。在過去三十年裡，人們已更加關注這些差異，而政治力也已為女性取得平等的權利。這些初步的成功提高了人們對於不平等的覺知程度，因此我們必須區分由各種理由支撐著的不平等，以及對這些不平等的覺知這兩者。性別角色間的矛盾有其相互獨立的兩個面向，一是事情的實際、客觀的狀態；一是我們面對它們的覺知程度及態度。而是什麼讓我們能在這個新的處境中得到啓發呢？

隨著現代化的推進，日常生活各方面須做的抉擇數目急速增加。一個人可能會有些誇張地說「隨便啦！」誰在什麼時候洗碗盤、誰換尿布、誰負責採購、誰來用吸塵器吸塵的問題就和誰回家時順便帶條培根、誰決定是否搬家以及是否來段夜間床上娛樂的問題一樣，答案都變得不再明確；所有的決定都必須和個人獻身以共度日常生活的伴侶分享。婚姻可以和性分離，而性又可以和親子關係分離；親子關係可能由於離婚以及與數個家庭間的同居、分居及始終可能改變的抉擇所帶來的進一步發展而增殖。這種數字運算在方程式的一頭得出了相當高的總數，暗示著在「婚姻」與「家庭」這兩個堅定而正直的字詞背後，隱藏著各種多少以家庭爲基礎的模糊影子。

在我們的私生活當中隨處可見新的機會，而我們發現自己被迫要去做決定。必要的計畫與協議可能被變更或是廢止，而由於它們經常涉及某種程度的不公正，所以必須被正當化。在這過程中出現的討論及爭執、沮喪及失誤透露出男性和女性所面臨的風險及機會有多麼的不同。從系統性的觀點來看，把既定的事實轉變成抉擇是把雙刃劍。完全沒得抉擇的選項已經消失了，選擇的機會使得人們面臨著去選擇的壓力。我們無法避免地需要慎重考慮自己的感覺、問題以及可能的結果。然而做抉擇本身變成一種意識高昂的事；個人突然意會到決定的意涵以及阻撓了可能解答的矛盾。

這經常是由一個相當尋常的決定——搬家而展開的。就業市場不考慮受雇者的家庭狀況而要求他們具有流動性。這是和家庭的期望正好相反的。若要徹底考慮市場經濟的因素，一個人該沒有任何家庭束縛才對。每個人都該獨立自由地呼應公司的要求以確保他／她的經濟生存。一個受雇者理想上是一個不受家庭阻礙的個體。相應地，除非小孩能跟著流動的單身父親和／或母親一起長大，否則這也該是個沒有小孩的社會才是。

只要人們仍理所當然認爲，婚姻對女性而言即意味著放棄事業承擔育兒責任、隨丈夫工作需要而遷徙，這種介於個人關係的拉力及商業要求之間的矛盾就仍會被隱藏著。然而既然夫妻雙方都希望或者都必須設法維生，他們就得面臨這個困境。這情形應該相當適合由國家來提供解決辦法或援助措施，比方說採取公民最低收入保證的形式，或是不限於有工作者的社會保護、撤除就業障礙、改變某些工作標準之類的措施。然而並無跡象顯示官方有這樣的計畫。夫婦間於是必須在可以彼此分擔風險的可得選項間找出私人的解決之道。其中的關鍵即在於，誰準備要放棄在現代社會中被認爲不可或缺的兩樣東西：他／她的經濟獨立和安全感？除非完全放棄職業生涯，否則任何放棄工作而跟隨配偶遷徙的人都必須處理這個不利的處境。

除了職業流動之外，夫妻間需要處理的其他重要因素還包括：在期望的孩子數和小孩降臨的時機上取得共識、決定誰來照顧小孩、永遠決定不完的日常瑣事、決定由誰來單方面避孕、尋求關於墮胎或性衝動的共同意見、抵抗甚至是來自奶油廣告裡面的性別歧視者的猛烈砲火。所有這些都影響著兩性的同居生活。當我們思考這些議題時，更不得不注意到兩性間的觀點差異有多大。生小孩的選擇，對於可能會成爲母親或父親的人來說，所引起的反應就是相反的。假如人們只把婚姻生活中最美好的時期當作是種暫時的和解——即抱持了所謂隨時準備離婚的態度——那麼雙方所恐懼的分離到頭來也不過是意料中的事，是一開始就講明了的決定與安排所造成的不公平結果。

如果個人把所有最新的技術進展以及相關禁忌的崩潰——包括讓小孩接受特殊的教育或心理課程、懷孕過程中的介入，更別提基因工程創造出來的科學虛構現實（參見第五章）——都加以考慮後，顯然地，他將發現，曾經是一個整體的家庭已經被分成了不同的陣營，在其中男人對抗女人、母親對抗小孩、小孩對抗父親。在需要抉擇的壓力下，傳統的家庭共識已被摧毀。雖然人們常恐懼要由自己來獨立承擔這種家庭問題所帶來的過重的責任，但結果並非如此。幾乎所有這些議題都有非個人(impersonal)的一面（例如關於育兒問題的激烈爭執即是官方觀點下的產物，這些觀點認爲育兒無法和專業投入兼備，並且爲自己的觀點謹愼辯護）。這種洞察力當然幫不上什麼忙，尤其對小孩又特別不利。但這也顯示包括就業市場、雇傭體系或法律等影響家庭的外在事物，是如何必然地以一種扭曲而有缺陷的方式滲透進我們的私生活中。在家庭（及家庭的所有替代方案）當中被體系性地產生出來的謬見控制了家庭的成員，它們還暗中操弄著逆轉伴侶間不公平行爲的那些機制。

即使家庭生活的最核心——親子關係——也開始分裂成母子關係與父子關係。現今在德國，每十個小孩裡面就有一個成長於單親家庭，也就是由單獨的男性或女性來照顧。單親家庭的數目一邊增加，雙親家庭的數目則一邊減少了。成爲一個單親媽媽不再是被「遺棄」的下場，而經常是出自有意識選擇的結果。許多女性在審視自己與（只有在生小孩一事上才派得上用場的）孩子父親間的爭執時，認爲單身是唯一可以把自己極端盼望的小孩給帶大的唯一方式。

對於孩子的感受與承諾會隨著個體化過程的進展而改變。一方面，小孩被認爲是自身發展的阻礙（參見 Beck-Gernsheim, 1989 以及 Rerrich, 1988）。養一個小孩是昂貴、耗費精力、結果難以預知、受限而且還可能使自己審愼描繪的計畫落空的困局。一旦小孩降臨，父母的生活淪落到受孩子的需要所支配；小孩用溫情的微笑以及聲音的召喚使得父母臣服於他的生理節奏。但從另一個觀點來看，正是這些笑語使得育兒經驗成爲絕對地無可取代。

孩子成爲最後殘存的、不變的、獨特而基本的愛情對象。伴侶來了又去，孩子卻留了下來。人們徒然地在伴侶關係中尋找的東西最後總在孩子處找著，或者孩子就是他們所要找的。如果說男性和女性是越來越難彼此相處了，孩子所要求的卻正是伴侶關係的獨佔、感受的分享，以及享受即刻的身體接觸；這種身體接觸在別處已經變得不尋常而且似乎是種冒險了。孩子是種隔代重現的社會經驗，它是值得慶幸、栽培的，但即使每個人都渴望這種經驗，它在由個體組成的社會裡卻正在逐漸減少當中。所有這些事：對於孩子的寵愛、把他們視爲生活的重心——這些被寵壞的小可憐蟲——、爭奪離婚期間及之後的孩子監護權等，都是渴望這種經驗的徵兆。孩子是座堡壘，使得人們可以抵禦越來越沒有機會去愛人與被愛的生活。他們讓生活「再次蒙上魔法般的色彩」，他們是用來挽救普遍的除魅狀態的秘方。出生率也許是下降了，但是孩子從來沒有比現在更重要過。最普遍的情況是，養一個小孩要花費的心血使人們打消了再有另一個的念頭。但那些因此而想像是（經濟的）成本阻止人們生育的人，不過是陷入自己那套損益思考方式的囚牢罷了。

工業社會所需要並保存下來的中世紀最後遺跡，也就是前面討論過的有如自然的那種封建性別角色正在瓦解當中。目前重要的是，要去辨認出這個變遷的各種面向。那些試圖從病人個人的童年生活來了解他們目前痛苦的精神治療師和心理學家們並沒有抓住問題的重點。當人們面臨的是必須用一種全新且固有矛盾的方式生活的窘境時，把焦點整個放在從童年經驗來追尋人們罪惡感根源的做法無異於誤導。當兩性拒絕了封建角色時，他們做為情人、配偶及父母所遭遇到的問題，大部分都和影響他們整個生活的不平等有關。現在是該心理學家們從這個角度來處理問題，並修正他們理解這些面向的方法的時候了。

個體的終結，抑或無限主體的復興？

工業社會中封建性別刻板印象的失落，能在個體之死的爭論中扮演怎樣的角色呢？我們所透露出來的內在生活，只能任由突然興盛的精神分析事業、宗教教派及政治狂熱者所接管了嗎？我們已經失去了自我的最後一塊淨土，而只能成為專為現狀背書的訂做式消費者了嗎？

乍看之下，但也只有在乍看之下，一九七〇年代的社會驅力似乎已經淪陷在主體性和自戀主義的泥淖中了。

> 由於受到婚姻及家庭的生活方式不符合未來趨勢所累，在婚姻、家庭的內外，到處可見關係及承諾在日常現實裡艱苦掙扎著。總體上，這些正在發生著的變遷再無法被視作是一種私下的現象。在私領域這個高度敏感的範疇當中，逐漸累積起一連串的努力，想要嘗試修補兩性關係。這些嘗試不計形式及所遭受到的一再挫折，而試圖找出新的一種以共享及公認的壓迫為基礎的連帶性。這種針對了社會的困難而從根著手，因此優於由那些不切實際的理論家所想出的任何策略。(Muschg, 1976:31)

個體常被宣告已死。經過兩百年來的文化評估及意識形態分析之後，縈繞在我們腦海和寫作當中的只剩下「主觀的要素」罷了。這就是阿多諾(Theodor Adorno)在一篇名爲〈單純的西蒙〉(Simple Simon)的文章中所指出的：

> 在標準化、組織化的人類元件(human units)當中，個體仍殘存著。他甚至被

保護著並且還贏得了專屬的價值。但其實個體充其量只是自身獨特性所產生的作用。就像是引起孩子們驚嘆與嘻笑的嬰孩一樣，只是個展示品罷了。自從他不再擁有獨立的經濟存在以來，他的性格開始與客觀的社會角色間產生矛盾。正因為這矛盾的存在，個體在自然保護區裡被看管著，只有在無用的沈思時，才能享受自身的存在。(Adorno, 1978:135)

這個觀點和一九七○及一九八○年代裡發生的事是互相矛盾的，在這段時間裡發生了主體性的復興，⑪其影響力則十分難料，我們至今也尚未能有全面的了解。當時各種小團體、小圈子針對著各式各樣的議題，有如雨後春筍般冒了出來。雖然由於組織不健全的因素而未能持續很久，然而它們對抗著既存的政黨及學院的阻力以及億兆元工業投資的強大壓力，成功地使得社會開始關切討論世界正面臨的危機(put the themes of an endangered world on the social agenda)。如果要說，當時一般公民都是以自動自發的態度來選擇自認爲重要的主題的，似乎也並不誇張。使得這些主題成爲政治議題的步驟是我們常說的，既惱人、可笑又不留餘地的政黨綱領和政府政策。女性議題、環境議題、和平議題都是以同樣的方式產生。當然這只是文字而已，只是偶爾拿來遐想，而且經常只是友善地閒聊的話題。但至少在口頭上，這些勝利已經美得不像眞的了。

也許這些措施大部分只是種包裝、投機罷了，只有偶爾才會拿出來例行地重新考慮一下。這些措施大多都並未觸及行動及實際狀況。然而有件事仍是眞實的：這些如今人人朗朗上口的未來性主題並不是出自於統治者的遠見，或是議會裡的辯論，當然，更不會是從商業和科學的權力核心孕育出來的。這些議題之所以能抵抗著制度化忽視的阻力而引起社會的關切討論，應歸功於經常是迷糊、受教而不多疑的少數團體的努力；民主性的顚覆已經贏得了極爲難能可貴的勝利。而在德國，由於長期信任權威的緣故，在所有這些凱旋之地當中，其人民一向能溫順地配合各種瘋狂而要命的官方政策。

這勝利難道只是用來打擊右翼資產階級知識分子的賄賂嗎？這勝利難道只是把敗退當作改革的重新詮釋嗎？都不是。幾乎沒有人認爲事情正變得更好，沒有人能看見一絲希望。那位早晨寫詩，午間勞動而傍晚垂釣的「新的全人」（new person）哪兒去了呢？想要把過去二十年間公共意識上議題的轉向與變遷，以全然童子軍／階級鬥爭式觀點加以詮釋的人，必然陷入他／她自己那僵化前提的陷阱當中。

阿多諾從個體失落了獨立經濟存在來解釋個體的消逝，這即是錯誤的所在。在福利國家當中個體已經獲得——套個歷史用詞——新的經濟地位。他首先是做爲勞動市場的參與者而非特定公司的受雇者，集體性協議及社會保護措施作爲個體資格能力與流動性的報酬，則將他組織起來並予以協調及緩衝。所導致的特殊結果是使得他／她成爲自願適應於社會標準的獨立社會存有；這結果當然不代表最近已然凋敝的資產階級個體的復活，也無法說是由於無產階級受誘於資本主義魅力，並且自我隱瞞其階級角色而產生的妄念。簡要地說——也許是過分地簡要了——社會存有是自身生命經驗的舞台經理，而這種生命經驗已被宣告得面臨著所有的自由選擇。

在一個個體化社會當中，每個人都必須學會把他／她自己認知爲生活運轉的軸心——他／她是他／她自身能力、愛好、關係的企畫室；否則個人就會面臨不利的處境。假如我們書寫自身的生命經歷，「社會」必然被我們視爲可以操縱的變數。無疑地，大學職位短缺的問題影響到成千的人，而我們又如何能無視於自己的低評價而著手爭取醫學的教職呢？這些影響到個人生活的社會決定因素必須當作「環境變數」來處理，並且得藉著「創造性的手段」來改善或克服。

我們所需的是日常生活中充滿活力的活動，這種活動以自身爲核心，選擇並開放出機會來，因而使得個人可以計畫自己的未來並做出有意義的決定。當我們耽溺於智力上的比畫時，假如我們想要繼續存活下去，我們必須在背後發展出一種以自我爲中心(self-centred)的態度，來顚覆世界與自身的關係。也就是說，要藉此來提供我們自己所需的機會。

然而對「個體解答」(individual solution)的關注卻結合了服從並根據標準化方式行爲的強大壓力；鼓勵了個體主義的那些手段也同時誘導著同一性。這情形頑固地出現於包括市場、金錢、法律、流動性、教育等各個場域當中。個體的處境是他們必須深度依賴著就業市場；也就是說，一種改良過的依賴觀已經深入我們生活的最隱密之處。這就是當社會把市場法則運用於個人時所產生的結果，只有仍依賴著傳統支持體系的場域（例如婚姻）才能成爲少數的例外。

事實上，我們正同時處於要成爲個體以及要採納標準化策略的壓力之下，而且由於新就業市場所提出的要求也是全新的，這些標準化策略於是無法充分說明我們所面臨的困境。上述要求環繞著我們的私生活及公共位置。在創造我們自己的生命經歷時，我們也必須要讓公司、辦公室、業務、工廠等進入自己私人的家庭當中。所產生的情況因爲是兩面的，所以也是矛盾的：個體的抉擇深受外在影響；看似是外界事物的卻變成了個體生命經歷的內在面。也因此，影響我們私人生存的抉擇，變得逐漸而明顯地受到環境及我們無法企及的抉擇的影響。我們遭遇到的是自己可能無法處理的風險、摩擦和困難。它們幾乎環繞著政治人物所爭論的各個領域：所謂「社會安全網的漏洞」、薪資協商和工作條件、避免官樣文章、提供教育、解決交通問題、保護環境等等。

換言之，我們自我的生命經驗逐漸被外人所寫下，我們的私人決定不再由自己手裡做成。眞實的情況是，個體的選擇、行動或者忽視指引著人們生活中可行的路徑，並爲人們派定了社會中的相應位置，這些選擇包括進入某所學校、通過或通不過考試、選擇哪種工作等。但重點是，即使是這些顯然是自由而私人的決定和行爲方式，也都受到政治發展和公衆期望的束縛。看看教育方面，或者是由於未受惠群體突然被認爲值得支持或給予獎學金，或者是因爲對未受惠群體的援助被撤回或用來獎勵菁英分子，相關的教育最高決策能對個體生活產生深遠的影響。此道理同樣適用於家務事及離婚法、稅務法規和生活津貼，這些決策視個體的財務地位來鼓勵或阻礙人們結婚或再婚。

人們越是依賴這樣的官方決策，他們的生命經歷就越容易陷入危機。一個人謀生的關鍵在於雇傭工作，而成爲一個適任的受雇者意味著獲得正確的訓練。任何拒絕上述兩項中任一項的人，都會在社會及物質上失去立足之地。因此對要在社會上取得一席之地的年輕人來說，提供他們見習的機會是很重要的。同時，經濟及人口上的波動，也會使得整個世代成爲社會的邊緣。換句話說，官方決定乃是根據市場的需求來決定誰被支持而誰被忽略，而這會導致個體所屬的一整個世代——即一整個同儕團體無法在社會上獲得立足點。政府所支付的不當給付也透露出相同的訊息，這些給付被期望可以用來彌補所有年齡相仿的群體，在雇傭市場上所遭遇到的機會短缺情況。

即使「標準生命經歷」(Standard biography)的概念已經逐漸變得不太恰當了，官方式的思考和管制仍然遠離了這個概念軸線。以社會保險爲例，即使在大量人口失業的時候，也只有少數人能符合給付的標準，且給付標準亦未能呼應家庭與兩性關係的進展。一個「家計負擔者」的概念已經過時，取而代之的是認爲在家庭中，撫養和照顧小孩的工作該彼此分擔與替換。「完整」家庭的地位已經被各式各樣「破碎」的家庭所接管。離婚法承諾母親在撫育子女方面的獨佔，於是越來越多單親爸爸受到離婚法的歧視。從工業社會運轉的軸心——社會階級、核心家庭、性別角色——出發，這個社會面臨了承擔這些功能的社會工作系統和行政、政治機構日益老化的困境。這些機構以制定規範、廢除許可或懲罰生活方式與官方標準「偏差」的人來進行干預，他們所認定的確定性事實如今只適用於人口中的少數。在這個意義上，官方計畫與眞實生活之間的對照愈形尖銳，而工業社會則有變成規範性法規主義之虞。

其結果乃是一種新的社會主體性的成長，在其中私人與政治議題相互混淆、增強。就此意義而言，個體化其實並不意味著成爲個體，而是一種消費者意識以及信心的混雜。由於人們必須尋求個人解答、對抗不確定性、承認他人的質疑、接受不一致並以欣然的犬儒態度來面對這些不一致，因此這種自信遂像生活的萬靈丹般似地興盛起來。就像是成千的卡夫卡式人物活了起來一樣，這些極爲平凡的俗人準備好要繞過他們所遇見的阻礙，就像水族箱裡的魚所做的一樣。

可以毫不誇張地說，在兩性界限的混淆、反污染以及要求和平的動機當中，有某種啓蒙思想復活了，它所採取的似乎不是曲高和寡的玄學，而是貼近日常生活的形式。這樣形容這麼一件小事是不是太言過其實了呢？假如啓蒙眞的也意味在日常大衆的束縛下尋找自我的空間，那麼這株在私人生命經歷的花園當中，被悉心澆灌的小苗可名之爲自我覺察(self-awareness)。它是高度混種的「啓蒙」之蘭的遠親，在今日「啓蒙」常被冠以「後」(post)字爲首的名稱。我們無須否認，人們正在「圍著黃金般的自我舞踴」(dancing around the golden self)著，或者是迷失於個人奉獻的叢林當中。然而，即使這些衝動常是短暫或不一致的、即使它們試著以一種不恰當而且陳腐的言詞來表達自己，忽視這些新的衝動也將是愚蠢的。

根據盛行的理論，這些經驗是不存在的——事實上，它們是不能存在，但它們卻又的確存在著。在這裡我們處理的是那些對個人而言，也許是他曾有過的最重要、最可信的經驗面向，而這些經驗對其他人來說卻可能是荒誕至極的。嘗試討論這些經驗意味著我們是站在兩個不同經驗領域的界限之上。在某人眼裡看來完全不必說明的事，在其他人眼裡卻是極端荒謬的。任何想傳達這種意識提升(consciousness-raising)意涵的嘗試，似乎都具有令人難以忍受的抽象性。談論一件個人無法證明其存在的事情時，什麼才是其關鍵呢？這裡存在著兩難：當我們似乎得到新的機會，可以來了解自我及我們在世界上的潛能，並也逐步取得進展的同時，有些人卻認爲談論這些事是多餘的。

至少在這個意義下討論「自戀主義的年代」(Lasch, 1977)是正當的，不過這是個誤導人的標籤，因爲它低估了這股被解放出來的活力所能及的範圍和其影響力。個體受到社會變遷驅使，而極不情願地進入了一個尋找、探索的年代。他們希望嘗試和「經驗」(取這個字的主動意義)新的生活方式，以便能抵銷角色的支配(男性、女性、家庭、事業)——這些角色已逐漸變得不適用。他們希望能自由地表達自我，並且對那些曾被壓抑的衝動讓步。他們允許自己及時而非在遙遠的未來裡享受生活，並且培養對生活中美的事物的愉悅意識。他們開始把自己的需求當成權利看待，必要時得爲之抵抗官方的指令及義務。他們發展出一種自由感，並且高度意識到必須保護自己的生活免於受到外界的侵蝕；當他們的領土陷入險境時，他們準備在社會及政治上有所行動，並常無視於既有的形式乃至串連、組織政治行動的各種集會。

這經驗是奠基於「個人本分」(one's duty to oneself)的新倫理的起點，這種新倫理採用了新的方法，把那些可改變的、投射的社會認同給考慮進來，以便能整合個人與社會，它並非只是種唯我論式的誤解。揚棄了個人生活的標準模式及那些變成持久習慣的觀念，個人展開了無止境的學習過程。舊的固定想像被那些對於人類的新圖像所取代；變形(metamorphosis)是可能的、個人發展與成長也是可能的。在這種意義下，以社會角色爲基礎來定義自身的做法不過是種假設罷了，是我們尚未完全擺脫的過去之遺跡。

背對啓蒙所指出的方向而前進著，一群鬆散的個體們領銜踏上了這條前無古人後無來者的路途。必須做的不再是了解自然法則、發展技術、增進生產、增加物質財富、改變經濟、社會及政治環境，而且直到最後才能將男性和女性從單調的工作中解放出來。相反地，這條軸線裡的最後一項現在成爲當務之急：發展自己的人格吧！這將對婚姻、家庭、工作伙伴、事業、工作態度以及我們對待資源和世界的方式有長遠的影響。關鍵的問題仍在於：在持續作爲一個社會存有的同時，我們如何發展自己的潛能呢？什麼樣的社會能使我們採取行動邁向自由？

註釋

①最高峰出現在一九八四年，每一萬對實存的婚姻當中，有八十七對離婚。從當年起，離婚率便逐漸下降：一九八五年是八十六對，一九八六年降至八十三對。參見 Federal Office of Statistics(ed.), 1988:78。

德國離婚率：

年份	離婚總人數	每萬人	每萬對婚姻
一九〇〇	七、九二八	一・四	八・一

一九一三	一七、八二五	二・七	一五・二
一九二〇	三六、五四二	五・九	三二・一
一九三〇	四〇、七二二	六・三	二九・五
一九三八	四九、四八七	七・二	三一・一
一九五〇	八四、七四〇	一六・九	六七・五
一九六〇	四八、八七八	八・八	三五・〇
一九七〇	七六、五二〇	一二・六	五〇・九
一九八〇	九六、二二二	一五・六	六一・三
一九八四	一三〇、七四四	二一・三	八七・一
一九八八	一二八、七二九	二一・〇	

資料來源：Federal Minister of Youth, Family and Health 1985:57, 137;Statistisches Jahrbuch 1983-1985:Tables 3.22-3.34; Wirtschaft und Statistik, no. 8, 1989:508。

②離婚數字根據結婚年數而有差異，在結婚十六至二十年且共同撫養小孩的夫婦間離婚數字最高（每一萬對婚姻有三六〇對離婚），而結婚二或三、四年的夫婦間，離婚數字由每萬對有一四六對離婚至每萬對有二三〇對離婚不等：Federal Minister of Youth, Family and Health 1985:78。人們自然會以爲只有當小孩還在家裡時，小孩才能將夫婦倆綁在一起。

③德國青少年研究協會(The German Institute for Youth Research)的計算是兩百五十萬人(1988: 156)。如同 Süeddeutsche

Zeitung（一九八九年六月十～十一日）所引述的，艾林巴赫人口學協會(The Allensbach Institute for Demographics)的估計是三百萬人。常聽人把非婚結合(non-marital unions)當作是準婚姻或是某種新的訂婚形式，但是這個詮釋卻和非婚結合的組成相抵觸：包括有無子女、離婚前後、離婚之物質或肉體上的犧牲，或者是所謂的「退職人員姘居」(retiree concubinage, Bertram and Borrmann-Müller, 1988: 18)。

④Burkhart, Fietze and Kohli, 1989: 30, 34;*Süddeutsche Zeitung*（一九八九年十月八～九日）。

⑤由未婚男女、離婚及已婚人士所組成的群體約佔獨居人口的百分之五十八，而寡婦（及鰥夫）加起來則佔百分之四一．五；參見 Federal Office of Statistics(ed.), 1989:Table 3.16 and 64ff。

⑥Federal Minister of Education and Science, 1988-9:70。在學校最高年級的輟學者中，女性的比例已觀察到有輕微的下降；一九八七年時女性輟學率是百分之四五．七；參見 Federal Office of Statistics(ed.), 1988: 361。

⑦這個差距在大學時甚至更加擴大了；在一九八八至一九八九年的秋季班當中，就讀於德國各大學裡的學生有百分之六十二是男性，而只有百分之三十八是女性；Federal Office of Statistics(ed.), 1988:359。

⑧更精確地說，就讀於人文學科的學生有百分之六十一是女性，就讀於法律及經濟的只有百分之三十八是女性，就讀於數學及自然科學的也只有百分之三十一；Federal Office of Statistics(ed.), 1988:361。

⑨Federal Minister of Education and Science 1988-9: 206-8; Federal Office of Statistics, 1989:367。女性共佔高等教育界的百分之十五，佔教授職位（不區分薪資等級）的百分之五，助理教授的百分之十三，講師的百分之十九。

⑩Federal Office of Statistics(ed.), 1987: 79；這包括一些個別生產性團體的資料，這些生產性團體經常緊密地聚

集在一塊兒。

⑪這從個體化概念在公領域及學術上之曇花一現的境遇可見一斑。關於這場論爭及其基本主張的綱要可參考 Beck, 1994; Beck and Beck-Gernsheim, 1994 and 1995。關於青春期社會學(adolescent sociology)領域的這方面研究可參見 Fuchs, 1983; Hornstein, 1995; Rosenmayr, 1985; Baethge, 1985; Michal, 1988: 143ff.; Heitmeyer and Möller, 1988。關於勞動階級及勞工運動可參見 Mooser, 1983; Dörre, 1987。關於女性研究可參見 Beck-Gernsheim, 1983; Bilden, 1989。關於社會不平等可參見 Berger and Hradil, 1990; Neckel, 1989; Mayer, 1989。關於家庭社會學可參見 Bertram and Borrmann-Müller, 1988; Hoffmann-Nowotny, 1988; Burkart, Fietze and Kohli, 1989。

2

Das Ganz Normale Chaos der Liebe

從愛情到姦情

個體化社會中的關係變遷

當我們在各個層次上尋求和伴侶進行交換的時候，
我們也在追尋著自我。
我們搜尋自己的生活史，想讓自己和傷害及沮喪和解，
想要計畫生活的目標，想和他人分享形象：
「你是我秘密的生命圖像」、「更好的自我」。

流行歌曲依然歌頌著永恆的愛情。近來的研究顯示，對照於外在現實的荒涼冷漠，人們仍舊認爲，與某個人一起生活是找到親密、溫暖與感情的理想所在。

與此同時，家庭圖像出現了深刻的裂痕。舞台和螢光幕上、小說及言不由衷的自傳裡，人們注意力所及之處，交戰聲不絕於耳。兩性戰爭是當代的重要劇碼；婚姻諮商專家的生意繁榮，家事法庭迅速興盛，離婚率高漲；即使是一般家庭的日常生活裡也能聽見有人在悄悄地嘆道：「爲什麼，爲什麼生活在一起是如此困難呢？」

埃里亞斯(Norbert Elias)在一篇評論裡曾建議了這個問題的解答方法：「**不知昨日事常使一個人無法理解今日正在發生之事**。」(1985:viii)因此我們必須先考察過去。我將爲各位指明的是：當人們逐漸拋棄了前現代社會的約束、命令及禁忌，而對愛情寄予新希望的同時，他們發現自己也同樣處於新的困境之中。我們所知的當代愛情，即是這兩個因素結合產生的爆炸性混合物。

愛情變得比以前更重要

傳統紐帶的斷絕

對於前現代及現代社會的比較總會強調，過去人們的生活是被衆多傳統紐帶所決定的——從家庭事務、鄉黨、故土與宗教，乃至於社會地位及性別角色，都是傳統紐帶。而這些紐帶具有正反兩面性（參見第三章）。

一方面，它們嚴格限制了個體的選擇，另一方面它們又提供了親密與保護、穩固的立足點以及特定的認同感。只要這些紐帶存在，個人就不會孤獨，而是被整合到一個更大的整體當中。就以宗教爲例：

我們的先人必然信仰基督教的事實……所具有的普遍性意涵是，他們的小世界、小天地(microcosm)乃是被另一個更大的世界、大宇宙(macrocosm)所束縛……小天地和大宇宙間的束縛，庇護了統一的較大世界中，成百上千的小世界，而這結果又有賴於基督教教義中上帝的全面性接納；於是，即使最卑下者的戰鬥也不至於落空或者是單打獨鬥。但不只是這樣而已；這束縛必然也給予我們的先人一種情感的穩定性，即使是最嚴重的瘟疫、饑荒和戰爭肆虐，這種平衡也無法輕易被破壞。(Imhof, 1984:23)

隨著邁向現代社會的過渡期而發生在許多層次上的變遷，造成了意義深遠的個體化過程，而這過程將人們從傳統的紐帶、信仰及社會關係中切離。就如韋伯在《新教倫理》(1985)一書中說明的，個體化過程是由宗教改革的教義展開，而後者取消了救贖的確定感，並將人們摒入一種深刻的內在孤寂當中。在接續的幾個世紀裡，這過程在許多層次上繼續展開；在我們複雜的經濟體系，及其錯綜複雜的基礎構造和漸增的世俗化、都市化、個人流動等之中，都可以見到個體化的過程。越來越多人被它所影響，目前，個體化過程已擴展至獨特的面向上。其結果是，我們每一個人都逐漸被期待，也同時被強迫要在任何特定社群或團體的限制外過自己的生活(lead our own life)。

對個體而言，與傳統紐帶的斷絕意味著從先前的束縛及義務中解放。然而與此同時，緊密結合的社會所提供給個人的支持與安全感也開始消失。當世俗化站穩腳跟、新生活方式孕生、價值體系與宗教競相爭取人們心智的同時，從前那些提供給個人取向、意義及大宇宙中託身之處的衆多地標已不復見。其結果是爲哲學家及史家們、社會學及心理學者們，所常描繪的一種內在穩定性的根本失落。隨著「世界的除魅」(Weber, 1985)而來的是一種新的「內在無依」(inner homeless)狀態，個體孤身處於宇宙洪流當中(Berger, Berger and Kellner, 1973:Passim)。榮格(C. G. Jung)描繪了人與自然的關係已然發生的變化：

> 我們的世界失去人性的程度等同於我們的科學知識成長的程度。人類在宇宙中感到迷失，因為它不再是自然中必然的一部分，它已經失去它與自然

現象間那種情感的「潛意識認同」。自然現象逐漸失落了它們的符號內涵。雷聲不再是神明的怒號，閃電不再是祂施予懲罰的矛……石塊、植物與動物不再對人們說話，而人們也不再懷著它們會懂得的信念，對它們說話了。人們喪失了與自然間的接觸，而此一符號性結合所曾經產生的強力情感能量亦隨之一併消失。（Imhof, 1984:174-5）

我們可以把這現象稱之為個體化過程的初步階段。在幾個世紀裡，傳統的詮釋及信仰形式——簡言之即社會所規定的解答——已被逐漸磨蝕。當個體遭遇到一系列新的問題時，下一階段於焉展開；多半是由於有太多新的生活方式及教育機會供人們選擇的緣故，在二十世紀的後半葉，此一情形是特別的明顯。在一九五〇和一九六〇年代，人口中較低階層的生活水準改善到可以稱之為「社會史上驚人而包容廣泛的一場革命」的程度(Moorser, 1983:286)。從前的世代常是處於貧乏的飢貧交迫狀態，只知為日常的生存而奮鬥。如今，大部分人口都擁有足夠的收入，能夠取得有利於自己想過生活的所有可能性。一九六〇年代開始，教育機會的擴張解放了成千上萬的年輕人，他們不須掙錢、不須從早年起即消耗自己的精神體力。他們可以盡情揮灑自己的青春，從心理學的意義上來講，這是個等候期，是延遲支付的時期(Hornstein, 1985)。他們自由地學習超乎日常生活所需的科目，心智開放地面對新的經驗領域、不同的傳統及思考方式。

這樣一些社會的結構變遷所帶來的結果是，頭一次有為數眾多的人們站在一種懷疑的位置上，去看那些與日常生計的磨難並無直接相關的事物。正當生活變得容易些的這個時刻，關於生活整體的意義問題產生出新的迫切性來。這些陳舊的哲學議題如今開始進入我們的私人生活：「我是誰？我從哪裡來？我要往哪兒去？」面對這些問題的挑戰，我們必須尋求解答，這些問題變成了一種壓力，有時它們確實會給人帶來恐慌。**舊的詮釋世界方式已變得太過陳腐，每個個體都發現他／她獨自面對著新的疑問。並不是每個人都能找到解答，焦慮仍持續著，我們的不安全感乃是關於存在背後是什麼、存在整體的意義的問題，而並不全然和生存有關。**根據心理治療師法藍科(Viktor E. Frankl)所言，**「過著無意義的生活」乃是這時代的流行病。我們「不再像在弗洛依德的時代那樣遭遇到性的挫折，而是遭遇到存在的挫折。現代的典型病人不像亞得勒(Adler)時代的病人那樣罹患自卑情結，而是苦於一種結合了虛無感的深刻無意義感……一種存在的空虛」。**(1984:11)

個人穩定性的來源

現代的家庭並非十八世紀時盛行的生活模式，當時盛行的是包含了「擴展家庭」(extended family)並形成一經濟單位的大家族(large household)。這種大家族的首要使命是維持存活，並確保下一代的生存。在這樣的情況下，個人的愛好、感受和動機並沒有太多的空間。擇偶及婚配都是基於經濟需求，而很少注意到個體的適合（與否）。

> （對這位莊稼漢來說）「個人的幸福」……意味著從在一起幹活的人當中，娶個老婆，生下胖娃娃，並為他好生看管著嫁妝，不讓他給揮霍光了。誰都不會懷疑這也是種幸福。然而關係著伴侶人格並獨立於勞動基礎的愛情本身，卻無從發展了。(Rosenbaum, 1982:76-7)

社會史的研究顯示，邁向現代的過渡期帶來了意義深遠的轉型。從前分擔工作的團隊如今已變成分享情感的伴侶。資產階級家庭的誕生帶來了「一種家庭內部的情感支配」，這種情感的支配引進了作爲現代家庭特徵的隱私性及親密感(Weber-Kellermann, 1974:107)。

也許不巧的是，這正好發生在一個傳統紐帶開始鬆綁的時代。家庭如今作爲情感及許諾之地，其中的生活顯然抵銷且彌補了社會邁向目前的形式時，所逐漸失落的其他準則及社會確定性。由於人們感受到的迷惑加深，他們對於家庭的渴望於是愈加強烈。**家庭變成了避難所，在家庭裡，人們似乎比較能忍受內在無依的狀態，**

家庭是荒冷人間的一座避風港（Lasch, 1977）。從歷史上來說，這是一種新認同形式的浮現，也許可以用與個人相關的穩定性(person-related stability)來描述這個現象。由於越來越多的舊式束縛失去了意義，那些近在手邊的支柱遂變成不可或缺；它們在潛意識及意識上，都幫助我們在這世上找到定位，維持我們的身心安頓。

從社會支持及慢性病的研究中，可以找到對此一現象的經驗性描繪。研究顯示，與他人維持親密、信賴的關係可提供人們重要的情感保護，並且使人在有必要時更容易適應新的情境：

> 即使……對個人來說，社會互動的機會……也就是說，由於必須退出職場的緣故，大量減少了，只要個人仍擁有一個知心朋友，他就不必然會變得易於消沈。個人與這個可以完全信任、彼此了解，並隨時能將私人問題向他求助的人之間那種特殊關係，似乎是個特別的保護因素。(Badura, 1981:23)

作爲內在支柱的愛情與婚姻

假如我們情感與心靈的穩定性都有賴於他人的密切支持，那麼愛情正是因爲作爲我們的生活核心而重新變得重要起來。人們的理想是，將兩個情感有密切聯繫的伴侶間產生的浪漫、恆久愛情結合起來，並賦予這兩人生命的內涵與意義；**對個人而言，伴侶就是全世界，是太陽、月亮以及滿天繁星**。以一首經典的情詩爲例吧，里克特(Friedrich Rückert)的〈你是我的世界〉(Du bist mein Mond)：①

你是月球，地球是我；
你說你常伴我左右。
我不懂；只知道我在夜裡
因你而灼亮（……）

你是我的靈魂、我的心，
我的歡喜、我的愁。
你是我居停的世界、
翱翔的天空，
噢，你是我常埋憂思的墓塚。

你是沈靜與和平、

你是人間天堂；
你的愛情讓人尊貴，
凝視使人莊嚴，
你讓我變得無私，
啊，我的良心，更好的自我！

這例子顯示了與個人相關的穩定性所包含的一切；而此一穩定性乃是以浪漫愛爲基礎的。這種浪漫愛的內在核心可描繪如下：其他的參考點愈是遙遠，則我們愈會將賦予生命意義及安全感的渴望訴諸於他人；我們愈會傾向於將希望寄託在他人——這個男人或那個女人的身上。我們認爲他或她可以使我們在這個旋轉得越來越快的世界上，維持穩定不墜。皮飛耳(Pfeil)以一句話簡潔地描述一切：「**『以婚姻爲目的的浪漫愛』是這個世界的實際需求。**」(in Preuss, 1985:37)柏那德(Benard)與舒拉弗(Schlaffer)更生動地形容：

> 也許生活在過去是比較容易些吧！人們相信教堂和國家，相信只要能做個好妻子、好母親，死後就能升上天堂。上帝既然不死也出走了，於是只有作為存在意義的人留下。對大部分人來說，職場……並不是多麼令人嚮往

或者能感到滿意的地方。剩下來的是家庭，家庭是個人與那些他願意給予承諾的人們間建立起來的關係。了解、溝通、體諒已撤退到親密關係的狹小圈子裡了。如果連這些都失去的話，個人便要落得只剩辦公室裡的冰冷互動了。人們問，時間逝去……我們做了什麼？假如有一個或一些人可以作為參考點來幫自己找到一個相對位置，那麼關於生活意義的問題，就會比較不難承受。然後人們也才有可能為自己在虛空中建立起文明之島。

(Benard and Schlaffer, 1981:279)

在這背景下，婚姻所取得的新意義是眾所周知的。婚姻的基本模式已經被社會學家及心理學家們給追溯出來了。它變成「社會設計的實體」(social design of reality)(Berger and Kellner, 1965)。在同居生涯當中，男性和女性建立了由共同的態度、意見及期望所組成的世界，這些期望從日常瑣事到世界政治大事，無所不包。它們是在口頭或非口頭的對話裡、在共同的習慣、經驗以及和另一半的持續相互感應中所發展出來的。**這個共同的世界圖像持續地處於協商、扭轉、取代、質疑以及重新肯定的狀態當中**。

婚姻背後的基本課題並不只是生活的社會結構而已，它也逐漸是個認同的課題。這特別可以從心理學對於婚姻的研究中看得出來：**當我們在各個層次上尋求和**

伴侶進行交流的時候，我們也在追尋著自我。我們搜尋自己的生活史；想讓自己和傷害及沮喪和解，想要計畫生活的目標，想和他人分享希望。**我們在他人身上看見自己，你在我心目中的形象也是我自己的理想形象：「你是我秘密的生命圖像」**(Schellenbaum, 1984:142ff)、「**更好的自我**」(Rückert)。婚姻成爲一種制度，這制度「在個體自我的發展和維持中被特殊化了」(Ryder, 1979:365)。愛情及認同之間變得緊密交織。

因此在墜入情網的一開始：

> 戀愛是在尋覓個人的命運……徹底地追尋自我。而這乃是經由另一個人，和他經歷以下種種過程方得以達成，這過程包括和她對話、在相遇時彼此向對方尋求認可、接納了解對方、坦然面對今昔並從中得到解放。(Alberoni, 1983)

而同樣地，在交往好些年的伴侶間那些親密的交流當中：

> 如果要說過去的哀傷及那些未解的習題已經得到了釋放；那不如說那些個人所以形成的過往，今昔仍等著要回答「我是誰？我為什麼在這兒？」的

問題還要恰當些。個人尋找的不過是個想傾聽這些問題的人罷了；**彷彿只有透過他人的傾聽，個人才能了解自我、只有在他人的耳裡，個人的歷史才能完整一樣**。在傾談中，產生並確認、修正、改變了伴侶們自身以及世界的形象……「我是誰？你是誰？」的個人認同問題不斷被討論著。
(Wachinger, 1986:70-1)

婚姻諮詢顧問，甚至僅僅是離婚數字都確認了一件事：一開始時熱情地以致於常支吾忘詞、吞吞吐吐的那些對話，到了後來卻被沈默的禁忌所阻隔、中斷了，甚至不再進行下去。爲什麼會發生這樣的事情呢？這個問題在以下的章節中將有所著墨。渴望加深了，失敗卻經常發生；我們將追溯這兩個現象如何可以擁有共同的根源。簡言之，愛情的觀念當中所固有的失望成分以及其中所投注的希望，都是我們關懷著自身存在的現代產物。

愛情比以前更困難了

獨自生活的優缺點

前現代社會的舊式忠貞是由嚴格的法則及有關行爲的規定所組成的。隨著這些法則及規定逐漸地被捨棄，生活似乎變得不那麼受限了，人們擁有更多選擇的空間及可供選擇的可能性；生活在許多方面都比以前不受拘束、更有彈性（關於這方面的研究可參見Berger and Kellner, 1973）。然而這個變遷也意味著我們每個人都面臨必須在許多層面上做決定的難題，從去哪兒度假、買什麼廠牌車子的日常瑣事，乃至於長遠的像是生幾個小孩、送他們上什麼學校等的問題不一而足。我們被期待成爲負責任的公民、精明的消費者，具有價格意識、關心環境問題、隨時更新有關核能及正確用藥的知識。如同現代的分析者所注意到的：「**選擇過剩的生活**」(living with an oversupply of options)(Riesman, 1981:123)**經常使人們不勝負荷**。

到目前爲止一直被忽略的事實是，當個體不是單獨地，而是和另一人共同生活時，造成壓力的因素就增加了；所有直接、間接影響到對方的議題——包括看哪個節目、去哪兒旅行、選哪樣家具、遵循哪個慣例等——在決策過程中都必須納入兩個不同個體的觀念及期望、習慣及標準來加以考量。其結果是可以預見的：越是複雜的決定，就越有可能導致爭執。

自由選擇的另一面是個人也面臨著新的限制，伴侶間意見不合的機會於是進一步增加了。從某種意義上來說，每個人都可以自由地計畫、決定；然而換個角度來看，個體主義的邏輯卻造成了妨礙。隨著家庭作爲經濟單位的逐漸衰退，有賴於勞動市場及個體的新謀生方式於焉浮現。個體要找到工作乃是依賴市場的法則，例如像是個人彈性、流動性或者是競爭力、經歷等，而很少考慮到私人的許諾。若違背這些法則會危及個人的工作、收入與社會地位。

在這裡我們可以看到一系列社會內部的結構性發展，在戰後德國，這些結構性發展的影響是特別地明顯。各種形式的流動，包括地理上的遷移、社會流動、工作與家庭間的日常移動、工作與休閒間的移動、訓練、工作場所與退休間的移動都持續推動著人們脫離他們已經（與鄰里、同事、在地的慣習等）建立起來的紐帶。同樣地，許多人發現教育使他們脫離了自己的成長環境。取得專業資格意味著個人在就業市場上的機會增加；然而這種必然影響著所有人群的成就模式，也迫使每個人都必須自利地計畫與決定，並自負成敗責任。

這個外部性的描述只能涵蓋我們所提到的變遷的一部分。由於個人的生命經歷基本上具有適應力，因此個體化背後的邏輯可在某些預定的方向上對其加以引導，並對牽涉其中的個人產生內在的效果。這導致個人想要追尋自我以及潛能的實現，從實際上及比喻上來看，可以說，這是關於「自己的空間」的戰爭。這些字眼不斷出現在訪談、臨床治療及文獻當中，然而這並不意味著我們全都經過了一場集體性利己主義的革命。事實上，那些關於發現自我以及獨立行事的談論，反應的正是每個人的正常生活當中影響著他們的壓力——包括自由流動的要求、受教育、找到一份工作等，連個人最隱密的感受及思想也受到這些壓力的影響。這使得這些主題共同於此時以一種私人問題的外觀，呈現在個體生命經歷當中。當生活變成了一部「自己寫下的生命經歷」(do-it-yourself biography)(Berger, Berger and Kellner, 1973:passim)時，對自己潛能的發掘也就「不只是我們價值體系的天際間一顆閃耀的新星，還同時是對於生活中出現的新挑戰所提出的文化性解答」(Baden-Württemberg Provincial Government, 1983:32)；或者用簡明的話來說，這是一種社會的必要需求(social must)。

問題立刻就產生了：自己寫下的生命經歷裡充滿了壓力及限制，裡面還有多少空間可以留給擁有他／她自己的計畫及問題的伴侶呢？假如另一個人沒有造成破壞的話，他／她又如何能進一步阻止自己變成額外的阻礙呢？如果社會情境迫使個人必須專注於自己的利益，分享個人生活的可能性還有多少呢？即使動機全然地良善，以下的情況也必然會產生：**兩個未建立起共同世界的生物體必須捍衛各自的世界，最終導致了時而文明時而失控的猛烈爭執**。

從這個觀點來看，會令人強烈地想將這些新觀念與愛情、婚姻及自助書籍(self-help books)中推崇的親密關係相比較。這股時而沈靜時而強烈、擁有各種變形的趨勢，無論在公司裡、公車上，還是家裡，都給予自我主張(self-assertion)最高的優先性。真實性(authenticity)是其中的魔術配方。這個格式塔治療當中最常被引用的基本原則，重複出現在無以計數的卡片、咖啡杯及廣告上的字眼，清楚地指明了以下的訊息：

的箴言是「如何成爲自己最好的朋友」(Ehrenreich and English:176)。難道這就是僅存的希望了嗎？誘發我們浪漫渴望的個體化過程總是必然導致一個後浪漫(post-romantic)的世界嗎？

> 在後浪漫的世界裡，舊有的紐帶已經不再束縛人了，只有你是重要的：你可以變成你想要的樣子；你的生活、環境甚至是外表及情緒都由你來選擇……。舊有的保護與依賴間的階層關係不復存在，只剩下自由訂立與終止的契約關係。從前只包含了生產關係的市場，如今擴及所有的關係。
>
> (Ehrenreich and English, 1979:276)

不只是每個人的生活都變得較有彈性、較具適應力而已，連和他人共同生活的方式也有很多選擇。前工業社會爲夫妻訂下嚴格的規則來確保他們在經濟上的生存。婚姻是團隊合作，男女各有各自的領域，小孩是受歡迎的幫手和繼承人。如今呢？我們有一連串永無止境的問題要回答。

妻子是不是要在外面工作呢？要從事全職的還是兼職的工作呢？丈夫的目標應該鎖定事業的攀升，還是也要分擔家事，甚至留在家裡當個家庭主夫呢？生小孩會是個好主意嗎？假如是的話，什麼時候生、生幾個？又要由誰來照顧小孩呢？假如不是的話，誰來負責避孕呢？

伴侶間在某些面向上產生差異是遲早的，而且差異變得越來越有可能出現。這不見得是由於私人原因、不願承諾或者存心刁難所造成的。而是因爲他們做爲受雇者的生命經歷使其面臨了顯而易見的限制，假如他們想避免在工作場所遇到困難的話，他們就會無法如願地構築自己的生活。

所有重要的決定都必須考量時間的面向。同樣地，在婚姻期間，每個決定都有可能會被撤銷。事實上，決定必須是可以被撤銷的，如此一來其他的外在要求才有可能被滿足。個體化的生命經歷設定每個人都能更新他／他的決定並使其盡可能達成完美，而這些決定又會回過頭來受到新的心理學方法的影響，這種心理學的新方法期待人以開放的心態面對新挑戰、勇於求知、學習。無疑地，這種基本原則十分有助於避免婚姻陷入枯燥例行公事而讓夫妻間變得沈默而漠不關心。然而，這些基本原則也的確有其危險。假如夫婦之一十分滿足於現狀，而對方卻未必時，或者是當兩人都想改變但方向不同時，情況將如何呢？

有一些雙方都曾經同意女性最好的歸宿是獻身家庭的夫妻，幾年之後妻子卻厭倦了這種單調、孤立的家庭生活，想要重回職場。而對於這種熟悉模式十分樂在其中的丈夫卻對此變化感到威脅，並堅持享有他慣常的權利。在此以一九六〇年代結婚的夫妻爲例，那時他們還抱持著關於忠實的傳統觀念，然而幾年之後他們的理想卻是「開放婚姻」。假如現在他們其中一方還想緊抱著熟悉習慣所帶來的安全感不放，而另一方卻渴望著嘗試新奇事物的吸引力，是誰會得逞呢？誰又是對的呢？

有時候沒有人是對的。當雙方不再有一個共同的標準時，對或錯變成了含糊的範疇。現在人們所擁有的只是兩段生命經歷各自構成的標準，而這些生命經歷又受到不同的期望與限制，以及最要緊的——意識形態的快速變遷所影響。可以容納人們希望的主觀詮釋空間愈來愈大，假如夫妻雙方的希望並不相同，他們也常有各自的空間可以容納。所造成的結果是，有越來越多的已婚人士嚐到誤解、受傷、背叛的滋味。

男人VS.女人

經典的女性主義書寫裡常表達出，一旦女性不再被壓抑，兩性將可以發現新而且更好的相處方式的希望。這個假設是：只有擁有自由而平等的伙伴關係時，愛情才可能存在。以下是從著名的《女權辯護》(*Vindication of the Rights of Woman*)一書中摘錄下來的文字，一七九二年由伍思桐奎特(Mary Wollstonecraft)所著：

> 在女性可以某種程度上獨立於男性之前，期望她有美德是沒有用的；期望女性有當好妻子、好母親的慈愛的本能也是徒勞無功的。當她們完全依賴

> 丈夫的時候，她們狡猾、卑賤而自私；而可以從這種獻媚式慈愛的諂媚當中取得滿足的男性卻也不是那麼領情，愛情是無法收買的……。假如男性可以寬大地割斷束縛我們的枷鎖，並滿足於理性的伙伴關係而非奴隸式的服從，他們將發現我們會是更貼心的女兒、更親愛的姊妹、更忠實的妻子……。因為我們學會自重，於是我們對丈夫的愛將是出於摯情。(In Rossi, 1974:64;71)

誰敢誠實地說這些驕傲的期望都已經達成了呢？問題是爲何情況會變得與期望大不相同？要找到解答我們必須更細緻地檢視現代化過程是如何影響男性及女性的。關於現代變遷的論戰背後的假設是，從舊式到現代生活的過渡已經把個體從過時的責任與束縛中解放出來了。把這個觀點和社會史及女性研究的發現相較後證明，這個假設既是對的也是錯的。更確切地說，它只涵蓋了一半的事實，因爲它忽略了人類的「另一半」。從現代時期的一開始，個體化就一直是屬於男性的專有特權。

這可從費希特(Johann Gottlieb Fichte)的《自然法》(1796)裡得到例證，在這部書裡描述女性之於男性的關係如下：

> 她在維持其人性尊嚴的情況下，不得已地放棄了自己的個性，而為丈夫付出所有……所產生的最無關緊要的結果是，她將自己的命運與所有權利都讓渡給丈夫，並和他一起生活。只有在他的陪伴、凝視以及和他有關的事情當中，她才活著或者是扮演著積極的角色。她不再以個體的方式生活；她的生活變成他的一部分了（這可從她必須冠夫姓這件事看出）。(in Gerhard, 1978:146)

美國歷史學者戴格勒(C. N. Degler)總結如下：

> 在西方，個體主義的觀念有段很長的歷史……洛克(John Locke)及亞當斯密(Adam Smith)曾讚頌個體權利與行動的原則，然而他們想法中的個體是指男性。從整體上來看，女性除了被視為是協助的助手外什麼也不是——可以確定的是，她們當然是個體，可是她們是沒有自身權利的個體(but not individuals in their own right)。在西方思維當中，個體作為一個概念總是預設了每個男性——也就是說，每個個體——的背後都有個家庭存在。但是除了這個在法律和習慣上都是一家之主的男性之外，家庭中的成員並不是個體。(Degler, 1980:189)

現代化過程的一個特色正是標準的男性及女性生命經歷開始往不同的方向發展。十九世紀期間女性的生活範圍並沒有擴大，而是相反地被限制在家庭的空間裡。給家庭的其他成員提供情感及物質的支持變成她們的特殊任務——聽從她的丈夫、傾聽他的煩憂、調停家庭紛爭；簡單地說，她們所做的事今天被稱作「情感勞動」(emotional work)或是「關係照護」(caring for relationship)。

丈夫越是需要在充滿敵意的世界裡衝鋒陷陣，妻子越會被期望維持「完整、美麗與純潔」，以便「在寧靜和平的環境裡」保持「內在的安穩互動」(Riehl, 1861:60)。她必須以一個情感對應物的姿態介入這個逐漸理性的世界，提供他一片平靜、慈愛的綠洲。

> 具有吸引力的女性世界是我們幸運遇見的寧靜綠洲，是生活中詩意的來源、是人間天堂。而我們不希望它被任何的「女性議題」或是任何感到挫折的知識女性、唸太多書的經濟學家給拋開。我們想保存它……上帝保佑，我們想為最最可憐的「勞工」們盡可能地保存它。(Nathusius, 1871; in Lange and Bäumer, 1901:69)

女性身上吸引著我們的特質是情感的温暖、天真、生嫩的氣質，這是她們優於工作過度的早熟男性之處。假如她們最具魅力的面向被教育所破壞，這些吸引男性的特質也將無可挽回地失去。(Appelius, Vice-Presidential address to the Weimar Landtag, 1891; in Lange and Bäumer, 1901:94)

由於獨立以及作風的男性化，真正的女性減少了。真正的女性最大的驕傲就是陰柔氣質(femininity)。而這意味著不假思索地使自己屈從、謙遜，除了成為一個女性之外什麼也別想……，男性在女性之前被創造出來就是為了要享有獨立，而女性是為了他的需要而賦予他的。(Löhe，十九世紀；in Ostner and Krutwa-Schott, 1981:25)

在政治學和哲學、宗教、科學及十八、十九世紀的藝術作品當中，可以找到無數這類大同小異的聲明，它們眞正強調的是已確立的「對照性美德」(哈伯瑪斯語)概念之核心；男性在家庭外越是需要自我主張，則妻子在家庭內就越被訓練要自我克制。可以看到有一些法規清楚地規定妻子必須依賴於她的丈夫(Langer-EL Sayed, 1980:56)。以及譬如說她被強制冠丈夫的姓、共用他的公民身分、和他住在一起並符合他的願望。丈夫有權監視她的往來、訂立有關家事管理及支出的規則；在許多法規個案裡，妻子所持有的個人財產被轉交給丈夫。

這些規定的代價高昂，而且顯然不利於女性。然而它們的目的卻很明顯。由於定義上並不容許男女之間有願望的分歧，於是無論這種配置會對其中一方產生多大的壓迫，它還是達到了某種穩定性。在這樣的情況下，甚至選擇再多一些也不會破壞家庭的和諧。重要的是丈夫想要的是什麼。女性眞正想要的則是適應男性：「從小她就被教導要有好習慣……要把男性當作是有支配企圖的一個性別，要使自己溫馴、容忍、順從來吸引男性的注意」(Basedow, 1770; in Kern and Kern, 1988:51)。克莉絲蒂(Agatha Christie)追憶她少女時期時寫道：

> 從某個角度上來看，男性至上：他是一家之主。一個結了婚的女人必須接受她的命運就是丈夫在這世界上的地位以及他的生活方式。對我而言這似乎是正當的想法、幸福的根基。假如妳沒法面對妳男人的生活方式，那就別蹚這趟渾水——換句話說，就是別嫁給他。比方說，有個賣布的批發商，他是羅馬天主教徒，他比較喜歡住郊區，他打高爾夫球並且喜歡到海邊度假。這些總和就是妳嫁的對象。想想妳喜不喜歡吧！這沒有那麼困難。(Christie, 1977:122)

從那時起變遷的腳步就加快了。從十九世紀晚期，特別是從一九六〇年代開始，當初屬於男性特權的事，女性也可以做了；舊的行爲模式正在被擺脫當中。這在教育上特別的明顯；即使從十九世紀、二十世紀之交起，女性開始可以獲得新的機會，然而是自一九六〇年代提倡普遍教育機會起的十五年後，才產生眞正的轉變。女孩的不利處境長期以來都被視爲理所當然，然而現在這情況正在被審愼地質疑著，這些質疑的努力所帶來的改變遠超出我們的期待。僅僅在二十年之間，教育層面上的顯著差異已經消失，從各級公立學校直到大學，②就學的男女數目幾乎是相等的。

另一個例子是女性外出工作的情況。即使家庭主婦和母親是資產階級家庭的理想圖像，然而由於很少較低階層男性的薪資是足夠養家活口的，所以他們的妻子總被迫要出外謀生。十九世紀晚期，即使是家庭內工作已逐漸脫離生產過程的中產階級裡，也有更多的女性發現自己必須尋找收入來源。沒有私有工具而必須出外謀生的女性人數是越來越多了。然而在中產階級社會裡，女性的工作期受到限制而只能持續到婚前爲止；女性的地盤還是侷限在家裡。

眞正影響深遠的變遷發生在一九五〇年代。在德國，就像其他的工業國家一樣，第一項轉變是已婚女性出外工作的人數增加。③緊接著的趨勢是已婚女性在第一個孩子出生前都持續工作，並在孩子長成後回到工作崗位上。德國在第二階段的發展再度和所有工業社會同步；這一階段的顯著轉變是有孩子的女性外出工作的人數增加了——她們是在職母親(working mothers)。④如今工作對她們來說已經不只是一個暫時的階段，「對女性來說，不工作變成一個例外的情形，這種情形逐漸只限於照顧小孩的期間」(Willms, 1983a:111)。

人口變遷也是個顯著的現象。從二十世紀初起平均壽命就開始增加，並且在二十世紀晚期達到空前的高峰。對照的現象是小孩數目急遽減少了。這個趨勢在二十世紀晚期的歐洲產生，並從一九六〇年代開始加速形成。這兩項發展的結合所產生的影響，決定性地改變了標準的女性生命經歷。從資產階級家庭取代了被打破的擴展家庭起，育兒就變成女性的主要任務；如今純粹從時間的觀點來看，育兒工作只佔據了女性生命中一個小得不能再小的部分。從歷史上來看，現在出現了一個相當新的階段，即所謂的「空巢」期；空巢期的女性不再受到母親角色的束縛，或者不再被需要(Imhof, 1981a:180f)。

就像在教育、就業機會、家庭生活、立法等類似方面的變遷所導致的結果一樣，職業女性受到家庭的束縛較小，她們較少期望丈夫的支持；而且相反地，她們經常必須在某些形式上獨立並有能力給予丈夫支持。當然從女性的主觀方面來看，女性正發現——事實上是她們必須去發現——自己對於生活的期待爲何，並且做出自己的計畫；而這些計畫並不必然以家庭爲焦點，而是針對著自己的性格。首先她們必須計畫的是如何打理自己的財務，並且在必要之時能夠自己去做而無須丈夫協助。她們不再自認是家庭的「附屬品」，而把自己視作擁有相應的權利與利益、自己的未來與選擇的個體。

以下是**易卜生**(Ibsen)的戲劇《**玩偶之家**》(*A Doll's House*, 1878-9)最後一幕的經典台詞：

荷馬：……妳就這樣輕視自己最神聖的使命嗎？

娜拉：我最神聖的使命是什麼，你說呀？

荷馬：這還用得著我說？不就是妳對丈夫、孩子該盡的義務嗎？

娜拉：我還有別的使命也很神聖呀。

荷馬：妳哪會有什麼神聖的使命。妳說說看那是什麼使命？

娜拉：就是我對自己該盡的義務。

荷馬：不管怎麼說，你都是人家的妻子、母親啊。

娜拉：我才不信你那套，不管怎麼說，我只相信自己是個人——跟你一樣，如假包換……要不，無論怎樣，我也要試著當個人看看。

有意思的是，這些變遷到底是如何影響到兩性關係的？很清楚地，這裡有一種新的束縛在，這種束縛的潛能是它不再像前工業社會一樣，讓兩性淪陷在生活巨輪的輾磨當中；或者說，它也不像十九世紀資產階級的模式一樣，把人侷限在相反的性別角色裡，而這性別角色雖說可以互補，卻也預設了女性的屈從。現在強調的是建立起伙伴精神(fellow spirits)之連繫的機會，或者更謹慎地說，這是生活風格與態度都相近的兩個人之間的伙伴關係(partnership)。這正是在女性運動的書寫當中所渴求的連繫，是《**玩偶之家**》劇終所閃爍著的希望之光——一件「**棒透了的事**」。

荷馬：娜拉——在妳心裡我難道就不如一個陌生人嗎？

娜拉：喔，托維多——最偉大的奇蹟一定會出現的……

荷馬：出現什麼——最偉大的奇蹟？

娜拉：我們都需要改變，然後奇蹟才會——喔，托維多，我不相信會有奇蹟。

荷馬：可是我信。告訴我：「我們要改變，然後呢」……？

娜拉：然後我們會擁有真正的婚姻生活。

這裡面最引人注目的並不是劇中人的高度期待以及奇蹟出現的可能，而是它的反面——而今糾纏著無數婚姻與姦情的挫折與失敗。很明顯地，**隨著標準生命經歷的變遷，對兩性來說，生活在一起變得更困難了**。前面已討論過我們在選擇如何生活時所遭遇到的限制，但這在某個關鍵的面向上仍然不夠明確；這些限制預設了兩性都能以伙伴的眞正身分來行事、共同做決定——在這裡，事情的狀態絕不是給定的。

我們現在終於可以把事實完整地揭露出來了。改變著愛情與婚姻的新因素並不是如社會學家所說的，某個人——就是男人——在現代時期中變得更自我、更具個體性。眞正造成影響的是女性(female)個體生命經歷所產生的新變化，這些新變化包括女性從家庭義務中解放出來，以及從一九六〇年代起便逐漸鼓舞著女性外出闖天下的那股動力。更精確地說，只有當男性能發揮自己的潛能，而女性則被迫充當照料男性及其他人的輔助角色時，家庭的凝聚力才能多少維持住；然而這股股凝聚力的維持卻是以女性的利益及個性爲代價的。但這種「現代性的分工」（參見第一章）再也無法繼續下去了；我們正在目擊一個女性史上嶄新時代的來臨，隨之，這也是個男性及女性史的新時代。陷入愛河的兩個人如今首度發現他們可以描繪自己的生命經歷，並因而受制於其中所關連的機會及阻礙。

我們已可從男女雙方對於一起生活的期望中看出這跡象的徵兆。如柏那德(Jessie Bernard)所言，**每個婚姻都由兩個婚姻所組成，一個是丈夫的，一個是妻子的**(Bernard, 1976)。這個定義所聚焦的面向長久以來就被隱藏著，直到女性運動及女性主義寫作的興起才浮出檯面：男女對於「愛情」這個魔力字眼所附加的希望在許多重要的方面是分歧的。他們依然是魯賓(Lilian Rubin)煽動的措詞中所說的「**親密的陌生人**」(Rubin, 1983)。這看法既適用於男女雙方對性的期待(Ehrenreich, Hess and Jacobs, 1986)以及情慾的幻想(Alberoni, 1987)。也適用於他們對勞動分工(Metz-Göckel and Müller, 1987)及我們曾討論過的——作爲日常生活核心的溝通模式及議題的優先性(Ehrenreich, 1984; Fishman, 1982)。

男女雙方期望上的差異也許並不是個嶄新的現象，眞正新的是對於差異的處理方式。女性越自認是擁有自我期許的人，她們就越難以接受這些期許不會被滿足的事實。相反地，她們越來越可能要求期望的滿足；假如對方無法接受最終結局，那就只有離婚一途。關於離婚原因的研究顯示，對於同居生活，女性比男性更期待有益的情感滿足(Höhn, Mammey and Schwarz, 1981; Wagnerova, 1982)；因此她們也比男性更可能對婚姻不滿。這情形和易卜生的娜拉是一樣的，娜拉離開了對丈夫而言是幸福的家，而且只打算在這個家變成和她的想法相同的「眞正婚姻」時才會回去。這裡所示意的趨勢可以總結如下：過去的女性受到挫折時會放棄自己的期待；如今她們會執著於自己的期待而放棄婚姻。

在一個最近的調查當中，女性被問到爲什麼放棄了一個從所有外在標準來看皆良好的婚姻。調查者描述她們的理由如下：

因為她們想要的比她們能夠從婚姻中獲取的還要多，所以她們放棄了婚姻。對我們的母親來說，可以接受的婚姻所具有的資格（而且當我們過去想要結婚時，這些資格也的確是可以接受的）已經不再能被同意了。那些女性想要的不只是一片遮風避雨的屋頂、一個支持她們的丈夫以及需要她們照顧的孩子而已。她們還想要情感的親密、平等的伙伴關係以及掌控自己的生活。(B. Rabkin, *New Woman*, September, 1985:59)

這就是潛在的衝突可能發生之處，在這同時，人們也不再有那麼多減少困難的機會了。女性越學會照顧自己（事實上，她們必須在這個個體主義的時代學會照顧自己），她們就越無法像她們的母親和曾祖母一樣逆來順受——順應丈夫的期待而犧牲自己。從前用來確保凝聚力的接著劑正在消失當中，這些接著劑包括了舊有的女性角色、爲他人而否定自我、願意爲了粉飾太平而默默承受著無盡的情感煎熬。現在是誰被認爲要負起這個任務呢？**許多女性厭倦了當個撫慰者，而許多男性又還沒準備好要接手**；當兩性發現，自己在一整天工作競爭的壓力之後，傍晚還有一堆情感勞動等著他們時，他們可累壞了。

這類社會巨變以及生活節奏上的變遷，無可避免地會產生出摩擦，而這又加深了此一兩難。兩性都在新的事實及舊的角色模式之間感到爲難，他們在某個生活領域或某群人當中尋找自己，卻也因而面臨著陌生的主張，經常為了自己矛盾的態度而感到困惑。在「不曾實現的」與「尚未來臨的」階段之間，這個階段產生出一種不穩定的混合狀況，並導致了對兩性來說顯然都痛苦萬分的結果。

首先出現的是可以被稱作單身女性貧窮的問題。這問題發生在一些教育程度低的女性身上，她們在尚無法自立應付個人規畫的生命經歷時，被剝奪了婚姻的傳統保護。這些女性「有丈夫之實責，無丈夫之實利」(These women are only a husband away from welfare)；而在丈夫從缺的情況下——例如數目正在增加的單身及離婚女性群體，所造成的結果則是眾所周知的「貧窮的女性化」(Pearce and McAdoo, 1981)。在天平的彼端產生了另外的問題，它們所影響的是那些尋求獨立事業的女性；在很多個案當中，女性為了事業必須付出高昂的代價：即成功女性的孤寂感(Bock-Rosenthal, Haase and Streeck, 1978; Hennig and Jardim, 1977)。

舉心理學家米勒(Jean Baker Miller)對這類發展的描述為例。在米勒的經驗中，女性接受治療的原因在幾年內有了顯著的改變。一九七〇年代時，病人基本上是早婚且育有子女，最後終於明瞭自己過去放棄了多少的中年女性；如今，求助於心理治療的病人經常是事業成功的年輕女性，她們賣力工作，單身或離過婚，卻發現自己無法在生活中滿足情感的需求。對於那些將生活奉獻給工作的女性們來說，要找到準備好照顧她們被忽略的情感生活的家庭主夫是十分困難的。結果很明顯：「不是兩人都忙著追求傳統定義的成功而無暇發展親密關係，就是職業女性發現自己連個伴侶也沒有」(Gordon, 1985)。

伊思朵拉(Isidora)——瓊(Erica Jong)的小說《降落傘與吻》(*Parachutes and Kisses*)裡的女主角——就符合這種類型。伊思朵拉，離婚三次的知名作家，悲憤地想著：

> 有成就的女人（錯誤地）假設男女的處境相同：成就將帶來名聲、財富與美妙的愛情……。但是，唉，我們得到的結果卻只是相反的。成就為我們在愛情商店裡買到的是感到威脅的男人，他們陽痿、縱慾。而我們只能驚詫地納悶著，如果追求職業榮譽竟得以個人幸福為代價，那我們努力工作是為了什麼呢？(Jong, 1985:113)

與此同時，一些女性群體正嘗試著扮演新的角色，她們追隨以下的箴言來擺脫舊的依賴關係：「**不管有沒有男人，每個女人都要靠自己**。」(every woman for herself, with or without a man)女性尋求自我認同即意味著排除男性，及其邏輯反應——個人只關注自身的權利。女性文學市場的發展是這個趨勢的良好指標；在女性文學中，兩性關係經常惡化至冷淡對抗的地步。「現在，輪我上場了」(Wiggershaus, 1985)這個相當聳動的標題不只有象徵的價值，更具有作為標語的號召力。人們用「他或我」而非「我們」(Zschocke, 1983)的方式來思考，假如遇到質疑，她們會說「我就是我」。女性曾是順從的，而現在她們發現「算總帳」(settling scores)的時間到了(Schenk, 1979)。當兩個人直到下一次身體的性邂逅前還說不上幾句話，此外在人格上他們也對彼此一無所知時，這兩人一個可說是「**有厭女傾向的人**」(Misogynist)，⑤另一個則公然宣稱「**白馬王子之死**」(Merian, 1983)。情況發展到極端，個人也只有「**選擇成爲單身**」了(Meller, 1983)。

男性們對於女性拒絕扮演過去角色的這些反彈並未有清楚的認識；這部分是由於男性始終掌握更多的權力、有更多逃脫的藉口，但有部分是因爲他們發現自己較無法自如地表達情緒與挫折。根據觀察者的觀點和性別，對此進行的心理診斷結果也因而產生了差異。有些人洞悉出「男性的不安全感」(Goldberg, 1979)，其他人則注意到關於男性壓抑情緒、不願意了解他人、拒絕放棄特權的那一面。處於這些焦慮時刻的男性被判定是「世故，但不聰明」的(Worldly but not Wise)(Benard and Schlaffer, 1985)，他們只不過是披上國王新衣的舊式父權家長罷了。

這些新的訊號對男性而言可說是令人迷惑而且感到矛盾的；這些訊號和他們所承受的社會化並不相符，而且多少公開地打擊了他們的自尊。背景相異的各種男性都會同意以下的抗辯：「女人到底想要什麼啊？」(Eichenbaum and Orbach, 1983)。許多男性原則上願意承認女性的要求是有道理的，不過當洗碗、照顧小孩這類的不便侵入他們的生活時，他們就變得不情願而且頑固了。最重要的是，我們可以發現某種新的「開放性」；而當事情對男性來說不再愜意的時候，這種開放性就會遭遇到限制(Schneewind and Vaskovics, 1991:171)。於是一種新的理想女性形象便出現了，她們既獨立又願意從男性的利益考量來配合他們(Metz-Göckel and Müller, 1985:22f)。就像一位男性在另一個研究中指出的：

> 你期待的是娶個受過大學教育的女性，她的智能足以和你交談，而且有信心可以在事業上，或是整個生活的決策過程中協助你。同時她也願意照顧家庭、做家事。假如你可以找到這樣的女性，你就知道你成功了。(White, 1984:435)

這些挫折令所有牽連其中的人們都同感痛苦；有鑑於此，女性運動在過去幾年裡轉向了一個新的主題：如何在解放與承諾之間取得困難的平衡。沒有人想回到舊的模式去重新受到許多的限制；人們希望對等的兩造間仍可以存在著相愛的伙伴關係。然而希望幻滅的人們比從前更常尋思：兩個對等的人有可能相愛嗎？解放後，愛情還能存在嗎？或是愛情與自由是無法調和的對立面嗎？

一方面，個人了解到愛情奪去了人的自主性：「**你對我施加的勞役讓我像個小**

媳婦般，每天生活在你的挑剔之中；你奪去我的認同感與生活。無論是被你所愛或是愛上你都是種不幸。」(Fallaci, 1980:156)而另一方面，個人也由於嘗試自由而失去了愛人：**「我們冒著失去愛情的危險以求脫離無知。我們安慰自己，思想的啓蒙永遠值得我們以痛苦來換取，然而這種確信不過是冰冷的撫慰。當我們將所求得的眞理應用於私人生活時，卻發現這往往摧毀了愛情。」**(O'Reilly, 1980:219)

這裡似乎存在著兩難。舊式的關係雖壓抑了女性的進取精神，卻也從中獲得了關係的彈性。新的關係則必須提供兩種個別的生命經歷，或者至少也要有主張個別生命經歷的權利。在人類性別史之中，這個不幸的尷尬階段帶來的或許只是爭執和痛苦吧，這大概就像是瓊所指出的：「他們仍相愛著，卻不能夠生活在一塊兒──至少現在還不行。」(Jong, 1985:12)或許在這個階段個人要成爲一個個體還是不大可能的，他唯一能做的只有嘗試錯誤，找出看起來最合適自己的生活方式而已。正如某個社會學研究的主旨所闡明的：「對女性而言，這類暫時性的手段變得越來越有必要，而且或許不獨女性爲然。」(Brose and Wohlrab-Sahr, 1986:18)

然而難題還是存在的。假如我們目前遭遇到的困難並非一時的事，假如這些困難是女性能像男性一樣擁有自我這個劃時代進展的必然結果，那麼結果又將如何呢？兩段不同的生命經歷能被交織在一起嗎？或者這麼做只會讓兩人的相處如雪上加霜、寸步難行呢？

中年危機

對於統計數字的檢視揭露出一個驚人的事實：正是在那些看似穩定且婚齡長達十幾、二十年的婚姻當中，離婚率正在飆漲當中。⑥對此我們可以從心理學的自助手册(Jaeggi, 1982; Jaeggi and Hollstein, 1985; Wachinger, 1986)中找到一些解釋。在這些書籍裡面有許多關於中年（婚姻）危機的討論。它們談到婚姻基礎穩固的夫婦開始發展各自的興趣，而這必然造成彼此的扞格。「**給我自由！**」是這個時期的戰爭口號，緊接著這個口號的，經常是各種冗長的權力鬥爭。起初這些權力鬥爭是拒絕對方的進步，然後發生不快、尋求支持，而公開的暴力則是時而出現的結局。所有這些策略都在思考同一個問題，這個問題即是：「我們哪一個人可以在這場戰爭中倖存下來，並成爲一個獨立的存在呢？」共同生活成爲目前婚姻生活的主要景象，而他們企圖在這之中拯救自己的個體性。針對此一情形，這裡有兩個觀點互異的描述，首先是來自瓊的小說《**怕飛**》(*Fear of Flying*)中的內在觀點描寫：

那些婚姻所壓抑的渴望……又如何呢？偶爾這些渴望會再度啓動，它們對妳揭露，妳是否還依然照著自己的想法生活；妳是否能生活在林中小屋裡而不寂寞得發狂；長話短說吧，多年來妳始終是某人的另一半，妳是否還

是完整的呢……這五年的婚姻生活讓我……極度渴望孤寂。(Jong, 1974:18)

接著是由一位婚姻顧問所做的外在觀點陳述：

大部分的婚姻是從對於在一起關係(togetherness)及分享的熱情(passion for togetherness and sharing)而開始的，在一起生活的考量下，任何事都是次要的，個體幾乎不存在。建立起一個婚姻是需要很大的凝聚力的，為了彼此以及孩子們、為了目標中的專業地位，這都需要很多的努力……。然而當在一起多年之後……年輕時的活力多已消散，光華不再；當專業上的目標已然達成，新的標的卻不容易再找到時，舊的問題便會以一種全然不同的面貌出現，而且變得更加迫切，這問題就是：「我是誰？」另一種熱情凌駕了一切，要有自我的主張、要獨立地做決定、要有自己的生活……於是「我是誰」的問題必然會成為朝向另一半的提問：「你真的了解我嗎？」……而相較於放棄自我及自身興趣的威脅來說，解除婚姻的損失似乎還小了一些。(Wachinger, 1986:80-3)

我們必須轉向心理學的發展法則來解釋這些模式，這些法則顯示個人在邁向成熟時總會涉及某種形式的分離。青春期的爭鬥騷亂在中年危機當中找到類似之處——人們渴望逃離婚姻中的同居生活：

> 這些衝突……在各方面都像是青春期男女和父母親之間的鬥爭，而它們也的確具有相同的目的：即重新創造個人的認同感，從這個同居的統一體內部游離開來，並且理解到他人是無法真正分擔自己的寂寞的。(Jaeggi and Hollstein, 1985:219)

當我們從社會史的觀點來考察時，這個從心理學角度看來似乎再自然不過的婚姻既定模式顯示出特殊的性質。簡單地講，中年危機是一種社會的，而非自然的事件。首先，它是我們曾描寫過的個體化過程的一個結果；更特定地來說，它是這個發展過程中的一個進步階段的產物。在這個階段裡，女性的生活脈絡被納入個體化的過程當中。最後，它可以說是人口發展的產物，平均壽命的大幅度增加是使得夫妻雙方能夠達到這個階段的唯一原因。在一整個世紀裡「婚姻持續的平均時間（未曾離婚）幾乎呈倍數增加。一八七〇年結婚的夫婦共同生活的平均時間是二三・四年；一九〇〇年時結婚的夫妻共同生活的時間則達到二八・二年，一九三〇年是三十六年；而一九七〇年時寫下結婚誓詞的夫妻在另一方的死亡終止婚姻之前必須共度四十三年的歲月」。⑦

只有當以下三個因素：普遍的個體化過程、特殊的女性個體化過程以及平均壽命的增加一齊作用時，中年危機才會出現。作爲一個歷史現象，中年危機是項新的產物，這個現象直到二十世紀下半葉才影響到廣大的人口。我們可以追溯這些線索直到前工業社會，基本上在當時無論對自己的生活或是婚姻的決定都是協力完成的，個體運作的空間很小。我們可以合理地推測，在當時並沒有太多發現自身認同的需求。

當個別的人逐漸出場活動時，變遷開始了；而當環境迫使女性必須照料自己時，這種變遷則又更進了一步。最後，當我們了解到在建立好家庭及事業之後，還有多年的歲月等在前頭時，我們的態度產生了改變。比前一個問題更具急迫性的問題似乎是：「這些就是全部了嗎？」換言之，個人遭遇到了棘手的問題；他列出至今爲止生活中遇到的挫折與困難，他也看到了新而更好的替代方案，這些方案可以用來彌補做錯過的往事。

這時候，以下的問題出現了：「我爲伴侶放棄了什麼呢？」人們回憶自己年輕時候懷抱的遠大計畫，人們看見了他們對於共同生活的承諾。不管公正與否，人們將許多的疏忽歸咎給配偶，人們將婚姻當作代罪羔羊，埋怨婚姻使他們無法過其他的生活。潛意識裡，人們知道有些事是自己不會去做的，有些事則是不敢做（一個人可能因爲年紀太大而無法成爲鋼琴演奏家，也沒有勇氣移民到南美洲去）。

即使一切不可能從頭來過，只要有時間，個人就必須對這直接的一夫一妻制處境做點什麼；至少他想要爭取更多自己的空間和時間。由於他／她所做的掙扎也同時是在尋找一種身分認同，因此對方越是抗拒，個人就越堅持。於是他的伴侶現在變成了敵人，婚姻則成了個人得在其中奮鬥，以便保存其身分認同和自我尊嚴的場所（一個安全閥、避雷針或是替代品）。

隨之而來的交戰歷程經常充滿了弔詭，這些爭執沿著以下的方向開展：「**有你在不會好，但沒你在也不成**。」根據對爭執多年的夫妻所作的描述顯示，許多個案正處於新的變化及修正當中。但他們又從未徹底分手過。他們分分合合；一起生活卻又宣稱說是真的分手了，分手了卻又沒有真的分開，這讓他們覺得自己陷入了死胡同當中。這些年來他們的反反覆覆讓朋友們只能搖頭無奈；對非當事人來說這似乎難以理解，甚至是荒謬的。

以下又是兩個觀點互異的陳述。首先是摘自法樂琪(Oriana Fallaci)的小說《一個男人》(*A Man*)：

> 我回去時……留了一封信給你，解釋我為什麼拒絕讓這樣的關係繼續下去……我的束縛已被解開，我不願因為一時的感動而重回枷鎖之中；也不願

讓任何事打攪我內心的平靜。我只有一次的機會，而聽見你的聲音，即使只是一通電話，也會讓我無法下定決心。剛開始一個禮拜，我害怕聽到電話鈴響起；第二個禮拜時，我已經不再相信自己的錯覺了。這真是個要命的錯誤——在我出走後的第十七天，當電話鈴響起，我聽到你說：「嗨，是我！」的時候……幾個小時後，我坐在飛機上想著：唐吉軻德，我來了，我來了；桑科還是桑科，永遠是可以讓你依靠的隨從，我在這兒……問題仍舊無解，我還是無法擁有自我，而出走的目的一個也沒有達成。(Fallaci, 1980:246;362;264;357)

一位治療師從外在角度提出了他的看法：

當然他們持續有爭執，各自度各自的假，只有少數事情有共識。但除了不停地嚷著要分手之外，他們誰也沒有真正行動過，即使表面上看來獨自生活對他們而言是很容易的。當我和凱琳單獨談到這件事時，她表達了幾乎是荒謬的幻想。

她害怕分手後她會變成「孑然一身」，沒有人會來關心她。（幸好她的事

> 業使她的朋友比狄雅特還多！）另一方面我也聽說狄雅特在某場司空見慣的衝突中，幾乎歇斯底里地喊說假如凱琳不把行李放下的話，他要「吊死在閣樓裡」。旁觀者對他們的印象會是——當時他們兩個都瘋了。當然，他們在婚姻以外的生活是適應得很好、很成功而且受歡迎的。那種不尋常的激烈爭執只是顯示「他們無法放任對方一個人不管」，而且無論如何都不想被對方拋下。你可以在他們冷靜的對話中聽到他們說，自己「其實」早就準備好要分手了。(Jaeggi, 1982:26)

顯然這些行爲模式揭露了心理學家所認知的糾葛共生(symbiotic entanglement)現象，這現象產生了諸如絕望感等看似荒謬的結果。心理學家在這裡看到了自主與依賴之間的外在爭鬥，「親密與距離」(Jaeggi and Hollstein, 1985:217ff)、「融合及抵抗」(Schellenbaum, 1984:35ff)之間的掙扎。但爲什麼這樣的糾葛會出現呢？又爲什麼它們是無解的呢？這裡所提出的社會觀點是，這類糾葛並不是湊巧出現，亦非遺傳決定（或者遺傳只是決定了最普遍的那一個水準），它們更不是自從亞當夏娃以來大自然偉大計畫的一部分，毋寧地，它們是個體化進程中出現的矛盾之表達及反應。在這些糾葛的背後存在著決定我們私生活的所有渴望、期盼及義務，而它們是彼此牴觸的。如前所述，**愛情變得比以前更重要，但也更困難了**。我們可以在理論上把這糾葛的兩種傾向分清楚，但不管你怎麼稱呼——親密性與個體性、共生或獨活——在個體的內心，它們是緊密難分的，而且它們會導致一連串的弔詭及困難。

這些我們在這裡用理論性的字眼所呈現出來的兩難，已經變成許多現代小說、特別是女性文學的主題了。讓我們再度以兩個例子來做個比較。首先再次是瓊的小說《伊思朵拉》女主角所作的內心獨白，她在這場獨白中表達出她那些自相矛盾的希望：

我：為什麼妳這麼害怕單身呢？
我：因為假如沒有男人愛我，我就沒有身分認同感……
我：但妳也知道妳會憎恨男人把妳管得死死的，讓妳沒有呼吸的空間……
我：我知道——不過我還是自暴自棄地想要個男人。
我：可是如果妳有了男人，妳又會覺得被綁住了。
我：我知道。
我：妳要的是相反的東西嘛。
我：我知道。
我：妳既要自由又要親密關係。[123]
我：我知道。

(Jong, 1974:251)

接著是法樂琪的小說寫道：

一旦我們受到情人的需求及牽絆壓迫，像是為了他而放棄工作或旅行、或發生不對的戀情時，那麼我們就會覺得失去了自我；公開或私底下我們都有滿腹牢騷，以及對自由的夢想，渴望過著沒有感情羈絆的生活，可以像隻海鷗般自由地在金色沙塵中穿梭來去。然而有個前所未聞的苦惱是，情人加諸於我們身上的枷鎖卻使人無法開展雙翼。但當他不在了，眼前豁然開朗，一望無際，可以任意翱翔於金色沙塵之際，我們卻覺得空虛得心慌。那些不甘不願放棄的工作、旅行或戀情現在顯得毫無意義，我們不再知道該怎麼利用重獲的自由，就像失去主人的狗兒、落單的羊兒般，我們在這空虛中躑躅，哀悼著失去的奴役狀態。我們會獻上自己的靈魂，重新為獄卒的需求而活。(Fallaci, 1980:378-9)

顯然，這些基本的兩難是我們這個矛盾的個體化社會當中的固有特質。它雖然衝擊著所有的夫婦，但由於這兩難——做自己及親密性——的兩面都顯得很突出，並且亟須人們關注，於是它就更可能造成長期婚姻中的內在劇變。想想這麼些年來持續的那些習慣、苦惱、慣例及承諾吧。除了自己的丈夫／妻子外，有誰能這樣直接、無情且深入地介入我的生活？想想我倆經歷過的所有事吧，那些共同的回憶，深達內心的歡喜與傷痛。還有誰能和我分享得更多呢？在這些境況中，《聖經》的古老箴言：「且他們成爲一體同心」取得了新的意義。這個意義可以從兩方面來感受，既是再三的威脅和詛咒，也是立即的安慰與承諾。

這也說明了多年來，人們對於分手所表現出來的猶豫及缺乏行動力，原因是，人們總是還有另一面的感受得考量。從旁觀者的角度來看，這是沒有勝利者的戰爭，所有的反覆爭論似乎都沒有任何的目的。這個謎題的解答是，現代人既渴望被愛，卻又被「我畢竟還有時間」的觀念所糾纏，而這兩者在邏輯上正是相反的對立。在這樣的情況下，一對夫妻會既害怕又尋求著爭論，而且他們會準備用盡各種辦法想要繼續爭論下去。他們既失去了對彼此的安全感，卻也從這些爭論中生還，並由此而獲得了某種信心：

現在我明白為什麼我希望妻子能回來。
那是因為她已徹底改變了我……
每當我想起她已經離開了我，我就開始崩潰，
直到消失在這世上。都是她才讓我變成這樣！
我沒法和她一起生活——現在那是令人難以忍受的；

我也不能沒有她——因為她已讓我
無法一人獨活。
才在一起五年她就讓我變成這樣！
沒有她的世界，
我已不能活。我必須獨處，
在另一個世界裡。我希望你把我送進
你的療養院裡。我可以在那兒獨處的，是吧？

（摘自T.S.艾略特，《雞尾酒會》，第二幕）

孩子是替代品？

在個體社會的矛盾規則底下，和成年伴侶一起生活常會變得十分痛苦難堪。男性與女性只有發展出自我保護的策略並減低情感枯竭的風險，才是合乎邏輯的。我們從近來家庭及婚姻方面的發展可以找到這類行動的徵兆。這些徵兆的可能範圍很廣，包括婚前諮商治療（參見*New Woman*，一九八五年七月號：44ff）、簽訂結婚契約(Partner裡面有個好例子；Partner, 1984)、同居以便讓「分手不難」(Schumacher, 1981)——就像流行歌所唱的。

有些人很顯然不願意做任何的承諾，甚且，他們壓縮自己的希望好讓自己不必面對失望。我們再次以一些最近的書名來指出這個現象：在這個「沒有夢想」(Fischer, 1983)的時期，對於「**親密關係的恐懼**」(Schmidbauer, 1985)正在滋長中。瓊的小說裡有一段話描述了這個情形：

「妳是最適合我的伴侶，」他說。「既然我已經找到了妳，我絕不讓妳走。」「我親愛的，」她按捺住了覺得他說的是真話的情緒。她心想，過了今晚，我就不會再見到他了。他不過是一個妄想、一個夢而已。這種激情是守不住，也無法永久留存的。像他這樣有魅力的男人可以用浪漫的方式擄獲妳的心，然後再絕決地離開妳。在被喬許傷透了心之後，她還沒準備好要再次面對這種事。也許她永遠也不會準備好了。(Jong, 1985:332)

但是這種做法無法解決問題。假如個人壓抑所有想要和他人親密的願望，那麼那些想經由他人來尋找自我的渴望，它們作爲我們時代的一部分又該如何處理呢？人們能夠思念、擁抱誰呢？如果答案不是男性或女性，那麼人們或許可以愛小孩。以下讓我們更細密地考察這個選擇。

個體化歷史的第一階段削弱了給予個人穩定感及身分認同的舊有紐帶。從不久前開始，男性和女性轉向彼此來尋找自我，並且把愛情當作生命的重心。但現在我們已經到達了下一階段；傳統束縛所扮演的角色很小，而男女之愛被證明同樣是脆弱易碎的。唯一剩下來的就是孩子了。相較於社會中的任何其他事物，孩子所許下的承諾更為基本、深厚而持久。其他的關係越是變得可以交換和取消，孩子就越是成為新的希望焦點——他們是永恆的終極保證，為個人的生命提供了一個依靠。

依此之見，近來急速的人口變遷也就變得可以理解了。首先是非婚生子女的數目顯著地增加了。⑧無疑地，造成這個現象的原因很多，但我們尤其可以看見一個新的未婚媽媽類型誕生。這些女性只想要小孩，而不想要男人或是傳統上的伙伴關係。⑨簡而言之：「這時候最要緊的是女性與小孩的結合」（Sichtermann，引自Wetterer, 1983）。或者是像克雷卻(Ursula Krechel)所嘲諷地指出來的：「這個新的政治基本單元叫做母與子」(Krechel, 1983:149)。在新的女性文學作品當中，有部小說用以下的方式表明了這個情形：

> 當我三十八歲時，我想要個小孩⋯⋯。這件事我要完全靠自己來完成。看是從精子銀行或是偶然的情人身上取得精子，甚至不需要打開燈把那人看仔細，就讓自己被幹，一陣子後就會發現自己懷孕了。(Ravera, 1986:138)

這類願望可從近來生殖科技的進展上獲得動力。來自美國及澳洲方面的判決紀錄顯示，已有曾於婚姻期間進行體外受孕處置的女性，提出植入冷凍胚胎的請求。而這些女性的前夫由於拒絕離婚後的父親角色而對她們提出控告。有一個個案的法庭判決有利於女性，並給予女性其胚胎的暫時監護權（*Süddeutsche Zeitung*，一九八九年九月二十二日及十月三十一日）。我們預期未來將上演的劇情大綱如下：對男人的愛情消逝後，女性至少還想留下自己的胚胎來。

至今為止，這類的傾向當然還絕不能說代表了大多數的女性。然而令人驚訝的是，在更為年輕的女性當中，對未婚媽媽的態度已經有了戲劇性的變化。在一九六〇年代時，有小孩的女性必須已婚；幾乎對每個人來說這件事都是重要的。但到了一九八〇年代，只有不到一半的女孩仍這麼認為。⑩同樣的徵兆也出現在通俗的女性書籍、雜誌當中，這些書刊對於「只要小孩……該怎麼做」⑪的問題提供建議。一本書的書名以大膽的自信宣佈：「單親媽媽，沒有男人更快樂」（Heiliger, 1985）。近來的女性作品中一再出現的一個主題是：對孩子的愛取代了對男人的愛。一位慎重地獨立撫養孩子的母親做出了以下的報導：

> 現在我知道該讓自己處於什麼樣的生活及愛情的條件底下，才能讓我和哈柏（她的兒子）覺得舒服。假如有人想要來破壞這一切，我會叫他滾或是

把他趕走……這是我為了哈柏所做的另一種改變。男人已經失去了他們過去在我生活中的重要性。在專業、物質上、私底下或是我和哈柏的生活當中，我為我自己樹立了獨立於任何男性的形象；沒有男友能告訴我該做什麼或是差遣我做這做那。（Häsing, 1983:83)

在法樂琪所著**《給我來不及出世的孩兒》**(*Letter to a Child Never Born*)一書裡，更明顯地表明：

至於你的父親，越思及此我便越恐懼自己是否從未愛過他……。在他之前的男性也都讓我有同樣的感受，而我就像個沮喪的幽魂般徒勞地尋覓（譯按：真愛）……或許我母親常掛在嘴邊的話是真的；當一個母親把孩子抱在懷裡時，她會留意到孩子的無依、無助以及毫無防備，而那時候的感覺就是愛。只要孩子始終是無助、無防備的；或至少他必須無法侮辱你，也不會讓你失望（譯按：這時候妳就會感覺到愛意）。(1976：20-1)

在瓊的作品中四處可見到相似的感受：

> 相較於浪漫愛，我們的孩子帶給我們的歡樂是更純粹的……自從她和喬許分手之後，她就一直想要個小孩……但誰會是她幻想中小孩的爸爸呢？……好吧——反正終究她都得自己撫養小孩，為什麼不讓孩子的爸滾一邊去，只要留下孩子就好呢？……媽媽和孩子以及她的愛人（或新老公），這就是所謂的「新家庭」(New Family)了。無論如何，只有媽媽和小孩是聯盟的當然成員，男人則是來了又去的。(Jong, 1985:68;296;107)

但是瓊卻錯了。新家庭並不是理所當然地由媽媽與小孩所組成。越來越多的男性在離婚後想要自己的小孩，而不是把監護權讓給孩子的母親。「**爲男性的權利而戰**」（*Wiener*，一九八四年一月號：32ff）以及「**離婚父親的悲歌**」（*Esquire* 雜誌封面故事，*Esquire*，一九八五年三月號）的問題變得很尖銳。用一位諮商專家的話來說：「**我會見過男人因爲恐懼失去孩子而落淚，過去只有女性才會這樣**。年輕的父親在失去監護權後特別會有這種戲劇性的失落感。這些人是我們最棘手的個案」（*Eltern*，一九八五年十月號：37）。如前面所提到過的，越來越多沒有取得監護權的男性強行將孩子帶走，以致形成了一種新的綁架案。

然而即使是在事情還沒有這麼令人擔憂之處，個人也可以辨認出某種男女適用的趨勢及其要素。假如人們覺得被自己的成年伴侶所排拒，覺得不再被愛，或是受到冷漠及冰冷的沈默包圍時，他們會很樂意將愛情慷慨地投注在孩子身上。韓克(Peter Handke)的《兒時故事》(*Kindergeschichte*)即是一例：

那是個難捱的時期，連自己的妻子都變成了無法親近的陌生人。這讓孩子顯得更加真實……那時候他和妻子之間最多只能交換事務性的意見，他們思考時常只用「他」和「她」來稱呼對方……如今有了孩子以後，她幾乎只在家庭這個有限的場景裡面才會遇到他；她對他的眼神變得漠然，隨著時間流逝，這眼神甚至會令他不快——就像是他對她而言也許也不再是個特殊的人，既然如此，他也幾乎不在她面前像「她的英雄」一般地炫耀自己的傑出表現了……他不曾猶豫或者多做思考，而是在無意間就把最善意、最親暱而盡在不言中的動作、可愛的話語都轉移到孩子的身上；而那卻曾是他和她之間的標準互動方式……幾乎就好像是對他而言，最後只有孩子才是他真正想要的，而現在他已不再需要一個女人了。(Handke, 1982:28, 34-5)

近年來，個人經由眾多「新」女性及母親的自傳式解說，從而克服萬難地發掘出一個統計數字未曾記錄的重要局面。這些女性一再地描述對於自己孩子的強烈情感如何使得她們感到驚訝、心軟甚至毫無抵抗力（Beck-Gernsheim, 1989:31ff)。也因此，個人可以看出自己所經歷的是種生命中前所未有的結合體驗，這種體驗是如此深沈廣泛的一種「偉大的浪漫愛」(Dowrick and Grundberg, 1980:74)。拉哲蕾寫道：「我想知道當妳感覺自己是個母親時，那種激烈的情感是否會使妳心臟衰竭？」(1977:96)或者就像另一位女性所指出的：

> 生命中我第一次真正知道什麼是愛……你〔指孩子〕迫使我必須重新定義親密關係。如果一年只有四次機會，我和那些可以一起討論想法的人算是親密的嗎？如果只有約會見面的關係，我和那些可以在他們面前盡情表現自我的人還稱得上親密嗎？如果沒有生活在一起，我和那些用他們的正直、智慧及幽默使我心情振作的人是親密的嗎？我和任何人的關係都沒有和你來得親密。(Chesler, 1979:191;194)

> 事實上，她（指孩子）是我生命中一段偉大的浪漫愛。雖然我極不贊成浪漫愛，因而對此我並不感到自滿；但我仍知道這種感覺比任何我所曾感受過的都更接近女性雜誌／中世紀詩作／宗教神秘主義者對於愛的描述……在情感、心理、政治及社會上，我的女兒都迫使我做了一些討厭的改變。

智識、情感及實踐上，我都覺得受到欺凌、必須做出犧牲，而我發誓，任何男人都不會讓我有這種感覺。但我仍不悔地選擇了這種壓迫；我確實是滿懷愛意及歡喜地擁抱著這種壓迫。(Dowrick and Grundberg, 1980:77,79)

凡是認爲母愛是女人本質、自然束縛的人都不會對這樣的聲明感到驚訝。但自從研究顯示，過去母親及孩子間的紐帶並不像現在這樣帶有強烈的感情意味之後，以下的懷疑就產生了：是否我們眞能宣稱這類感覺是基因遺傳所造成的部分結果呢？個人同樣可以用其他跟社會變遷方式更密切符合的措詞來解釋這個現象。

從這個觀點來看，與孩子之間的束縛之所以具有高度的吸引力，是因爲這樣的關係相當不同於個人與其他成人間所建立的關係。這種吸引力可能是因爲孩子與個人之間的關係是與生俱來的，而非由於生命經歷上的一致性才取得；而且孩子與個人之間的束縛是全面而持久不滅的，在這個意義上，它優於我們這個拋棄式文化(barter and throw-away)中的其他姦情。至少只要孩子還小，個人投資在孩子身上的愛與投入就可以不必承受失望、受傷以及被拋棄的風險。

尋找烏托邦？

到目前爲止我們已經追溯了從前工業社會到現代社會爲止，男女關係形式的三個演變階段。一開始，家庭是個經濟單位，而不是由擁有獨特生命經歷的伴侶所組成。其後，當擴展家庭開始被打破之時，男性被期待著要主動組織自己的生活。而家庭凝聚力則是藉著犧牲女性的權利來維持。差不多從一九六〇年代開始，我們已經可以清楚地看到一個新階段的出現，兩性都面對著創造自己生活的甜蜜負荷。

無疑地，在目前的情境底下人們有機會可以建立起眞實的伙伴關係；但同樣地，也有許多風險使得兩性各自在孤立的角落裡形成對立。問題的關鍵在於，個人的自我實現和他與他人之間持續的在一起關係(togetherness)必須尋求平衡；個人只是這關係中的一部分，而這個關係中的對方也同樣在尋求著自我。人們猜測著接下來將會發生什麼事呢？爭執和誤解會不會一再累積，直到我們忠實的同伴只剩心理治療師而已呢？也許最後能擁抱的只剩寵物而已，就像普萊森(Elisabeth Plessen)的小說裡面寫到的：「他兒子死在東部戰線上……妻子也跑了……唯一安慰他的只有一隻貓。」但另一方面，我們又期待事情會有所改變，期待找到一些互相對待的規則和方法，可以讓我們親手寫下的生命經歷彼此交融。

然而該怎麼做呢？婚姻諮商專家的洞見「〔人們〕在一段毀壞的關係中最需要的是彼此交談的機會」(Preuss, 1985:12)也許是正確的，但這當然不夠。在社會方面，我們所需要的是對於若干社會優先性重新思考；我們現在把焦點太過放在單獨的個人身上，而且只有在個人承諾可以依據市場目的（指個人流動性、彈性、競爭力、職業意識）加以剝削時才會將它們納入考量。如果照著從前的路走下去，我們將會發現自己被捲入大規模的兩性戰爭中，並爲此付出巨大的金錢及情感代價；而社會也將陷於私人及金融方面的混亂當中。社會已然到達一個關鍵時刻——它既不是建設性的，而通行的規則又已不再適用；因此，這樣的一個變遷需要來自政治人物、執政當局、組織以及制度方面的洞見。在個人層次上，男性和女性都必須實行如善解人意、寬容、願意妥協等過去屬於女性的美德，並尋找一再面對協商談判的勇氣。這會只是個烏托邦式的幻想嗎？我們只能試試看了。正如韋柏(Beatrice Webb)所說：「**我們正站在文明的盡頭；問題是，我們是否正來到另一個文明的開端呢？**」（Mackenzie and Mackenzie, 1984:291）

註釋

①Rückert, reprinted in Behrens, 1982:205.

②女孩／女性的比例

	大學生	高級中學	預科大學
一九六○年	二三・九%	三六・五%	二七・○%
一九七○年	二五・六%	四一・四%	二八・八%
一九八○年	三六・七%	四九・四%	四○・一%
一九九○年	三八・○%	四九・八%	四○・二%

資料來源：Federal Minister of Education and Science, 1989–90:46 and 154–5。

③在一九○七年時，十五歲以上的德國已婚女性有二六%的人從事家庭外的雇傭工作。一九六五年時的西德，這項百分比是三三・七，一九八八年時是四四・五（Federal Office of Statistics, 1983a:63;1989，由 *Süddeutsche Zeitung* 於一九八九年六月二十四—五日報導）。

④十八歲以上育有子女的女性參與勞動的比例自一九六一年的百分之三三・二上升至一九八二年的百分之四十四（Federal Minister of Youth, Family and Health, 1984:21）。

⑤參見 Merian 作於一九八三年的封面圖案。

⑥Wingen, 1985:348; *Statistisches Jahrbuch, 1988 für die Bundesrepublik Deutschland*:78.

⑦Lutz, 1985:3：這是奧地利的統計數字，但這個發展與德國十分相似。

⑧非婚生子女佔總新生兒的比例從一九六七年的百分之四・六（近幾十年來最低的數字）到一九八七年最末季的百分之一○・二。(Permien, 1988:20; Burkart, Fietze and Kohli, 1989:30)

⑨「非婚生子女越來越多是由於青少年過早懷孕的意外後果，而更常是二十五歲以上女性有計畫懷孕的

產物。年輕女性的未婚懷孕逐漸不是件『不幸的事』，而更顯然地是件有計畫，或至少是年長些的女性有意識地採取的決定。」(Burkart, Fietz and Kohli, 1989:34)

⑩在一九六二及一九八三年所執行的一項詢問：當女性生子時，是否該是已婚身分的調查顯示，一九六二年時被問到的女孩中，認爲此事重要的爲百分之八九・四，而到了一九八三年時只有百分之四十的女孩同意這個說法。（Burkart, Fietze and Kohli, 1989:34）

⑪Merrit and Steiner,1984;Fabe and Wikler,1979:122-3;‘Ledige Mütter mit Wunschkind: Geht es wirklich ohne Mann’, *Für Sie*,1985/11; ‘When Baby Makes Two: Choosing Single Motherhood’,(November 1984); ‘Having Babies without Husbands’, *New Woman* (May 1995).

3

Das Ganz Normale Chaos der Liebe

自由戀愛與自由離婚

解放的一體兩面

就如現代版的《羅密歐與茱莉葉》所說的：
「你生命中的愛情？
我相信當兩個人設法要為了他們一起的生命而容忍彼此時，
那才是生命中的愛情」。在人們各自獨立的冷漠世界裡，
愛情被定義為一種負擔，卻忽略了它也是種恆久的支持。
隨著時代以及時代問題的改變，
愛情仍是個烏托邦，它保留了一個更美好的世界。
真愛就是一起變老。

「永遠屬於你」。浪漫愛是我們社會的核心之一，那種愛與被愛的歡欣感覺要不將我們帶到教堂的祭壇前，要不就是公證結婚之處；它將扶持我們一輩子，如同結婚誓詞所言「盡其本分，至死方休」。然而統計數字告訴我們的是另一回事。獨身的人非常多，而且數字正在增加當中；其餘的人們共同生活卻不互相承諾；還有許多夫妻離了婚。由於兩性在舊觀念及尋找新方案的企圖間掙扎著，於是他們來回地進出於在一起關係之中。而這造成了公私兩方面的一些後果：

> 至今為止，從未有人從所投入的努力、資源及金錢的角度來考量或計算過，這個國家為了婚姻問題及其所帶來的不幸和分離所曾付出並須持續支付的代價。但即使相關資料無法取得，個人也可以斷定，分手所造成的經濟問題，消耗了國民生產毛額(GNP)中的不小比例。(Jaeggi and Hollstein, 1985:36)

正如我們在這裡所見到的，個體化所帶來的影響總是有其兩面性。當婚姻從前工業社會中那種高度制式、預先決定好的安排，轉變成兩個個體的自願結合時，雖然多數情形中人們是彼此相愛的，但新的憤怒及掙扎卻必然會應運而生。我們可以用更戲劇化的語氣來陳述這個情形：當愛情終於獲勝之後，必須面臨的卻是各種失敗的考驗。

而這正是我們接下來所必須思考的弔詭所在。個人被迫進入了希望、懊悔與不顧一切再三嘗試的無盡循環當中，而透過對於這股趨動力的考察，我們將追溯此一弔詭的起源並試圖揭露其內在邏輯。這個弔詭的存在並不只是個巧合；它是我們當代以及「自由」這個曖昧觀念中的內在成分。由於自由選擇的原則既提供我們新的機會，卻又要求我們或好或壞都必須對結果負責，於是它便產生出一些困難來。

從前：義務與確定性

社會史學者曾一致表示，前工業社會中的婚姻與其說是兩個人的結合，還不如說是家庭甚或氏族之間的結合(Rosenbaum, 1978,1982; Schröter, 1985; Sieder, 1987; Stone, 1978,1979)。因此個人無法選擇結婚的對象；從今天的意義上來看，這就是說個人既沒有機會戀愛，也無法聽從自己的直覺行事。而個人的選擇範圍還進一步地受到某些如地位、財富、種族和宗教的標準所限制，婚姻必須順從家庭、親屬及當地社群的安排。人們鮮少爲了愛情而結婚的；結婚的主要目的即是生育孩子來當作幫手與繼承人，以維繫作爲經濟單位的家庭之繁榮與存活。十六及十七世紀時的英國貴族就是一個很好的例子：

> 來自父母的最大壓力必然加諸在女兒的身上，女兒們更為依賴也更受保護，她們被認為是劣等性別的成員，除了服從外別無選擇，因為不婚甚至比所嫁非人還要來得糟糕……十六世紀初的時候，預先藉由遺囑或婚姻契約買賣幼兒的情形，在各個階級或地區都相當的常見……兒子的選擇自由幾乎和女兒們同樣受限。做父親的希望利用自己的監護人身分以及婚約上的經濟大權來避免（兒子的）婚姻脫離家庭控制，這促使他將兒子許配給他所選定的女性，並使他終身成為該女性的繼承人。兒子經常處於父親的支配之下，因為他……在經濟上依賴於自己的父親。(Stone, 1978:445-7)

當然，這類常規中的一大部分具有強制性的成分。在傳統的婚姻體系裡面，最明顯的輸家，首先就是那些經濟上處於劣勢的人們——不管是由於什麼原因——手足間的次序、性徵還是社會地位的缺乏——造成的，經濟劣勢者都是最大的輸家。他們無法符合那些根據經濟條件來做決定的體系規則，因而事先就被繼承權法、嫁妝的要求、對無產者的結婚禁令等排除於婚姻之外。其他多少受到負面影響的還包括被家庭強迫嫁娶正當對象的男女。第三類婚姻體系中的輸家是那些因爲擇偶對象不合乎家庭標準而被禁婚的人們；換言之，這就是世界文學中經常出現的悲劇主題「愛情與通姦」。(love and intrigue)

兩個同樣尊貴的家族……
古早起便因嫉恨決裂，最近還鬧到了械鬥的地步……
命運使然，從這兩個仇敵腹中生下了
一對不幸的戀人，為此斷送了性命；
他們慘烈的反抗
隨著兩人死亡而平息了上一代的仇恨。

(William Shakespeare, Romeo and Juliet, Prologue)

無疑地，傳統規矩沒有爲個人的願望留下什麼空間，而且一旦個人與家庭的願望相牴觸時，前者就會被迫嚴格地壓抑下來。但同樣無疑的是，這些規矩也給了婚姻某種穩定性及永久性。當兩個人的結合是聽從家庭及當地社群的安排時，做出這些安排的人們便會關心這個結合的維持，並經由各式各樣的社會機制來發揮影響力。當選擇配偶是依據背景、地位時，這就保證男性跟女性都會習得重要的習慣與規範，享有同樣的期望並懂得規矩。當男性與女性都在田裡或家庭作坊裡並肩工作時，他們會因爲共同努力、一起遭遇奮鬥的挫折——比方說作物歉收、嚴冬將至——而被緊密地結合起來。

殷霍夫描述農家生活時說：

具有決定性的是整個農場的福祉和地位，而不是個別的農場主和他個體的幸福；是家庭的延續——即世系，而不是個別農場一時片刻的生存。一代又一代都環繞著這個核心而活，要說他們是個體，還不如說是滿足角色要求的個人來得恰當。重要的是觀念和標準，而不是自我。(1984:20)

布力克森(Tania Blixen)以類似的用語來形容一個貴族家庭的地位：

那種夫妻關係並不是私人關係。嚴格説來，他們無法以個人或直接的方式帶給對方幸福或沮喪，而必須經由他們所據有的關係以及對於生活中共同任務的重要性，來相互為彼此提供最大意義。對侯望公爵(duc de Rohan)來説，他的妻子和其他女人之間是沒得比較的；不管這些女人可能有多美、多有才氣、多吸引人，他的妻子仍是這世上唯一能生下侯望公爵繼承人的女性。她擁有的名聲歸於侯望家，她資助的那些農夫和窮人也屬於侯望家。(1986:67-8)

現在：更多自由、更少安全感

根據社會史學者的說法，隨著農業社會讓位給現代工業社會，已婚夫妻的相處方式也開始產生改變。家族的影響力失去了大半，而那些終身婚姻正面臨危機者的權利則加強了。「由人們來選擇彼此，而不再由家族聯盟所操縱」（Rosenmayr, 1984:113）。當然這類選擇不會只是靠碰運氣而已；尤其是在變遷初期時，如社會背景、個人財力、家庭教養及宗教派別之類的指標都仍扮演著決定性的角色（例如Borscheid, 1986; Mayer, 1985）。即使是浪漫愛也還尚未脫離其與社會規則的隱密聯繫。但從戀人們的觀點來看，幾個世紀以來，天平早已從被告知做何選擇的一端傾斜向自由選擇的一端了。

> 過去數千年來，關於正當婚配的觀念經過了四個演進階段。一開始，婚姻聽從父母之命，而鮮少考慮子女的期望；其後，父母之命仍是最初的基礎，但子女的否決權能使其讓步；第三階段是由子女來做決定，但父母擁有否決的權利；只有到了本世紀的最後階段時，子女才能自主地擇偶而毋須太過在意父母的想法。(Stone, 1978:475)

於是隨著舊秩序的崩解，人們看似尋得了某些美好的事物：個人幸福相當程度上從外在責任或義務的束縛中解脫了出來。男性與女性之間的結合不再是由外人根據規定的標準來安排，而是兩個投入的個體間親密深入的私人邂逅，他們克服了階級與地位的藩籬而只承認唯一的權威——眞心話。這意味故事的結果就像童話故事般美好：「而他們從此過著幸福快樂的生活。」

天為我亮了。噢，為何
父親們不像我們
能輕易地了解彼此呢！……
他們和解了，我要斗膽前去
宣稱妳屬於我……
艾格妮斯，艾格妮斯！
何等歡樂正等著我們啊！妳將成為我的妻子。
噢，妳知道我們會多快樂嗎？

(Heinrich von Kleist, *Die Familie Schroffenstein*, V, 1)①

這些高度的期待後來怎樣了呢？許多期待已然落空；生活和童話故事告訴我們

的大有不同。心理學家注意到「如今人們在私生活裡面臨的最大問題是如何與伴侶相處的問題」(Jaeggi and Hollstein, 1985:back cover)。人口學家嚴格審查過統計數字後宣稱「離婚活動活躍」。關於「眞實關係」(really relating)、「徹底談談」(talk it through)以及「拋棄式愛情」(throw-away loves)等有許多的談論。較嚴謹的研究者則談到「連載式婚姻」(serial marriage)及「分期付款的一夫一妻制」(monogamy in instalments)。

情況的確是很弔詭。男性和女性們不再需要服從於家庭，他們比過去更能自由地決定想和誰（或者不想和誰）結婚。人們可能認爲在這些情境底下，與他人共享生活會被證明是較容易、較滿足的；但事實是許多人根本就逃避了這回事。

尋找共同世界

現代生活的一個特色就是，每個人都有一大堆常顯得複雜、矛盾的選項要去抉擇。有各種因素影響著人們的選擇，而隨著時間經過，這些因素的影響變得越來越明顯；其影響則包括了快速的社會變遷及其帶來的各種新機會、傳統連結的崩解、新的社會與人口流動類型。一個出生在巴伐利亞高地鄉間的人可能會遷居到像漢堡這樣的城市去求學與工作，到義大利的卡達湖畔度假，並且計畫到馬優佳島（譯按：地中海東岸的一個西班牙島名）隱居。

這意味著我們每個人都比以前更需要在紛亂的生活當中找到自己的方向，並建立起認同感。社會學家和心理學家證實，這個需求的事實說明了愛情生活所具備的可觀意義。就如前面所描述過的，我們的現實觀以及自尊感有一大部分仰賴於家庭生活狀況。

毫不令人驚訝地，這意味著一種新的限制。假如你自由選擇自己的伴侶並脫離家庭、親屬及氏族的命令而共同建立了一個天地，這看起來可能是自由的，但實際上卻需要許多的努力才能達成。在這個新的體系裡，一對夫妻並不只被期望設計出自己的個人生活架構而已，而是他們必須這麼做。柏格與凱爾納(Berger and Kellner)概略地描繪了這項任務：

在過去，婚姻與家庭被緊縛於關係的網絡當中，而這個網絡將它們與更大的社群連結起來……在個別家庭與外在社群這兩個世界當中並沒有太多的阻隔……房子、街道，及城鎮的四處，同樣的社會生活脈動著。用我們的話來說，家庭及婚姻關係被鑲嵌在一個更廣大的交往脈絡當中。相對地，在現在的社會當中，每個家庭都分別構築起自己的小小世界，並擁有自己獨特的規則與考量。

這個事實大為增加了夫妻們對於承諾的負擔。過去，一段新的婚姻的建立不過意味著在既有的社會模式上添加一些額外的變化而已；然而在今日，夫妻們必須面臨的往往是更為熱切的任務——創造自己的私人世界……一夫一妻制的婚姻情勢，使得在此一事業上的投資特別具有風險性，因為它的成敗只仰賴於兩個人的特質，以及這些特質難以預料的未來發展……根據齊默爾(Simmel)的說法，這是所有社會關係中最不穩定的一種……在一個只由兩個人組成並依賴於這兩人努力的關係中，為了要彌補其他關係的缺乏，他們必須在自己的範圍內逐漸增加投資。這只不過是增加關係的戲劇性及所涉及的風險罷了。(1965:225)

此外，某些相似的社會離心力使得婚姻或親密關係變成引導個人生命經歷的固定座標，而這使得伴侶們難以在一個共同的路線上取得一致。由於婚約的簽署（或甚至不曾這麼做）而成爲一體的兩個人，即使仍常順從於同族結婚的律法，並且基於慣習的理由（社會地位、宗教、國籍或種族）來選擇伴侶，但他們還是比過去要更常來自於不同的背景。換句話說，他們的生命史已經提供了他們不同的優先性與期待的組合，以及不同的溝通方式、做決定的技巧；要在一項共同的計畫上取得共識是件困難的事。柏格與凱爾納對此做出了以下的評論：

> 在我們的社會當中，婚姻是個戲劇化的事件；兩個陌生人因為婚姻而結合起來，並重新定義彼此……「陌生人」的概念（在此處）當然不是指來自十分不同的社會階級的候選人——事實上，資料顯示出的正是相反的訊息。與從前社會情境中的婚姻候選人不同的是，這陌生感毋寧由於他們是來自於不同的「面對面互動」區域。他們沒有共同的過去，即使他們個別的過去在結構上具有相似性。(1965:223)

更進一步來說，如果在過去，選擇自己的配偶基本上是違反家庭期望的，那麼當人口在社會及地域上的流動增強的時候，自由選擇的原則也就需要更新它的意義才對。即使大多數的夫婦仍遵循著舊有的規則，但還是有許多人跨越了地域及國家的藩籬，選擇了不同社會地位、所在地或國籍的人（例如 Mayer, 1985; Schneider, 1989)。今天在德國，每十二對婚姻中，就有一對是跨國聯姻(Elschenbroich, 1988:364)。在這種情形之下，所謂兩個「陌生人」的集合可說是特別的明顯。就如我們對於愛情需求的現代定義一般，對他們來說，特別重要的一個關懷是要找到可以幫助對方發現自我的方法，即使這麼做必然附帶要面對自身的過去及根源。

在這些情境底下，選擇一個來自不同背景的伴侶意味著與異文化的結合，而這也就意味個人必須帶著恐懼及期待捲入一個不熟悉世界的思考模式與界域當中。美國一個對猶太與非猶太婚姻伴侶的調查得出了以下的結論；

> 當男性女性都分享共同的群體背景、文化遺產以及一種普遍的社會相似性時，他們所面對的過去可以一直侷限於純粹的私事。也就是說，彼此對對方透露的都是私人及家庭的秘密。但是當他們並不共享一組集體記憶的背景假設時，無論你喜歡與否，連最瑣碎的自我表現都會變成是對於自身文化歷史的廣泛陳述。(Mayer, 1985:70)

跨越擇偶的一般範圍而形成的婚姻明確地展現了現代人尋找伴侶的行事作風。它們表達的是，婚姻是兩個人之間的事，外力毋庸置喙。德國一個異文化婚姻的研究注意到，這是些「從態度上看十分現代的婚姻；它們符合了浪漫愛的理想，並具有個人主義色彩」。此外，「這種關係的浪漫基礎既是個機會也是問題所在」(Elschenbroich, 1988:366)。以下是這些機會的概述：

> 假如事情進展良好，假如可以保留下早先那些勇敢、樂觀以及大膽實驗的感受，那麼異文化婚姻會特別活潑、有趣。假如跨文化的溝通問題可以被家庭統合起來，那麼這便可以鼓勵一種連帶感(feeling of solidarity)的產生，

並使得家庭具有寬廣的眼界。（前引書）

然而，異文化婚姻也有典型的缺陷。這類結合的部分潛在危機是，沒有外在的支持系統可以對這對伙伴具有拘束力。維持婚姻完整的工作完全地落在這對夫婦身上，而且他們兩人的文化若是越不相同，則這個工作越困難。雖然在婚姻的最初階段相愛是最重要的、彼此的意見也還一致，兩人的差異則常引退爲背景；但隨著婚姻的進展，從他們個別世界裡產生出來的差異不可避免地會表面化，並需要被面對；那些曾在擇偶時被消除乾淨的分界線，隨著時間而顯露出它們的持續力量，需要伴侶們共同去接受及處理。美國一個對猶太人與非猶太人婚姻的研究呈現了關於這個窘境的理論圖像：

剛開始墜入愛河時會喚起一種強烈而持續的現在感，在這種感覺當中，過去與未來是不重要的，愛情的維持所需要的似乎是相反的東西。它要求的是探測過去、描繪未來。愛情把戀人的自我帶進其言說當中，而這不可避免地會隱含著他們的文化傳承。這不過是因為沒有任何自我可以不用某種方式和某一世系、家族網絡及歷史連結起來的……婚姻間的對話也必然是關於文化、歷史以及對傳統的個人感受的對話。(Mayer, 1985:72)

在德國一個對於異文化婚姻的研究當中，使用了經驗資料來追溯其發展模式的軌跡：

> 在……訪談當中，異文化夫妻描述了他們關係的典型階段。在一開始那段迷戀的時期裡洋溢著一種難掩的樂觀、幸福的開放感，以及……對於自己能不落俗套的驕傲。經歷過內外的緊張之後，隨之而來的是撤回以及更新自身背景認同的時期……人們經常是頭一次發現自己的價值體系竟是如此的根深蒂固。如果沒有這個遭遇，人們的價值體系通常會維持在不醒目(inconspicuous)、無意識的情形下——也因而顯得十分的正常。(Elschenbroich, 1988:366-8)

尋找共同目標

既然婚姻已經擺脫了擴展家庭時期的紐帶和義務，於是它似乎只能沿著伙伴關係(companionship)及休閒(leisure)的隱蔽私人空間獨自飄蕩。這雖意味著更多的自由，但從另一個見解看來，則意味著更少的外在支持。把幾世代的家庭結合起來的「共同目標」已經消失了(Ostner and Pieper, 1980)；參與其中的個體必須協商出他們自己的共同目標。「那個仍然『空著的私生活的模子』首先必須……被塡上內容」（前引書；120）。無疑地，這可能意味著一種新的親密感，但它也同時潛伏著相當的危險性。

你指的愛情是什麼？

伙伴關係的基礎是什麼？乍看之下答案是簡單的；現代定義表示——因爲我們相愛，所以我們在一起，我們的伙伴關係首先是情感上的伙伴關係。由於愛情的構成要素隨著最近幾世紀特別是剛過去的那段歷史而變化，所以這當然是個概略而模糊的定義。現在是幾個觀點——傳統、現代、後現代——奇異地同床共枕的時代。這個「同時存在的非同時性」指的是各種想法、期待與盼望——當然還有分歧的規則及行爲模式都是在「愛情」的名目底下被結合起來的（例子可見諸關於一夫一妻制對多重關係的衆多討論）。對「愛情」的充分需求因此牽涉到複雜微妙地調解與協調，而這可能導致根本上的誤解：

在正常狀態下，現代西方婚姻的共同基礎：「由伴侶們共享的自我認同」會在對話當中持續被確認及更新。然而個人是否用言語表示這類事情則又隨著文化不同而有差異。西方資產階級處理意見不和的方式——談論及嘗試了解，絕不能說是種普遍的需求。如果和外國人結婚的德國人堅持要這麼做的話，這方法可能會被證明是完全無效的。在某些文化裡面，親密關係並不被認為是「好的」婚姻的標準；它們重視的是彼此依賴、分享責任以及扶養家庭，根據性別和實際精力來分擔勞動。(Elschenbroich, 1988:368)

讓事情進一步複雜化的另一個因素是：即使在我們自己的私人關係裡，「愛情」的意義也會隨著時間而產生細微的變化。當「浪漫愛」被視爲理想的時候，情況則更是如此；在這個初期階段所充滿的刺激與歡樂，主要是來自於對於他人與未知的迷人特異感。然而隨著時間一年年過去，人們不可避免會彼此認識，而日常生活就此展開。這可以是一種新的、從共同歷史所滋長出來的在一起的感覺——持久、熟悉而可靠，然而許多夫妻卻無法妥善地處理這種關係的變形。這結果既非僥倖亦非命運使然，而是此一模式不可或缺的一部分；**「浪漫愛的陷阱」意味著愛情是因迷戀而開始，因期待而持久**，然而期待在此一形式下不可能被滿足，於是最後只剩下失望。

美國作家巫爾曼(Jeffrey Ullmann)在他的書《單身貴族年度大事》(*Singles' Almanac*)中蒐集了當代名人狂喜時的眞情流露——以及他們後來剩下的感覺：

——李察波頓談伊麗沙白泰勒：「她的胴體是建築上的奇蹟」。後來他說：「她太胖而且腳太短。」

——伊麗沙白泰勒談她的第一任丈夫小西爾頓(Conrad Hilton Jr.)：「他了解我是個女人也是個女演員。」後來她說：「和他結婚後，我不再對事物抱持樂觀的看法——我日漸消瘦，只吃得下嬰兒食物。」

——麗塔海沃絲(Rita Hayworth)談她的第三任丈夫坎恩王子(Prince Ali Khan)：「他是王子中的王子」。後來她說：「艾里想做什麼都可以——我已經受夠他了。」而談到她的第四任丈夫迪克海密斯(Dick Haymes)時，她說：「我會隨他到天涯海角。」後來她說：「我不知道他人在哪裡——而且我也不在意。」

在尋找共同基礎時最複雜的或許是以下的事實：男性和女性對於和某個人一起生活這件事抱持著分歧的看法。男性傾向於強調實際面，像是維持家庭運作以及「確保每件事都能順利進行」(*Abendzeitung*，一九七八年十月二十三日)。相對地，女性則更強調情感的一面；對她們而言，感覺的分享以及親密感才是最要緊的。我們可以從一對夫妻的訪談當中得到例證：

○太太：我常希望我可以花更多的時間和我老公相處。

○先生：好，可是這實際上是指什麼，當妳和妳老公在一起的時候，妳想怎樣？

○太太：嗯，只是想一起做點事。

○先生：妳想要花更多時間在床上還是什麼事情上嗎？

○太太：我只是什麼都想要更多——或許是更多的談話——或者——你還是抓到問題了——或是一起坐下來，嗯，更多的交談或閒聊吧。

○先生：可是談什麼？要談什麼？……是談報紙上的事，還是工作，還是你想跟我說什麼，都是廢話，你到底是想談什麼？

○太太：我們需要彼此談談，關於計畫……嗯，你現在來了，很好，如果你可以多說一點……

○先生：好吧，談計畫，那些全都是些廢話，你那些愚蠢的閒扯……

○太太：我常想，你可以，好，你打電話或做這做某些事……

○先生：那些日子已經結束了，因為我們只有一支電話，它壞了……而且除了這，到底那又會怎樣，全都是唱高調；打電話能怎樣，搞不好只是講些有的沒的，這呀那的，天氣怎樣啊的……

○太太：好吧，親愛的，好吧，可是有時候我們之間會有某種聯繫或是什麼東西吧。②

兩性間的期望有差異或許不是新聞，但是他們的潛在衝突只有在最近才開始表面化。一旦女性開始把自己當作是自主的人，擁有自己的期待，她們就不準備去接受從前世代所提供的解答——適應妳的丈夫、犧牲自己的利益。女性在過去被期望要施予安慰、情感及溫暖，而在今天她們越來越想成爲這些感覺的領受者。她們逐漸厭倦在家裡當個和事佬、撫慰者。在最暢銷的女性文學作品裡面，這個趨勢是很清楚的，這些文學作品建議女性拒絕愛情，或至少是拒絕那種讓人枯竭耗盡的愛情。對此，它們的診斷是「服用愛情過量的女人」(Norwood, 1985)；這就是爲什麼需要新的「感情合約」的原因(Hite and Colleran, 1989:44f)。那麼，假如做不到呢？它們所提出的冷靜結論是：「別爲了男人而犧牲任何事」(Hite and Colleran, 1989)。

困難的決定：選項太多

前工業社會中的婚姻是被共同目標的鐵銬——家庭及家庭的生存——給結合起來的。每對夫妻都擁有清楚的任務大綱，並確切地知道什麼是她／他被期望去做的事。當家庭不再是一個大的經濟單位時，這些規則就立刻不再適用了。繼之而來的資產階級家庭將性別角色極端化——男性負擔家計；女性是家庭的核心。在二十世

BGB一八九六年原始版本，自一九〇〇年一月一日起施行		一九七六年婚姻法改革條例，自一九七七年七月一日起施行
§一三五四	與婚姻生活相關的所有事務上，男性有做決定的權利；特別是決定居住及房屋。	已廢止
§一三五五	女性冠夫性。	夫妻可選擇丈夫或妻子的姓氏。
§一三五六	女性……有管理共同家庭的權利	夫妻藉由相互的共識來規定家庭的管理及義務

紀的蕭條時期，甚至連這些標準的角色也逐漸動搖了。而剩下來的只有一大堆做決定的機會，就像我們瀏覽德國民法法典(German Code of Civil Law, BGB)時所見到的（見上表）。

無疑地，伴侶雙方能自由選擇如何管理共同家庭的事實，的確大幅削弱了女人是附屬角色的想法；她和他都能施展自己的權利及義務。但收穫卻又再一次地伴隨了損失的出現。書面上看似簡單的條文證明了其實是日常生活中的痛苦戰場；兩個自有其想法、計畫及偏好的人掙扎著要找到共同的出路。而沒有一條預定婚姻和諧的法律，保證他們大致上能得到相同的結論。簡單地說，假如你擁有更多的機會，你可能會覺得從舊的限制中解放了，但你也會因爲在太多方面與你的愛人不同調，而冒著生活變爲一長串爭執的風險。立法者所推薦的意見一致是很難達成的。

結婚前早就爲了選擇什麼姓氏而口角的夫妻們並不少見（當然，根據統計數字顯示，保留姓氏者以男性爲多，但這無法說明有多少對夫妻在之前就對這件事持有不同的看法，或者有多少對情侶就爲了這個理由而不婚）。當別的地方有個好的工作機會時，居住在哪裡的決定就成了問題。而最糟糕的問題是如何組織日常共同慣例——倘若有的話——的問題；這問題是沮喪及挫折產生的地雷區，它不只影響家庭的和諧運作，還經常會觸動個人內心深處，對自己生活中的角色及自尊受到攻擊的恐懼。

男性及女性們如今「暴露在『男性』或『女性』、『愛情』或『關係』、『母職』或『父職』等字眼萬花筒般的詮釋可能——維持原意或採取應當的意義——當中」(Wehrspaun, 1988:165)。兩性以一種不知所措的方式，混合了舊的習慣與新的開創來回應彼此，而困惑悄然蔓延至親密關係的最深處。就如某個人在牆上的塗鴉所寫到：「我們想要相愛，卻不知該怎麼做」，這句話總結了這個窘境。

徹底詳談——愛情是家庭功課

那麼該做什麼呢？假如沒有可供依循的外在標準，我們就必須去尋找內在的標準。「這個新社會……注定要……生產出自身的規則，這些規則使得合作及生存成爲可能，而且這個新社會還強迫要服從這些規則」(Weymann, 1989:6)。這似乎像是老吹牛男爵（譯註：Münchhausen，德國童話故事中一位愛吹牛的男爵）故事的新版本，吹牛男爵抓住自己的髮辮將自己從沼澤裡拉了出來——只不過現在需要這麼做的是一對夫妻罷了。由於任何事件中，觀念的彼此協調都是很重要的，於是出現了「藉由協商來經營關係」的嘗試跡象(Swaan, 1981)。這些溝通發生在有著曲折迂迴路徑的言語世界，在這裡人們彼此衝撞，偶爾一起停留，卻常常分道揚鑣，不過他們至少嘗試著討論問題在哪裡。我們可以在滿滿一書架的書籍——特別在當代文學中看到其結果；「**文學不再是愛情的言說，它充其量只是愛情言說的言說**」(Hage, 1987)。以下舉一位身處其境的男性所作的獨白爲例：

> 假定每個人都能找到和自己最適配的愛人。那麼我得到了安娜，而且我們兩個在一起到現在已經有五年了。別人在這段期間裡可能掙得了一間公寓或至少一個孩子，但我們可不。我們各過各的——有自己的床、電話帳單、車子、洗衣機——我們的確還沒把我們的關係形式弄清楚。我的意思是，像是誰該管什麼、誰該扮演哪種角色這類的事。可以容許和某個人生活在一起而又獨立自主嗎？還有很多事情是我們得解決的。我們還不是一對正式的夫妻，即使很多人覺得我們是。但我們一直絞盡腦汁在想，我們

是不是有必要成為夫妻。這幾年裡，我們唯一得到的是許多很好的辯論——我們的生活裡少不了辯論。如果我批評安娜每天晚上都想泡在pub裡的話，她會控訴我佔有慾太強。如果她想獨自去度假，而且認為我想去托斯卡尼避暑的主意只不過是個浪漫的衝動；說我是因為孩子氣地害怕失去她而苦惱……對我那似乎就像是我們的關係，除了協定之外沒別的了——像是在一份苛刻的合約上，一大堆用密密麻麻的鉛字寫上的情感條款……我總是告訴自己，別因為她今晚又拒絕跟你在一起而生氣。她常說：「我只是需要有自己的時間。」但對我而言，重要的是跟她在一起。她不會了解的。她說：「那會讓我窒息。」另一天，有個朋友問我：「為什麼你們兩個不乾脆結婚呢？」他說：「一年又一年地負擔兩個家庭的開銷，這實在是太瘋狂了。」這或許是真的。可是我從某個地方知道，據說結婚二十年後的夫妻平均一天只花八分鐘交談呢！像這種事就不可能發生在我們身上的。(Praschl, 1988)

從局外人的角度來看，這種無止境地討論如何相處的行爲似乎很荒謬，但這並不只是個人困惑的一個徵兆而已，也不是一種侵襲越來越多人的自我病毒(ego virus)；這類的詮釋雖有誘惑力但卻是浮面的。這些發生在這麼多私人生活裡的事情，在很大程度上是由於現代思維所造成的。

當嚴格的誡律和禁令規範著婚姻生活及日常慣例時，對每個人來說何謂正確是非常清楚的，只要上帝和自然容許的就是了。何須爲了些大話、複雜的問題、冗長的解釋而費心呢？每對夫妻都知道規則是什麼，而且他們知道別人也知道。（即使是選擇不服從的人，也都知道自己正在做什麼；他們正在破壞習慣和道德態度，並且反抗著規範。）而這方面在近幾十年——尤其在近幾年來有了根本性的轉變。嚴格的規定越少，我們就越被期望能親自生產出一些來，我們問：「什麼是對的，什麼又是錯的？」、「你想要什麼，我又想要什麼？」以及「我們該怎麼辦？」

「**現代的夫妻——說的多，但愛的少**」(Hage, 1987)。夫妻們必須捲入持續的對話當中，才能發現並追求他們的共同目標。也就是說，他們必須在自由的私人空間中塡滿相容的愛情及婚姻的定義才行。而這需要大量的努力、時間及耐性，這些正是被認定爲「關係勞動」(relationship work)的特質。而且這是非常困難的工作，常像是白花力氣一樣，因爲在每個共識之外，都仍有著其他的爭辯要處理：

如果個體不是不中用的話，他必須做些事來保住他的幸福。家庭的要求把很高的期望放在他身上。「做個好伴侶」意味著要積極、懇切、有同理心。當意見的裂痕還只有髮絲細微時，就早早被發現了。個體要能敏銳的

察覺伴侶的需要，才能夠修復它們。(Vollmer, 1986:217)

當外在權威消失時，對夫妻來說，找到彼此溝通的方式就會越來越重要，也因此，心理學及精神治療的各種分支自一九六〇年代開始大爲成長的情形並非湊巧，因爲它們都把焦點特別放在愛情的動態上。它們經常宣稱「開放性」及「誠實」是必不可少的。伴侶們被認爲必須要去承認他們的感覺、「忠於自我」(be themselves)，不要把自己隱藏在焦慮、禁忌及慣習的背後。一本在七〇年代出版的自助手冊談及：

> 我們堅信……真愛的真正問題只有在開放、自由、批判且真實的關係中，才能被解決，也就是說，這個關係給雙方從自己出發的機會，並可以將自己奉獻給對方，而不需要委屈自己，或勉強符合另一人的期望。（Bach and Deutsch, 1979:26)

「開放」是當人們不再受舊有的承諾約束時，其行爲方式所造成的副產品，但它立刻成爲了一句口號，標誌著新文化的來臨。通俗文化透過瑣碎的形式傳遞這個口號，大衆媒體將它稀薄化，但這趨勢尤其顯現在年輕人的身上。男性和女性花上大半時間去「心靈探索」(heart-searching)，他們要不是爲了讓彼此更親密，就是爲了要拒絕彼此。每個感覺、每一舉動都被撈取出來，詳細檢查、定義及編目——我的焦慮、你的執著、他的父親情結。「伴侶們從以下的假設出發，假設他們必須眞實無欺，假設當他們不拘地彼此坦誠時，仍必須學會好好相處」(Hahn, 1988:179)。

結果並不總是對關係有什麼特別的幫助。除了說謊之外，對眞相的堅持也被證明會產生破壞力。自我反省(self-examination)並不只是從父親（或母親）的罪過裡逃脫出來的方法而已，它也是個危險的武器。在歌德(Goethe)的劇本《伊菲姬妮亞在陶里斯》(*Iphigenie auf Tauris*，譯註：《伊菲姬妮亞在陶里斯》是歌德同時代人 Chriotoph Willibald von Gluck 根據希臘神話所寫的一齣歌劇〔1779〕，並非歌德所作）中，托亞斯（譯註：陶里斯地方的國王，伊菲姬妮亞的施主）對伊菲姬妮亞說：「讓我們坦誠以待」(Let there be truth between us)後，他們就永遠分別了。傳統自省模式，像是宗教告解或精神分析在相對上的成功，和神職人員或精神分析師並沒有和告解人或病人生活在一起有關。(1988:179)

變遷的倫理：全面導正

正如我們所描述過的，現代生活的一個基本特色就是我們必須捨棄傳統的秩序。可驚的是，一旦這個過程展開了，就很難再有什麼可以阻止它，一種「擴張的趨力」(drive to expand)——誠可說是種永恆的「變遷倫理」——正在開展當中(J. Berger, 1986:90-1; Wehropaun, 1988)。過去阻止人們的那些藩籬——自然法則、上帝旨意、社會習慣及階級命令——正在逐漸磨損，結果是，當我們必須停下來時，卻沒有規則可循。我們反而把尋求更多——甚至更快、更大、更美妙的當成是個規範了！

這種「增強的」心智所擴張的範圍，遠超過對汽車製造及勞動條件的影響，它還滲透進愛情事件當中。研究顯示，如今對於共同生活所設下的標準要比從前高得多了，只有兩個人處得來是不夠的。人們想要的更多，他們做著美國夢，想要尋求「幸福與快樂的生活」，想在他們小小的家中「追求幸福」。意見不一致是必然的，因爲個人對婚姻所抱持的期望越高，和這些宏大的野心比較起來，自己的婚姻就會顯得越單調。這些夢想更且變成了陷阱，撩起了無法被滿足的希望。在任何親密而持續的共同生活(live-in)關係中，憤怒、幻滅、折磨人的罪惡感發作的那些時刻，都增強著幸福的時刻。就如一位小學生在作文中寫到的：「**家庭就是戰爭與和平**」(引自Lüscher, 1987:23)。單純地期待著幸福，但這期待卻和私人關係的現實——即我們彼此的所作所爲當中冒出來的衝突、妥協及危機相牴觸。一位經驗豐富的心理治療師這般指出：

〔無數的婚姻叢書都建議個人成長並保證人們有處事成熟的希望〕，但幾乎沒有或只有極少數對問題的另一面有所著墨——痛苦的深淵、毀滅性的暴力以及克服它們的努力，也是成長的一部分。〔我〕不把家庭〔當作〕是個避難所，一個除了趣味歡樂外別無他物的地方（當然它也可以是如此），而是把它當作是這樣的一個地方：最野蠻的造物——人類在這裡可以學習以一種非暴力、非破壞性的方式和他人分享時間及空間……在一個一同生活的人面前完全揭露自己，並在這同時開始去了解他（她）的性格、歷史、希望及恐懼等各方面。這麼做形同將個人已完成的圖像粉碎成千萬片……這是個長久持續且痛苦異常的經驗……〔在這個意義上〕婚姻及家庭生活是很好的場所……可以面對生命的不堪之處。

因此我在二十六年半的婚姻生活中得出的結論是，幸福不是最重要的。婚姻有許多美好的方面；它是一個我們可以學習和不同年齡、性別、價值及觀點的人分享生活的地方……它是一個人們可以憎恨，也可以克服憎恨的地方，一個人們可以學會去笑、去愛、去溝通的地方。(Jourard, 1982:177-9)

然而如果現實並未達成理想的話，人們該怎麼做呢？根據舊有的模式，無論人們的性情和愛好變成怎樣，他們都會被綁在一塊。如今認爲該改善這個情況的新信念指出了相反的方向——認爲結束婚姻要比忍耐它的缺點並降低自己的期待要好。或者換個方式說好了，在缺乏追求完美愛情的外在指引之下，一般夫妻發現自己處於壓力中——他們對自己那「拙劣的」結合感到不滿。

這就是爲何離婚率會突飛猛進的原因之一。「人們離了這麼多次婚……因爲他們對婚姻的期待如此之高，以致於不願意忍受一個差勁的替代品」(Berger and Berger, Jaeggi and Holstein, 1985;36)。

> 從六個月後開始，她的第三任丈夫就不再生龍活虎了，他變得慵懶邋遢，他受夠了事物按照單調的生理機能運行而開始想念起社會生活，想起他的工作以及他最好得請韋莉斯那家人來晚餐，以便繼續討論關於升遷以及關節炎的事。她突然滿懷道德正義及尊嚴地了解到，她欺騙了自己。這種曾經欺騙自己的感覺從未消失過。因此她決定要告訴他，以一種相當寬大的方式，而且為了要讓她的宣告更令人印象深刻，她還戴上了一頂女帽。「親愛的第三任蜘蛛先生」，母蜘蛛說著，並闔上了她那毛茸茸的小手，「讓我們用有尊嚴的方式相待，不必用下流的揭瘡疤的方式分手吧。讓我們不要用了無意義的傻話，來玷污過去那些愉快的回憶吧。我該給你個真

相，而真相，親愛的，真相是我不再愛你了……我欺騙了自己。我過去全心全意地相信你會是永遠的蜘蛛先生。對不起，但你該知道的：在我生命裡已經有了第四任蜘蛛先生了，他是我的全部。」(Cohen, 1983:330-1)

這種對於新境界的追求得到內在的強化；個人的機會越多，他就越覺得被驅使去尋求替代辦法(Nunner-Winkler, 1989)。在此一脈絡中這意味著新的選項——分手和離婚——有其衝擊性，即使它們在統計數字上只不過扮演一個小角色。這些選項事實上存在於人們的腦海中（而且大眾媒體也盡力地引發了這種興趣），並影響著舊有的共同生活方式。任何抱著結婚念頭的人都很清楚知道它們的存在，他們會發現自己被迫去證成自己所做的是有意識的選擇。

幽默作家普洛區(Chlodwig Ploth)如此地描述了這個狀況：

兩個朋友在pub裡遇見。

A：哇，真高興又回到這裡了。你們最近日子過得怎樣？克魯格夫婦在做什麼？

B：他們分開有一陣子了。他現在和別的女人住在察森毫森，我也不曉得她現在在哪兒。

A：喔，那齊爾飛特夫婦呢？

B：他們才吵了一架。他走了，現在住在一個公社(commune)裡面。她則和佛克住在柏根——他是個老師。不知道你認不認識他。那你過得怎樣呢？

A：嗯，你知道的，還是老樣子。蘇西現在和一個很不錯的人住在伯恩漢，我又回去和卡倫住在那間舊公寓裡——她是個心理醫生。那你呢？

B：嗯，我們還在一起，不過你知道的，我們還是常會想到分手，真的。不過我們有了小孩，而且你知道，我不知道你是不是能夠了解，有時候我們處得蠻不錯的。很奇怪吧？可是，你知道，我們就是這樣。你了解嗎？

A：嘿，不需要覺得可恥，老傢伙。我了解的，不用擔心。

（Nunner-Winkler, 1989）

個人必須要證成他們所過的舊式生活方式，而這件事甚至導致變遷的惡性循環旋轉得更快了。只要沒有極端的問題需要處理的話，要固守熟悉的習慣是很容易的；另一方面，要證成有選擇的行為則需要正面的論證。被預先決定的婚姻，只要不是不能忍受的就會被接受；但自由選擇呢？個人則必須捍衛它是所有可能性中的「最佳」答案。也因此證成個人的處置就會使得個人將自身的標準，加諸於幸福的定義上。

工作最易造成分離

至今為止，我們已經看到現代夫妻被想要被愛的共同希望給束縛在一起——而這造成了問題。然而在這些完美愛情的想法中，固有的私人問題由於另一因素而更形惡化。我們在彼此身上尋求的伙伴關係無法在社會眞空中出現，它必須要在一個非個人力量作用著的環境中才能被找著，而這些非個人力量經常削弱了我們的努力。這個決定性的因素就是如今雇傭工作的組織方式。現在不像前工業社會那樣把夫妻兩個人當作一個團隊給結合在一起，我們的工作條件傾向於把男性跟女性彼此分割開來，讓他們分別進入不同的世界。

當然所謂建立在家計負擔者／家務管理者的舊模式上的傳統婚姻還是有的，這種婚姻把一個人發送到就業市場的壓力下，而讓另一個人孤伶伶地待在家中做著單調乏味的例行家務。這兩個世界間很難找到共通的語言，而當言語不通時，剩下的就只有沈默跟疏離了：

她沒注意到你喘不過氣來；她沒察覺到你的手臂很痠；當然，她知道你很努力在工作；當然，她知道你支撐整個家計、滿足所有要求、留意各種的開銷；當然，她知道你煩惱、心情不好；但她也有她自己的煩惱，她也會心情不好；她把自己的憂慮收藏起來，不讓你看到。可是有一天你站在這裡問你自己，還能繼續走下去嗎？不再有活力、不再感到牽掛，不再跟隨或陪伴彼此，不再一起討論未來，除了理所當然且平靜的分工外，什麼都沒有……這就是十六年婚姻的平靜幸福最後變成的樣子，生活變得像壺凝結的牛奶，又酸又稠，你就像隻蒼蠅一樣，極度清醒地，淹死在裡面。

(Wassermann, 1987:93)

或者，還有另一種特別受年輕人喜愛的婚姻是伴侶雙方都在外工作，而因此他們必須管理他們的生活。今天大部分的專業位置都是根據一個心照不宣的假設而被設計出來的——這些工作必須由具有以下特質的人來擔任：

這個人的背後有另一半在支撐；專業位置是根據從質和量上來看，都完全不顧私人許諾的方式來組織的；附帶的工作和服務要由另一半來擔任——通常是妻子。女性的日常瑣事就是給丈夫和家人提供食物、衣著以及舒適的家，還要照顧下一代，為丈夫滌憂解慮，以便讓他可以無礙地扛起沈重的專業角色負擔。(Gernsheim, 1980:68-9)

在這樣的前提下，當越來越多女性擁有自己的事業時會發生什麼事呢？這是個簡單的算術問題；現在夫妻雙方都少了第三個承擔幕後工作的人手，並且省略了情感。這就是爲什麼在耗盡一天的精力之後，成千家庭中的人們會脾氣暴躁地爲了誰整理房間、誰帶小孩而爭吵的原因，此一關於私生活中勞動分工的廣泛爭論已被徹底地研究過了。

事實上這不過是問題的一部分而已，因爲就像我們的理論所談的一樣，我們容易忘記在日常生活中，除了嚴格定義上的家事之外，也有情感勞動的需要。人類，當然也包括工作中的人類，並不是單只靠麵包而活；情感的支持也是基本的需求。市場的指令——速度和效率、競爭和資歷——滲透進我們的家庭中，並成爲煩躁及緊張而浮出表面。（十九世紀時我們首次發現，性別角色在工作的丈夫和負責家庭喜樂的女性間造成分裂，而這並不是個巧合。）假如伴侶們都在坐等著對方的情感支持和了解，那麼家庭生活就會變得很困難。這不只是單純的自私自利(egotism)，或是個人缺陷而已，而是個集體的事件。由於這份需要一個人加上他的另一半來擔任的工作已經耗盡了每個人的耐心，因此同樣的劇碼正在無數的廚房中上演。

我的事、你的事：訂契約的偏好

當人們逐漸覺得無助以及走投無路時，他們會尋求忠告，而市場則以一堆關於如何安排個人生活的創新秘訣來回應這個需求。如洪水般湧現的書潮，範圍廣泛且取材各異，幾乎到了不可能跟上的地步，它們提供生活和愛情哲學的速食妙招。從我們的觀點來看，有個有趣的提問是：爲了讓我們共同的生活容易些，它們推薦了些什麼規則？

很快就可以了解到這個問題是問錯了，至少有一部分是錯的。確實，許多待售的書籍目的是要打破意見不一、沈默、聽天由命的障礙，但也有同樣多的自助手册即使要提伙伴關係——即相處——的議題，也會把它們放在邊緣位置。它們的主題和那些書籍有很大的不同，你可以找到這個主題各式各樣的變化；有的寫得很溫和，有的卻很粗野，但它就是：保護「我」不受「我們」的侵犯。人們被建議「盡可能在婚姻契約上載明共同日常生活的各個面向」。(Partner, 19484:85ff)

這裡的首要前提是以規定來保護個人自身的利益，而非使用可增進關係及親密感的長期對話來安排生活。在德國(*Süddeutsche Zeitung*，一九八六年六月十三日)和美國(*International Herald Tribune*，一九八六年，九月二十四日)，締結這類協議的人數有急遽的成長：

這男人的未婚妻長得很纖瘦。他喜歡她的樣子。他希望她一直是這樣子。他決定要盡全力維持她的苗條……婚禮前，新郎說服他的新娘同意一項合約，假如她發胖了，她得付他罰金，體重減輕時才歸還。這可不是個沒用的約定。這對夫婦在一位紐約律師的協商下，簽署了一項婚前協議來支持這個約定。

歡迎結婚，契約作風正流行。約在一九八六年左右，法律文件逐漸循項記敍婚姻大小事，從結婚後壁櫥空間的佈置到離婚後誰持有收租(rent-controlled)公寓都包括在內。常見到人們在婚前合約上註明，夫妻將交替決定度假地點、平均分擔小孩的教養責任，或者要對彼此完全坦承他們從前的性愛經驗等……律師們說他們看見對各類婚前協議的需求正在升高，從金錢上的協議乃至於註明不尋常生活風格條款者都有。(*International Herald Tribune*, 1986,9/24)

然而即使你可以簽訂契約，假如差異隨著時間而增加時又該如何呢？當夫妻間再無共通之處時，新的自助哲學教你文明地處理這些情況的方法，人們重新發現古老的原理：「do ut des」，可以直翻作「我不喜歡你的地方和你不喜歡我的地方，將可藉著交換而去除」。已有自助手册建議人們「同意相互改變行爲」。出自這些書籍的若干指示記載如下：

每個伴侶都從對方身上得到某些他／她想要的東西。例如，你約定要「在早上穿上一件漂亮的裙子，而不穿破了的那件」。他則同意：「準時回家吃晚飯而不是和男孩子們出去喝一杯。」開始時你做的只是些簡單的行為，然後演變成更複雜些。（「她應該變得性感些……」，「他應該多親我幾次」。）(Bear, 1976)

人們從所有外在的約束中解脫，而且可以和自己喜歡的人結婚，然而事情卻很弔詭地變成人們可能需要相互的控制。當每件事都是開放的、都需要協商而且沒有共同的目標時，每個個體的私人利益就必須被保護著，以免受另一人的侵害。而前面提過的這種自助手册就反映了，甚至例證了此一趨勢。關於這些夫妻們在一起的關係結果將如何的問題又是個不正確的提問，因爲這問題在此處並不成其爲問題，或者至少在基本上並不成問題。

到目前爲止，從我們蒐集到的證據中浮現了以下的圖像：在現代婚姻中，將兩個人聯繫起來的是他們對彼此的感覺；婚姻的共同基礎幾乎完全是來自於情感的，當這些美好的情感似乎正在消逝時，那麼就是婚姻終結的開始。「浪漫愛」的觀念給婚姻帶來這種強烈的情感傾向，此一觀念也有助於轉變我們的期望；曾經是「終身束縛的婚姻，已經變爲只有在某些條件下才能維持的許諾」(Furstenberg, 1987:30)。

辛苦的堅持

我們在身後的山林裡經歷過痛苦，
而前方的平原上也有痛苦的體驗等著。

(Bertolt Brecht)

如今，在人們身上能吸引彼此的並非共同的生活目標，而是幸福的展望，指望找到「最適合的」伴侶——夢中情人以及最好朋友的合體。但一旦夢想變了，朋友也不再像自己想的那樣有意思，幸福就會變得難以捉摸。更正式點講，每個個體在現代社會中所佔據的空間會使得親密關係不確定：

家庭作為一個開放的場所……意味著它在原則上對任何定義開放，這是在假定家庭是「私領域」，而不是立刻把它跟謀生連在一起的情況下而言。

> 但這也意味著它**不**開放定義，至少它不向永久的定義開放。(Ostner and Pieperf, 1980:123；此段黑體字為原作者所加）

不久前的過去，人們寄望能自我決定並擺脫傳統的義務。他們所做的承諾是很清楚的；不管用什麼樣的形式，一旦所有的障礙——從家庭抵制到階級考量到缺乏金錢——都被克服了，那麼眞愛就會贏得勝利。同樣絕對清楚的是，這愛情將可持續到永遠。就如夏綠蒂・白朗特(Charlotte Brontë)的小說《簡愛》所作的結論：

> 我現在已經結婚十年了。我知道只為了自己在世上最愛的人而活、只和他在一起生活，是什麼樣子……我對愛德華的世界從不厭煩，他對我也是一樣……我們整天地交談，我想：彼此談話是種更熱烈的、聽得見的思想……我們的個性正好適合——這造成完美和諧的結果。(Brontë, 1966:375-6)

現代的發現，是當愛情改變了，而從前由兩個合作者(helpmates)組成的共同體變成兩個戀人的共同體時，維持這兩人的感情會是很困難的事。**在現代的條件下，愛情不是只發生一次的事件而已，愛情是每天都要被努力更新的狀態，無論感情好壞，任何時刻它都得對抗現代社會強加於它的不安全感及擾亂。**

個人必須要有耐性和寬容才能勝任這項工作；這樣的關係涉及的是不屈不撓的協商，以及伴隨而來的零星衝突和一系列小型的高峰會談，參與者看不見可能的終點，而困難度則逐漸加劇，於是經過若干年的實際相處之後，他們對於彼此的弱點以及地雷區變得瞭若指掌。擺脫了舊有的枷鎖之後，愛情發現自己受到來自新方位的攻擊：

無論走著、坐著、躺著，
他們都在一起。
想說的都說了。他們已經沈默。
就是這樣了……

他們無聲地交談。一個字也不說。
他們的嘴空空洞洞，
他們的沈默有十九種方式
（假如沒有更多的話）。

看著他們的靈魂與婚姻

他們覺得憤怒。
他們就像放了三張唱片的唱機般
令你坐立不安。

(Erich Kästner, *Gewisse Ehepaare* (Certain married couples))

愛情是首撫慰人的牧歌嗎？恐怕不是。現代提供給我們的自由是「具有風險的機會」(risky opportunities)(Keupp, 1988)。我們的情感越強烈，就越有可能受到它所帶來的錯誤、誤解及紛擾的傷害。（水能載舟亦能覆舟，而你心碎的程度遠超過從流行歌曲聽來的陳腔濫調。）男女們爲了嘗試彼此一起生活而痛苦，這不全然是他們的錯——不全然是太過自我中心所帶來的結果。這也和愛情與婚姻的現代定義有關。感情被認爲是愛情和婚姻的基礎，但如我們所知，情感是易變的。「這心臟是塊極富彈性的肌肉」（伍迪艾倫〔Woody Allen〕的電影《漢娜姊妹》〔Hannah and her Sisters〕，最後一幕）。古典文學的主題曾是「他們無法在一起」，而現代文學的主題則換成「他們無法生活在一起」。或者就如威勒修夫(Dieter Wellershoff)所寫到的：「從前的戀人們遭遇到制度性的阻礙，如今他們通過一塊稱作幸福的意識形態泥淖而結婚」（Hage, 1987）。

從這點個人可能會下結論說，任何經由自由與獨立所得到的收穫都會再一次悄然流逝。「這看起來就像是，過去所度過的危急關頭被現在的難關所取代了」(Mayer, 1985:87)。然而，即使現代生活方式果眞潛藏著意見不一致與衝突，個人自由受到嚴格限制的較早世代也恐怕不能說是更幸運些。回到舊的生活方式當然不會讓我們有什麼收穫；我們所需要尋找的是新的、既自由且持久的共同生活的方式。

在這個方向上很重要的一步可能是，我們得辨識出解放過程的「兩面」性質——即利弊間持續的辯證性。或許在反面——在堅持下去、爲我們所擁有的東西而戰的艱辛中去尋找幸福會比較容易。就如現代版的《羅密歐與茱莉葉》(*Romeo and Juliet*)所說的：「**你生命中的愛情？我相信，當兩個人設法要爲了他們一起的生命而容忍彼此時，那才是生命中的愛情**」(Capek, 1985)。**在人們各自獨立的冷漠世界裡，愛情被定義爲一種負擔，而忽略了它也是種恆久的支持。隨著時代及其問題的改變，愛情卻仍是個烏托邦，一個更美好世界的構想**：

> 那些從愛情出發的婚姻都是個壞的徵兆。我不知道假如我們讀的故事中，那些偉大的愛人們的伴侶病了、臥病在床，而他，這個男人必須像照顧嬰孩一樣地照顧她時，他是不是還會繼續愛她；我想你很了解我在這裡談到的這些不愉快吧。好吧，我相信他是不會再愛她的。讓我告訴你，**眞愛就是一起變老**。(Cohen, 1984:18)

註釋

①Mary J. Price and Laurence M. Price 翻作 *The Feud of the Schroffensteins*，收錄於 *Poet Lore*，1916/25/5:518,563。

②所引之訪談內容出自一項尚未發表之研究的原始資料，該研究係於慕尼黑德國青少年協會（the German Youth Institute, Munich）的研究計畫「下層階級的兒童教養」（Child-rearing in the Lower Class）底下執行。關於此一計畫詳見 Wahl et al. 1980。

4

Das Ganz Normale Chaos der Liebe

對孩子的摯愛

孩童是意義與自我的經驗。

因為愛孩子所以不要有孩子？

「愛情、婚姻、嬰兒推車」：愛情引導你進入聖壇，不久之後孩子便降臨……一九五〇年代的世界觀是如此單純。從那之後，事情已大大不同。人們不再覺得兩人相愛就一定要結婚，結婚也不見得就一定要生孩子。

我們活在一個「反小孩」的社會嗎？至少這是非常清楚的：一九六〇年代以來，高度工業化國家的生育率明顯下降。跟別的國家相比較，前西德聯邦的生育率更是持續低迷，可是近來義大利，這個傳統上的「嬰兒」之國生育率更低（見下頁圖表）。

十九世紀時，有許多讚美可愛的小孩之詩歌，這些也常常談到「女人的天性」，理想化了人們對孩子的感情並賦予浪漫的光環。到了二十世紀，孩子變成親職雜誌與育兒書籍的主題，育兒指南與教育須知更是火上加油，要求父母採取正確的方式，給予孩子最好的照顧。對孩子要付出感情，可是關愛也要方法得當；「令人窒息的溫情」會使情況變得更糟(Gronemeyer, 1989:27)。

對孩子的愛——是一份自然且永恆的結合？是人類歷史深層的架構？甚至是一種基因銘印？問題實際上是更爲複雜；我們有必要深入探討母子關係，到底母子關係中所包含有夢想與渴望是什麼？責任與負擔又是什麼？不久之前的親子關係是怎樣，現在又是怎樣，而未來又會變成什麼樣子？

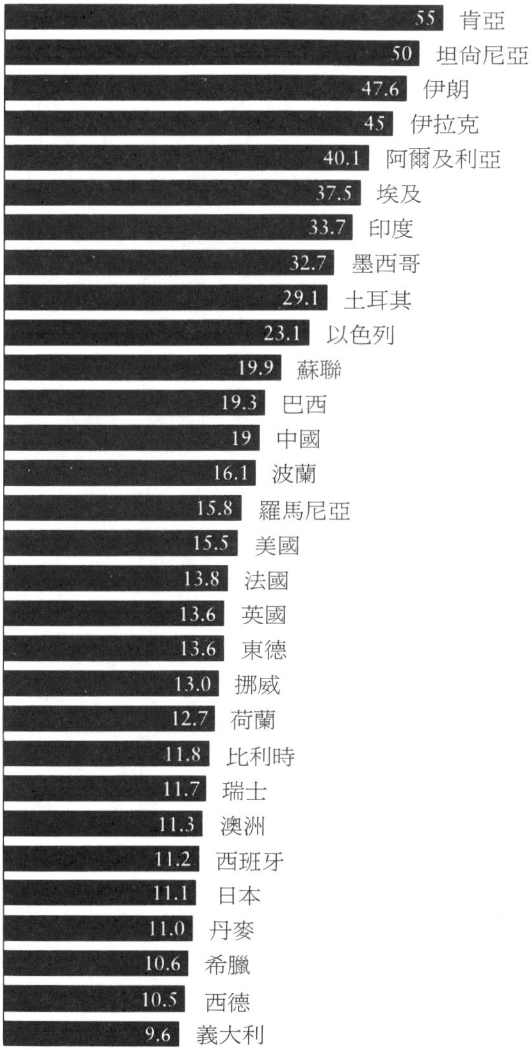

在各國每千人的出生率中，義大利的出生率最低（UN data, given in *Die Zeit*, 23 December 1988）。

想要一個孩子

過去，婚姻與親職是直接相關的，但是這並不代表以前的人一定比現代人更愛小孩。在前工業社會，生養孩子主要是經濟上的理由，因為他們會幫忙家事，下田工作，扶養年老雙親，繼承家族姓氏與財產（Rosenbaum, 1982; Tilly, 1978）。對有錢人家來說，孩子更是有其經濟上的重要性，他們是財產的繼承人與嫁妝的擁有者；難怪有錢人都會熱烈地想要有小孩，頭胎與男孩更是受到歡迎。然而孩子也可能毫無幫助。甚或成為經濟上的負擔，在孩子太多而家庭變得太大時就會這樣。

十九世紀前後，一份巴伐利亞的記載顯示，沒有人有辦法對孩子付出太多感情：

> 當妻子懷第一胎時，務農的先生會欣喜異常，當第二個、第三個孩子相繼誕生時，他還是很高興，可是對第四個孩子就沒有這種歡欣之情了……接下來的孩子都會被當成壞蛋，是來跟大家搶東西吃的。就算是最慈祥的媽媽，對第五個孩子也會漠不關心，至於第六個，則希望沒把他生下來。
>
> （Imhof, 1981:44）

民族學家卡爾・凡・李歐佰列契汀(Karl von Leoprechting)一八五五年曾說過類似的話：

> 通常只有少數孩子能存活下來，存活率大約是三分之一左右，其他的早早就上天堂了。人們很少因為孩子夭折而哀傷；早夭的孩子是天堂裡的小天使，活下來的就已經夠了。不過如果是已經可以當幫手的大孩子死了，大家都會很難過。(*Bad Tölz-Wolfratshauser Neueste Nachrichten*, 11 August 1988:IV)

二十世紀末葉，婚姻與親職已沒有必然關係。有一部分是經濟上的理由。因爲工業化的影響，家庭已不再是經濟上的生產單位，因此擁有小孩在經濟上的好處已逐漸消失，反之，養育孩子的成本則持續上升。這樣一來就形成一個劇烈的轉變，簡而言之即是「孩子不再是上天的祝福，而是負擔」(Bolte, 1980:66)。過去二、三十年來，甚至是更短的時間中，這樣的轉變已造成巨大的影響，大部分是因爲養育孩子的成本急遽上升，其速度遠超過收入、通貨膨脹率或物價指數。

孩童是意義與自我的經驗

現代人不會因爲物質上的利益而決定生小孩。各種情感上的考量，尤其是想爲人父母的心情特別重要，想要有孩子主要是「心理上的效益」(Fend, 1988:160)。有些研究可以證明這點：

小孩並不能帶來什麼經濟好處——實際上正好相反。現代父母不能期待從孩子身上得到什麼實際支持，或是幫忙解決困難——我們的社會過於強烈以個人化方式形塑我們的生活風格。小孩唯一的剩餘價值乃是感情上的價值：重要的是責任感，能照顧另一個人，感覺被需要，尤其是在下一代身上看到自己的影子，自己再次為人。(Hurrelmann, 1989:11-12)

這份「心理上的效益」如何呈現自身？有一連串眾所皆知的動機，也許孩子能夠穩定父母的關係，或者滿足他們祈求爬升的緊張期望。人口學的研究指出，希望自己生活變得有意義、有根，這一些都增強了養兒育女的期望，希望在與孩子的親密關係上，「能夠過得快樂」(Münz, 1983:39)：

渴望有小孩與自我有關，並且與當前的情境有關：父母想要……從生養照顧孩子當中為自己找到一些東西……現在大家都希望能從孩子身上找到自我……許多父母不再把養育孩子當作是勞役、奉獻或是社會責任。相反的，孩子成為人們追求自己利益的一種生活方式。

由此可見，在歷史轉變背後有一種基本模式上的平行。從前工業社會轉變爲現代社會，婚姻關係明顯改變，相應地親子關係也大爲不同。在這兩個層面上，家庭整體單位的存活這個共同原因已消失無蹤；在這兩個層面上，當事人的關係愈來愈少是經濟上的，更多是個人與私己的關係，牽扯其中的是個人的期望與興趣；在個人化世界中，各方日漸增長的情感需求（甚至是過度的需求），乃是這兩種關係的關鍵因素，因強烈情感所引發的回報及壓迫皆牽扯在內。就如尤根・齊涅克(Jürgen Zinnecker)研究社會化所指出的，當生命的客觀基礎愈是脆弱時，在兩代之間的關係，「想像」就愈形重要，大人將兒童與青少年視爲「未能實現與烏托邦夢想的放映螢幕」(1988:129)。在親子互動形式中已可見到這種趨勢，而且在渴望成爲父母的心情中，也早已可以看到這股趨勢(Beck-Gernsheim, 1988 a:128ff)。

在高度工業化社會裡，人們總是被訓練成要行事理性，講究效率、速度，遵守規律與追求成就。**兒童所代表的正好是反面，是生命「自然的」一面**，這也正是其受到重視的理由。許多年輕婦女，以及少數年輕男性，在他們關於自己生活的訪問及討論中，非常生動地談到孩子承諾了一份未來。陪伴孩子會幫助人們重新發現自己的天賦，表達他們在高科技生活中深感失落的一些需求：耐心或平穩、關心且敏感、情感豐富、開放與親密感。職場工作要求人們謹慎負責，避免感情用事，可是母職讓女性有另一種選擇。堅持爲孩子付出意味著反對生命的認知面，找到能夠對抗破壞心靈之單調工作的生活方式。就像有位女子曾說的：「除了在孩子身上，你在哪裡能找到這麼豐富的生命力與歡樂？」(Boston Women's Health Collective, 1971: II, 644)。

有一些研究已開始探討，在某些環境中兒童的自然本性已變得相當「不自然」(Höpflinger, 1984:104)。「新女性」(和新男性) 非常渴求這種自然性，他們成長於一九七○年代德國的學校系統，深受蘊育其中的心理學觀念與教育目標的影響，深知在這個充滿壓力的社會追求成功所必須付出的代價，心腸冷硬，感情鬱悶，最終的結果將是「一種圓滑的人格」，因此更加深他們對這種自然本性的追求。而孩子似乎允諾人們可以接觸「純眞的人，眞實的關係」(引自 Häsing and Brandes, 1983:208)。孩子讓人們有另一種選擇，以一種懷舊之情來觀看人及其成長的歷程：「兒童未受污染，生氣盎然地來到這個世界，我們的心靈卻已滿是塵霜」(見上引書)。一位觀察「新父母」世代的研究者這麼寫著：

> 父母親不再假裝毫無私心；他們也希望能從孩子身上得到許多回饋。養育孩子變成一樁交易……他們想要被自己的孩子養大。大家覺得兒女可以幫

助父母成就自然、敏銳、不受壓抑而富創造力的人格。並不是父母養育了兒女，反倒是兒女造就了父母。兒女真的是體現了父母的自我——理想。

(Bopp, 1984:66 and 70)

我們在這裡所看到的另一個因素是，成爲一位自由的個人有其駭人的一面：「**現代歐洲人是注定要自由的，他是無家可歸者**」(Weymann, 1989:2)。養育孩子，照顧他、扶養他，這一切賦予生命新的意涵，成爲個人生存的堅實核心。當現實中其他目標顯得獨斷可被替換，人們不再相信永生，對世界不再抱持希望時，孩子讓人們有機會找到一個堅實的立足點，一處安宅。

社會地位低下的人更是常常直接表露這樣的期望。瑞士有一份關於家庭計劃的研究顯示，缺乏教育的人們往往更會覺得，孩子是生命中最重要的東西、最主要的目標(Höpflinger, 1984:146-7)。一份對德國低下階層家庭的研究也有同樣的結論(Wahl et al. 1980:34-8)。「家庭與孩子對你有什麼意義？」回答往往是：

「如此一來，生命才有重點。」

「你會了解自己的立場，清楚自己為何辛苦工作。」

「我想知道自己的歸屬。」

> 「當你知道有人需要你時，生命會顯得更美好。如果你孤獨過活，日復一日，沒什麼好說的。有了家庭，你就知道自己成就了什麼。清楚自己為何而活。」

然而並不是社會條件不利的人才會那麼重視小孩。瀏覽一下相關訪談，你馬上會發現「新女性」與男性也有非常類似的說法。有位婦女就這麼說：「我想要有自己的孩子、家庭，有人會想要我、需要我」(Dowrick and Grundberg, 1980:80)。研究者略帶諷刺而挖苦地說，現今的社會潮流渴望在孩童幼小的身軀上追求生命的意義。新一代父母尋求落錨停泊處，有孩子「讓他們覺得自己有親人」，覺得「不管世界怎麼變，自己已有歸屬」(Dische, 1983:32)。「難以想像地渴望有孩子」，這幅圖像顯示出，孩子已經成爲父母追尋眞理的途徑(Roos and Hassauer, 1982:70)。

有一位婦女決定要生孩子後，如此回顧自己的心境說：

> 在我對自己毫無信心時……我決定要有自己的孩子。我的大學生涯差不多要結束了；即將面臨失業。我參加的政治團體是非獨斷主義左派，政治氣氛沈悶低迷。我的室友各有自己的生活規畫，男朋友則正迷戀著別的金髮女郎，在法蘭克福伯肯罕區的巷道中，瀰漫於八十年的前途黯淡感已處處

> 可見。我愈來愈無所堅持，這令我覺得輕快愉悅卻又暈眩不安。我了解到自由並不是那麼美妙迷人。相反地，自由有其糾結混亂的兩面……我想要有自己的小孩……因為我害怕空虛……那是呈現在我面前，在我不確定未來面前的空虛……在展開自己的家庭時，我想要為自己開創另一個世界。就是這樣。我從令人不安的自由中逃離。(Häsing and Brandes, 1983:180-1)

因爲愛小孩所以不要有孩子?

現在也有一股不想要有孩子的趨勢。因爲在個人化社會中，很多人想要「過自己的日子」，以往只有男性會有這種態度，現在許多婦女也有相同的想法。很明顯地，一下子變得沒有人願意屈居幕後，沒有人願意毫無保留地只是照顧孩子。另一個廣爲流傳的說法是現在對父母的要求愈來愈多，不過長久以來研究者和政治當局一直都忽略這方面的問題。爲人父母的責任越來越重（見下文討論，「只有在最好的情況下才做」）這也讓人們越來越難以決定是否要有孩子(Beck-Gernsheim, 1988a:149ff.)

你越想給孩子「最好的條件」，你等著成爲父母的時間就更長，計畫的時間也是一樣。這種情形不只適用於渴求攀升的中產階級，對所有階級都一樣。「現在已經從生活品質提升，追求成功的角度來衡量養育孩子的成本，下層階級更是這麼想」(Fuchs, 1983:348)。條件清單可以列一長串：零用錢、孩子自己的房間、假日休閒、玩具、運動，最不能低估的是孩子長期在就學待業階段中的龐大費用。大眾傳播媒體一再宣傳這種標準，這樣的看法也就深入人心。「我們養不起孩子」，這種說法表現了夫妻自己的生活標準，可是這也點出了，如果大家遵循專家的建議，他們覺得應該提供給孩子的生活標準。新的規則是「現代人應該在經濟能力許可的範圍內生養孩子。他們應該清楚自己的責任」(Häussler, 1983:65)。

人們可能會覺得物質只是其中一面，但並不是最重要的。專家的建議包羅萬象，最先是高教育程度，有自覺的中產階級婦女接受這些建議，然後透過電視與報刊雜誌，這就成爲大家普遍接受的意見。專家學者說孩子需要良好環境，這些包括居住條件、鄰里關係，還有穩定溫暖的家。而許多育兒指南、父母須知則特別強調，養育孩子乃是「重責大任」(Boston Women's Health Collective, 1971: II, 644)。

這麼多的責任要求影響深遠。研究者指出，準父母會盡其所能「考量孩子的利益……替他謀求最大的安定」(Roos and Hassaur, 1982:189)。他們腦袋裡會列出一張清單，其內容比以前長得多……安全的工作場所、良好的居家條件、名列前茅的學校與妥善的托兒照顧。甚至連生態學的議題也在考慮之列：許多人自忖，臭氧層日漸稀薄，熱帶雨林逐步消失，這樣的環境適合生小孩嗎？

跟得上科學潮流，又相當自覺自身責任的年輕婦女，她們常會把自己的愛情生涯置於嚴格的考驗中。自己已足以承受壓力，並且可以給孩子所需的安定條件嗎？她們比以前更常進行自我考查：如果是我的照顧決定了孩子的人格，我的感情夠成熟足以好好照顧孩子嗎？這是全新的良心問題，在了解當代心理學思潮的人中普遍會有這種疑問：我的人格夠成熟，足以承擔養兒育女的責任嗎？我的內在性格可以幫助孩子適當成長嗎？

如果答案是否定的——不管他們是不是想要有孩子——那麼結果一定是：不要有孩子，至少現在不要。以下是一份關於同居者的研究報告：

> 很多同居男女覺得要「晚一點」才有孩子……要在兩人之間的問題已經處理好了，或是自己覺得一切都已安頓下來之後才能有小孩……人們希望自己已經夠成熟了，因為「如果我都還不能處理自己的事，我怎麼有辦法照顧孩子呢？」……婦女更常對母職工作感到焦慮，對於一個人的個性而言，那是異常重大的考驗。(Nichteheliche Lebensgemeinschaften, 1985:77)①

養兒育女的費用提高凸顯一種新的決策模式。衆所皆知的是「一種負責任的選擇：不要孩子」(Ayck and Stolten, 1978)，因爲愛他們，所以選擇不要。結果是一種怪異的循環：孩子愈少，每個孩子就變得愈寶貝，得到的權利就愈多。孩子越是重要，越是花錢，就會有更多人決定不要有孩子，不想承擔這麼艱鉅的工作。艾克與史托頓在 *Kinderlos aus Verantwortung* 的導言中這麼說：

> 這本書的目的並不在於反對選擇要有小孩的生命形式，而是反對我們現在對待小孩的方式。他們需要的不只是關心與飲食。他們心理上的需求常常被忽視……有意識地選擇不要孩子是一種挑戰。不要有孩子表達了一種新的道德態度，一種新的社會責任。(1978:12, 18, 25)

規畫出來的孩子

現在有一大堆因素會影響人們決定到底要不要有小孩，從對單身生活的檢討，到為人父母的甘苦都在衡量之列。對於該怎麼做總是有正反兩面的意見，凸顯了你的希望與憂心——就像魯斯與豪瑟(1982)的書名所說的，「等待一個孩子：瞻前顧後」。相關研究顯示：「在強調得失權衡時，典型的不安全感、對立衝突就相當明顯」(Urdze and Rerrich, 1981:94)。

因此一個只是需要下決定的情境往往變成長考過程。新女性（還有一些男性）尤其會如此，他們資訊充分，清楚自己的優缺點，會擔心自己是否依正確的道理做了正確的決定。這又是現代社會的特色、階級、身分地位與性別角色認同，這些傳統觀念已經無法讓大家有明確先例可循。我們發現自己不得不建構自己的生涯，做各種長短期的規畫，其中包括我們想進什麼學校、想要接受什麼訓練、選擇在哪裡定居、跟誰一起過日子。相關的女性文獻已指出，要求事先規畫對於女性生活，以及她們的母職態度影響越來越大。一本女性手册指出正確的規則：想要成爲母親的人首先要「全面考量」，然後要「確實決定」(Boston Women's Health Collective 1971: II.640)。

稍爲看一下關於這方面的研究與自傳作品可以看到，人們確實遵循這些建議。一份研究報告指出：「許多受訪婦女抱怨情況完全不自然。她們覺得以前生孩子是很自然的事，現在她們卻必須做出清楚的抉擇」(Nichteheliche Lebensgemeinschaften, 1985:78)。反省自己眞正的感受，寫日記，跟女性朋友討論，更常與伴侶商量，在這些做法中，新女性試著爲母職工作找出好理由，想要「掌握訊息」，能夠「避免」，必要時「武裝自己」，甚至「防衛自己」；她們想要「充分了解情況」(Sichtermann, 1982:7-11)。

這當然是她們想要寫下自己經驗的理由之一，她們想要找出脫離困境之途，在漫長的抉擇路上互相扶持：

我們有必要寫這本書。要把它寫下來是出自一種過多的感覺。三、四年來我們一直在討論要不要有小孩。我們互相討論，跟朋友、同僚、同年紀的人一起討論……現在終於把書寫完了。這是我們生涯中的一個段落。孩子這個議題對我們成為具體對象。（一位大學講師，引自 Bach and Deutsch, 1979:26)

我的男朋友一直對我說，應該把想要有孩子的理由寫下來。三年來我一直這麼做，卻找不到一個真正的好理由。都只是一堆芝麻蒜皮的說辭。（一位設計師，引自 Hahn, 1988:179）

以往那是最自然的事，現在對某些人而言卻是複雜異常。再也沒有什麼是自然而然的事；新女性身不由己地追問質疑自己的作爲，一切都變得需要反覆思量。大家當然歡迎孩子的來臨，可是期望有孩子已經不只是期望，而是一堆權衡計較；孩子是規畫的結果，就如古特・格拉斯所說的，是「用心生下來」，或是「用腦袋生下來的」。

在訪談或自敘中突然乍現一些關鍵字眼，都可以讓我們看出一些端倪。有人談到「自我觀察，診斷自己的需要」(Kerner, 1984:153)，「找出你在哪方面欺騙了自己」

(Dowrick and Grundberg, 1980:100)，或者「從頭到尾周詳考量」(Kerner, 1984:153)，想要懷雙胞胎的父母馬上想起「據說雙胞胎罹患精神分裂症的比率較高」(Häsing and Brandes, 1983:152)。或許這是一些極端的例子，不過讓我們多看一些說法：在一位藍領工人和售貨員妻子之間有一段對話，他們「爭論」是不是只要生一個小孩(Urdze and Rerrich, 1981:84)。另有一位女售貨員說，她在懷孕的第一個月裡，幾乎「讀遍自己所能找到的東西」，尤其是「各種生產方式」(Reim, 1984:172)。一整片理論與論爭交織起孩童這個主題；就像古特・格拉斯所說的：

> 出自現代美麗童話中，傲人的一對、漂亮的一對。他們沒有小孩，養一隻貓。這不是因為他們生不出來，或是出了什麼問題，而是因為當她真的想要有小孩時，他說「還不是時候」。另一方面，當他說：「理論上，我能想像有孩子這件事」時，她好像受到刺激回答說：「我沒辦法想像那會怎樣。負責任表示我們應該嚴肅面對問題。你能夠應許他怎樣的未來？他沒有未來，世界上不只有很多小孩，而是有太多小孩了。看看統計數字，在印度、墨西哥、埃及和中國有多少小孩。」(Grass, 1980:12)

爲孩子做準備

經過長期規畫後，最後終於決定要有小孩的人又會怎樣呢？心懷遠景的喜悅通常還會有許多複雜的感受；永遠都要「事先想好」。夫妻，尤其是婦女對即將到來的孩子的最初想法頗受流行的科學資訊之影響，過去幾年，這些資訊已盤據大部分的雜誌市場。以下摘錄一些這類意見，以了解二十世紀末葉，人們如何展開爲人父母的生活。

在懷孕前，她（有時他也算在內）應該要做什麼？

感謝百年來的醫學發展，我們才可以了解充分的營養對孩子成長的重要性。這個世紀來，相關的討論更爲完備，所以我們知道，適當的營養必須更早就開始注意，在準媽媽懷孕前就要注意了。一九六九年的一本書如此建議：「以往婦女在懷孕期間必須面對重大壓力。現在我們進一步建議婦女……只有在健康狀況極佳時，才考慮懷孕」(Schönfeldt, 1969:8)。在一本指南手冊 *ÖKO-TEST:Ratgeber Kleinkinder*（首版於一九八八年五月出版，一九八九年四月再版印了六三、〇〇〇冊），我們讀到下面的意見：

母親的生活對母乳的品質影響至鉅……採用有機素食的婦女，母乳品質會比較好。只有在懷孕時，暫時改變飲食習慣是不够的……因為污染物在人體裡的沈積是經年累月的。（25-6頁）

如果你想對你未來的寶貝做最好的盤算，只是吃得合宜還是不夠的。現代醫學觀點更先進，考慮的更多。一份健康指南建議：「最好在懷孕之前就能做一次全身健康檢查，這樣你就可以確定自己是從最健康的身體狀況開始」(Beck, 1970:238)。或者更早：「如果在計畫懷孕之前，能做遺傳方面的檢查就更好了」(*Junge Familie: Das Baby-Journal*, 1988/5:38)。採納專家的意見才是好好規畫懷孕的辦法。

還有更多例子：在一本廣受歡迎的婦女雜誌裡，有這麼一篇題爲「懷孕倒數計秒」的文章；主題是「保護你還未出世的孩子」，一開始在還未懷孕幾個月以前，你就應該去看牙醫和婦產科醫生，做一些特別的檢驗，養貓的人和亞非裔婦女要做住血原蟲病檢查，猶太婦女和地中海地區的婦女則要注意某些遺傳基因上的缺陷(*McCalls*, Jaunary, 1986:42)。另一份類似的專題名爲「設計較優秀的孩子」，推薦「懷孕前的照顧」，最好在懷孕前六個月就開始。這包括配偶雙方都要做檢查，各種血液和血壓檢查，均衡飲食諮商，不可抽煙、喝酒、吃藥，避免壓力。這麼努力用心所要追求的目標是：

當你有機會擁有一個比較優秀的孩子時，為什麼要選擇一個平庸的孩子？比較優秀的孩子從頭到腳比率均勻。他們外形完美——沒有外八字、扁平足，或凸胸凹背。他們聰明靈敏而又情緒安穩——每一部分都幾近完美。他們有良好的口腔適合牙齒的生長。他們美好的頭形有助於頭腦的成長。

(*Observer*, 26 April 1987)

尚未誕生的孩子：一個脆弱的小生命

關於準備懷孕的忠告，對於懷孕這件大事更是適用：不管怎麼謹慎小心，做好防護措施都不爲過。推動這股風潮主要是因爲醫學上的進步，尤其是產前研究的進步。十九世紀時，婦女對於生命究竟從何開始，如何開始，還只是一些粗略的看法。可是過去十多年來，人們對於懷胎十月的過程做了詳盡的研究，以往只是模糊的產前階段，現在都可以用彩色相片來呈現：從最初始的細胞分裂到各時期的胎兒相片都有。我們可以看到胚胎如何成長、營養和代謝作用，以及影響母體的外部因素。重點是：孕婦必須接受一連串的指導，才能控制各種影響因素。「小心孕婦的危險！」(*Ratgeber aus der Apotheke*, 15 March 1989:14)。

仔細一看卻很有趣，大家談的並非孕婦的健康，而是胎兒的健康。很多食物被認爲是對胎兒有害，所以名列黑名單，孕婦不准吃：

> 孕婦當然不能抽煙、喝酒、連咖啡和紅茶也應該盡量避免。(Bruker and Gutjahr, 1986:54)

> 常吃肉品和香腸會有不良影響。(*ÖKO-TEST:Ratgeber Kleinkinder*:25)

> 孕婦不要吃軟起司、半軟的起司片和未經加熱殺菌的起司；她們不要吃這類的起司薄片，而應該選擇硬的、處理過的切片起司。也不要吃肉品和香腸……可以吃少許的肉。(*Ratgeber aus der Apotheke*, 15 March 1989:14)

這類建議不只限於懷孕時，因爲母乳要有正確的營養成分也是很重要的。所以建議產婦多吃魚。

> 魚油的養分會進入母乳中……這是嬰兒在頭幾個月，腦部能快速發展的必要營養成分。韋伯教授提出警告說：「缺少歐米茄三酸甘油會導致中樞神經和視力失調」。(*Eltern*, 1988/4:15)

孕婦如果不能好好配合建議，將會處於壓力和風險之中：

胎兒完全無防衛能力……孕婦必須在體內安頓這個特別的小生命。對母體毫無影響的細菌都可能對胎兒造成致命的傷害……孕婦如果感染了腺病毒，她通常只會有一些感冒的症狀……然而這種無害的細菌對胎兒卻會造成致命的傷害；可能會在肝臟、脾臟、副腎、肺或胃部長出小瘤，進而形成呼吸系統或循環系統的病變。腺病毒也會侵襲腦部，造成痙攣、腦膜炎、早產或先天疾病。受到感染的嬰兒出生後，夭折率大約四〇%，許多存活者則會有長期心智退化的現象……一般來講，住血原蟲病對母體也不會有什麼影響……卻會傷害胎兒。其危險包括輕度的成長遲緩到嚴重的心智退化，視力問題甚至會導致失明(*Ratgeber aus der Apotheke*, 15 March 1989:14)

理想中的準媽媽應該全心全意放在胎兒身上，並且根據胎兒的需要來調整自己的生活。甚至看肥皂劇都可能對孩子未來的成長造成傷害，所以最好不要看：

如果孩子在媽媽肚子就伴著《朱門恩怨》和《朝代》一起成長，未來他將難以擺脫這類的連續劇。他們在未出生前就已經被一些影片操縱控制，耽溺於其中。所以懷孕時最好不要看電視連續劇。(*Junge Familie: Das Baby-Journal*, 1988/5:38)

社區學院與成年教育課程、教會與生態團體、地方與中央機構、衆所公認與自說自話的專家，這些人在演講和課程中，提供給準父母親各種秘方。議題越來越多：就像一份流行雜誌所說的：「現在的懷孕課程所談的不只是生產運動、呼吸技巧，以及懷孕和生產過程的醫學知識。現在就連胎兒也在討論之列，父母應該了解胎兒需要什麼，怎樣才能受到保護。」下列的報告提出一些建議，「三種準父母親可以接觸胎兒的新方法」，包括「產前足部按摩」、「心理——觸感接觸」以及「產前大學」（*Eltern*, 1985/9:15）。

現在不只是「爲什麼要生」是熱門話題，「怎麼生」也成爲焦點議題。在十九世紀，生孩子理所當然是在家裡生。到了二十世紀，在醫院生產已是社會常態，如今卻沒有什麼是天經地義的；專家在電視和媒體上熱烈討論，什麼地方是最好的生產場所。公立醫院、私人婦科診所、助產士在家裡接生，或是在醫院接生——各種方式令人眼花撩亂，可是問題還是一樣，認眞負責的父母應該知道什麼是最好的選擇。

圖書市場如何回應這份良機。世界知名生產規畫作家謝拉・吉契格建議大家，「建立屬於你自己的生產規畫」（1980:156ff），考量各種細節與複雜性，要不要做心電圖掃瞄（怎麼做），要不要做磁輻共振掃瞄（在什麼時候、什麼情況下），選擇局部麻醉或全身麻醉。（膽敢爲人父母者或許應該先研究一下醫學。）甚至一般報紙都可以提供一份「完整的清單」，幫助你「做好最佳準備」(*Starnberger Neueste Nachrichten/Süddeutsche Zeitung*, 21 February 1989:IV)。所以有人建議你乾脆「根據對醫院服務態度與氣氛的感覺來做決定」。要這麼做，「你就要安排一趟醫院之旅，看看病房和產房，跟醫生或助產士談談」。你要問的問題是：「他們在接生過程中會使用哪些技術設備（超音波、心電圖、頭皮電極觀測），而這些設備平常就會使用嗎？」

懷孕或許是很自然的事，可是在二十世紀尾聲，已經沒有我們平常所說的自然，自然是操之於專家之手。人們不再重視日常的經驗知識，不鼓勵你徵詢有經驗的朋友與鄰居的意見。女性應該「直接徵詢醫生的建議，並且完全遵照他的意見去做」；毫無疑問地，「對準媽媽而言，醫生遠比爸爸或丈夫來得重要」(Schönfeldt 1985:31)

題外話：愛情、責任與不確實感的糾葛

上述所說的只是一小部分關於懷孕生產的規則與意見。不過人們實際上到底怎麼做，我們並沒有可靠的資料可供討論，所以雖然有這麼多守則，這並不表示人們一定按照規則來進行。然而證據顯示，比較他們的父母和祖父母，現代父母（尤其是母親）更常徵詢專家的建議(Rolff and Zimmermann, 1985; Schütze 1981; Zinnecker, 1988)。所有的指南、手冊、演講和課程也都影響深遠(Bullinger, 1986; Rein, 1984)，所以有很多

人挖苦說，現代人飽受一種新病毒的折磨，罹患了「爲人父母狂熱症」(*Kursbuch*, 1983/72 and 1984/76)。

這並不是說每個人都深陷其中。這群人的特色是：疑懼多心的中產階級婦女，她們是教育程度良好的都市人，年紀很大才想懷第一個孩子；其他婦女也就受到這種氣氛的感染，但她們之間還是有所差別，她們依賴的專家不同，她們的社會階級和教育程度會造成差異，她們看的心理學書籍從女性主義者所寫的到夜間部課程所提供的都有，還有一些教會傳單，以及各色各樣的雜誌。

因此「新式父母」並非限於少數人，了解其典型特質的話，將會發現他們比比皆是。社會整體的教育程度愈是提高，其中婦女教育程度提高的比例愈強，這樣的趨勢就更爲明顯，現今德國高中生上大學的比率是四分之一以上。越來越多人，尤其是年輕人，住在城市裡或是靠近城裡；住在小鄉鎮的人比以前少多了。已經少有家庭有很多小孩，許多家庭甚至只有一個孩子。而許多婦女生育年齡延後，也就延遲了做媽媽的時間。

雖然「爲人父母狂熱症」這個普遍現象看起來似乎很合理，但是我們在這裡只是指出這個現象，並沒有探究其原因。假設這個現象有其內在邏輯，那麼我們就可以試著探索，在現代情境中，愛一個孩子，與孩子一起生活，爲何會令人步入矛盾的叢林中？我們必須把某些因素放在一起討論。

不安全感　以往親子相處有其明確的規則，這些規則確定了相互之間的要求與責任，而今這種明確性已日漸消失。現代人發現自己已經不再能安居於舒適的巢穴中，不再有天經地義、理所當然的法則。將人們推往新方向的動力來自科技的進步，創新的速度使父母不再像傳統一樣具備知識上的優勢。不論是產前檢查，或是母乳毒素分析，老祖母的智慧（就算還有這種東西）已經不再適用，而我也不再能依賴自己的感覺、自然的聲音，或是常識。

責任的原則　親職的解放意味著必須根據育兒指南來進行；創造孩子的生活成為我們的責任，所以要盡其所能地改善一切條件。人們覺得現代父母是對這個世界的補救，讓這個世界變得更好。說得更清楚些，這個世界變得愈糟糕，父母就愈有責任保護孩子免受荼毒（比如在車諾比事件後，替孩子找到未受核污染的即溶奶粉）。世界性的環境風險溜進個別家庭的廚房與臥室，因此在日常生活中就需要更多的責任與行動。

矛盾的建議　現代人有許多的不安全感、理想、責任，加上受污染的環境，他們不再求助於傳統的意見，轉而向那些似乎知道正確答案，並且能提供有力解釋的人尋求建議。這正是各種科學研究與指南手册風行之理。然而，這往往是增加讀者的不安全感，而非消除之，因爲各類專家，自認不凡的權威與導師衆說紛紜，各種意見莫衷一是（比如母奶健康嗎？小孩應該餓了就餵，還是按時哺乳？）這種轉變並非偶然，而是系統所形成的情境，因爲科學是現代社會系統用以證明眞僞的首要原則，而一切先驗知識常被證明是錯的。

回歸自然的嘗試　回歸自然，重新發現怎樣才能自動自發依眞性情而行，這看起來像是一條出路，卻會回到相同的兩難：現代生活的特色就是充滿了不確定性，所以我們可以了解人們爲何想要擺脫知識、任意而行，但那必然是徒然無功的。

愛好似一個擴大器　養育孩子要求情感滿載。人們一再告誡父母，愛護這個脆弱的小生命就是要好好保護他。這些責求正中爲人父母的弱點及他們對子女的期待與希望。這讓人們想要不聽從專家的話都很難，因爲他們會想，如果不做什麼，可能會發生什麼可怕的景像……要是眞有什麼問題怎麼辦？我們會原諒自己嗎？還是遵循專家的意見安全些。

如果我們將這一切因素串連在一起，那麼至少我們可以得到一個粗略看法，父母對孩子的情感，混合了愛、希望與擔憂，如何形成一種弔詭。現代思想告訴父母親要爲孩子負責，讓他們不會有遺憾錯誤。愛一個大人、你的伴侶，總是還有迴旋的空間（如果一切努力都失敗了，還可以離婚）；可是愛一個孩子是一種不對稱的關係，一切決定都落在父母肩上，而每一個錯誤都好像會擾亂到孩子生命的機會（就像教育學者所說的）。當我們把愛一個孩子與要爲他的福祉負責，卻又不知如何完成這目標的感覺緊緊交織在一起，那麼爲人父母好像一定會瘋掉，那些沒有孩子的人看起來更是如此——養兒育女這樣的誓言是如此辛酸與苦楚。

不得規避的產檢

這是一個講求科技的年代，人們不再認爲懷孕是自然而然的事，懷孕充滿各種狀況，需要各種預防措施和醫療控管。如果懷孕本身就有許多風險——就像書上說的，確實有許多風險——那麼產檢就是必要的。在流行雜誌的封面上，一再把科學家的語言轉變成通俗語言，熱烈地提出各種問題：「多早做檢查比較好？你的孩子會健康生下來嗎？做哪些檢查？什麼時候做？會有什麼風險？」(*Eltern*, 1989/6:eover story)如果檢查出有缺陷，那麼父母將面臨困難的抉擇：「在這個冷酷的時代，就算只是小小的問題與缺陷，都可能對孩子的發展、統合、進步與自尊造成莫大的影響(Roth, 1987:100-1)。這是在一場人類遺傳學和防治醫學專家會議上所發表的談話。

問題於是成爲：負責任的父母可以讓孩子一生下來就可能有缺陷嗎？他們可以讓孩子來到這個世界，一開始就處於不利的處境中嗎？出自負責之心，甚至是出自於愛，人們可能選擇流產。前基因工程委員會的成員之一，登‧達勒(Wolfgang van den Daele)在德國國會中指出當前流行的想法：

婦女（或雙親）對產檢結果的反應，常常抱持「全有或全無」的心態。因此可能只是有點風險、有得病的危險，甚至不清楚傷害的輕重，父母通常就會選擇流產，所以一個健康胎兒因此被扼殺的可能性會相當高……當發現胎兒染色體異常時（比如XYY），通常是不會有什麼影響的，可是人們就會把它視為流產的理由——「小心為上」。(1985:145-6)

產檢引進一種關於安全性的新思維。產檢所考量的無疑是父母自身的利益，父母希望避免負擔照顧殘障孩子的壓力，可是產檢同樣也照顧到「孩子的利益」。不久之前，胎兒的基因秘密仍不為人知，因此也就不會受到人為的干預，純然是聽天由命。可是現在基因工程發現了許多奧秘，因此許多事情就變成是準父母可以選擇以及可能避免的事。

可供選擇的產檢技術愈多，父母的責任就愈重。實驗室裡的發現重新界定了（並且巧妙地指定了）父母應該怎麼做。下面的例子是一位婦女在做羊水穿刺後，發現胎兒患有唐氏症的感想：

就算我們可以完全改變自己的生活，來養育一個唐氏症的小孩，還有其他殘酷的事實在等著我們……當我們年老時，孩子要留給誰照顧呢？在這個社會，國家對心智耗弱者並未提供足夠的人道服務，那麼我們怎樣才能照

料我的唐氏兒的未來？出自道德良知，我不能生一個將會變成國家囚犯的小孩。(Rapp, 1984:319)

跟十年前相比，懷孕這件事已大不相同，在以前，當我們決定要懷孕或接受一次非計畫中的懷孕時，我們就不會進一步考慮是不是一定要把孩子生下來。(Hubbard, 1984:334)

產檢造成了一些改變：現在有所謂「嘗試性的暫時懷孕」(a tentative pregnancy)。準媽媽對於懷孕一事在心情上稍作保留。直到實驗室的檢驗完成，結果出來之前——像羊水穿刺大概要到第二十週才能做——很多對自己的情感與期望會有所保留，「因爲沒有人知道事情會變成怎樣。」在這種情況下，只有在實驗室保證「一切良好，沒什麼好擔心的」之後，才會有期待孩子到來的喜悅。有一份關於產檢影響力的研究報告說：

在羊水穿刺檢驗的情況下，孕婦對懷孕本身抱持一種暫時性的態度。她不能無視於胎兒的存在，卻也無法全心接納他……大多數孕婦會設法避免焦慮，不過卻必須付出相當的代價。代價就是與胎兒的聯繫是慢慢形成的。

> 孕婦必須和胎兒保持一個距離……如果胎兒不會長成一個小孩，只是一次基因上的意外，最終成為被流掉的肧胎，那麼孕婦怎能開始和體內的胎兒建立起愛的關係，開始為他規畫一切，而開始感覺到自己是他的母親呢？
>
> (Rothman, 1988:101-3)

基因研究越是進步，就有越多新的干預辦法。現在這種干預只在生產之前進行，不久的將來，可能在懷孕之前就會展開。未來大概會像我們底下所說的一樣(Beck-Gernsheim 1988b)。將來人們可以選擇、排除或精心混合自己後代的基因組合——以基因做爲建材在試管裡構築出高品質的成果。人們可能不再以傳統自然的方式來懷孕，而是用合乎最好標準的精卵做出最佳的基因產品。既有無窮的可能性，愛情已摩拳擦掌，準備一試了。許久以前，洛克(John Locke)曾說「否定自然（天性）乃是通往幸福之途」（引自 Rifkin, 1987:30）。對於身處複製科技時代的父母而言，這是什麼意思呢？伊弗・舒茲(Yvonne Schütze)這麼說：「父母對孩子的愛有多少，端賴他們願意爲孩子的遺傳稟賦盡多少心」(1986:127)。

渴求孩子：想成爲父母就像病人一樣

如果你想要孩子，卻生不出來，那會怎樣？據研究得知，現今無法成功懷孕的比率正在上升中。粗略估計，大概有十%到十五%的夫妻有生育上的問題；就是生不出來(Michelmann and Mettler, 1987:44)。現代醫學會提供各種可能的治療，荷爾蒙療法已是婦產科的例行工作，此外還有胚胎植入法，或利用低溫冷凍的精卵銀行做人工授精。②不論使用的方法是很尋常或是很特別，其目標都是一致的：製造夫妻想要的小孩。

那麼這些努力成功的機會有多大呢？在醫學專家的協助下受孕，又會有什麼困難和負擔呢？讓我們更仔細地考慮其遠景與副作用。

首先我們來看看不孕治療的標準程序：定期觀測體溫和接受荷爾蒙療法。理想上，這時你的性生活應該完全處於醫療控制下。房事變成競賽運動與強迫性練習工作，必須根據指導規則來進行（什麼時候可以做，什麼時候不行，怎樣做、要採取什麼姿勢）。這把性生活化爲單純的生物行爲。情慾、自然而發的感情層面，這些多餘的價值都不見了。這一來就扼殺了悸動的感覺；你自己的心痛感，以及對伴侶的感動都蕩然無存。我們可以看到下面兩種說法：

治療不孕最主要的問題是按規則做愛。做愛不再是自然而發的事。那一陣子，我只有在受孕時間才會想跟他上床，其他時間都不想要。

在這段時間裡，性像是例行工作，除此之外，毫無意義。單調沈悶毫無刺激可言。房事必須做好安排。(Pfeffer and Woollett, 1983:28)

如果是更複雜的治療法，那麼除了規律性的房事外，還有更多的問題要面對。這些處理過程常常曠日費時，所費不貲且限制繁多，更別提還有健康上的風險以及情緒上的壓力。以下是關於胚胎植入法的生動描述：

直到療程的第七天，每天都要做同樣的事，這至少讓我們過著規律的生活：每天一早就開始畫圖表，測定靜脈血液樣本以決定動情激素水平和皮下荷爾蒙注射的必要性。從下午三點開始，記錄下傍晚的荷爾蒙值。我先生是皮膚科醫生，親自幫我注射荷爾蒙。IVF醫療小組討論實驗室報告的患者荷爾蒙值，然後決定是否要停止治療，或是給予更多的刺激……

進一步的療程是更多抽血的折磨；每一次針頭刺進皮膚就像戳到我骨子裡

一樣……只是荷爾蒙注射還帶來希望。我們夫婦倆的皮膚越來越薄，越來越神經質。從第十天開始，不可以有任何房事行為……

療程的第八天到第十三天是個關鍵。我們在家裡坐下來討論卵泡的直徑和荷爾蒙值，訂出可能的百分比，什麼時候植入胚胎，什麼時候我們夢想中的孩子會誕生……在狹小超音波房的陰鬱氣息中，希望抓住了我們，並且日漸擴大。我們完全任其擺佈。

接著是極為孤立且緊張的階段，胚胎植入法整個接管我們的生活。我們一直擔心一切努力終將徒然。當我早上躺下來做掃描時，常會害怕卵泡就此消失，或者縮小了。每次從螢幕上看到卵泡像個黑點時，都如釋重負。最後，救援的命令下達：「我們將於今晚十一點給你打針，幫你排卵。」我的心情回復平靜，可是我先生卻越來越焦慮。三十六小時內，必須取出卵子，接著就輪到他了。他一定要「做工」。用醫院的術語說，「伴侶提供一份新鮮的精液。」

接下來兩天內要取出卵子，拿到精子，促成胚胎，這一切都在醫院裡進行，持續處於醫療控管之下。然後患者可以回家，只是仍得依循規則過日子。女性要作息正常，不可以運動、不可以洗蒸器浴，也不可以提拿重物，還有「兩個星期內不要行房」。(Fischer, 1989:45-56)

這是相當典型的經驗。不管最後是不是會成功，但這種治療一開始就會引發持續的緊張不安。是否會排卵，是否能夠找到受精卵，受精卵中是否有細胞分裂，荷爾蒙值是否足過，是否能夠成功著床……一連串的是否。原本在婦女體內，不會被看到，被注意到的事，如今卻被分解爲一步步清楚可見的過程，就好像研究婦女接受治療的感受報告顯示(Hölzle 1989; Klein, 1987; Lorber and Greenfield, 1987; Williams, 1987)，這種治療對情緒有很強的影響，會形成一種情感依附。每當完全一個步驟，夫妻就越接近他們的目標——擁有一個孩子。一份訪問這麼說：

> 他們終於允許約翰和我從顯微鏡下窺探一下玻璃皿裡的胚胎，我真的相信它的存在。是的，我們可以有自己的孩子，他就在那裡……提醒你，我倒不覺得他真的是一個小孩，可是這些細胞有可能變成一個小孩……我們自己的小孩……第一次，「孩子」這個抽象的希望變成真實的。(Klein, 1987:8)

第一次，希望成爲可見的形式。這並非是受影響婦女的一致反應或非理性反應；相反地，那是技術過程本身的特性。就算治療並不成功，人們也很難忘記自己所看過的。接著人們會想：「我們差一點就成功了，一開始進行得很順利，下一次或許會更有進展。我們現在不能放棄。」跟著展開下一回合的療程。科技的可能性展現一種神秘的誘惑力量。就像我們可以在相關的研究報告看到：「強烈的情感是胚胎植入法本身及其相關經驗所特有的性質……它會直接加強婦女想要再試一次的意願」(Williams, 1987:2)。上述的訪問就可看到這種情形。在看過玻璃培養皿裡的東西後，就會引起如此強烈的感受，「接著，你得到的只是一通電話：『抱歉，陳太太，希望你下次再試試看。』你感覺如此心痛，但還是再次簽下治療協議書，因爲你好像很接近了，在你以前的生命中，從未如此接近過……因此你必須再試一次。」(Klein, 1987:8)

一條感情滾動的軌道

在這種情境中，許多婦女往往悲喜交集、五味雜陳。這是治療所致而非偶然。因爲整個療程有淸楚的步驟，每個步驟各有其風險與機運；實驗室裡嚴肅的發現變成神奇的訊息。以下是一位婦女描述在其接受ZIFT療程的感受（ZIFT是與IVF結合運用的方法，這種辦法是把受精卵，在進行分裂之前的前胚胎階段就注入輸卵管）：

在進行ZIFT之前，我整整吃了兩個星期的受孕藥，我滿懷信心可以受孕，在那之後兩個星期內，我連呼吸都不敢用力，深怕流掉可能已經著床的胚胎……那份期待與緊張真是前所未有的高漲。整個過程有如與神魔愛戀一般，肉體上所感受到的拉扯與張力真是令人難以抗拒。在進行ZIFT的第一天，當我得知他們從我的卵巢取出十一個卵子時，真是興奮異常。這不就萬無一失了嗎？可是到了半夜，我就陷入低潮，如果沒有任何一個卵子受孕怎麼辦？如果我先生和我根本不相合，我們的精卵不肯在體外結合怎麼辦？如果一早起來，一個受精卵也沒有怎麼辦？

護士一大早就打電話來，告訴我們已經有受精卵了。一共有四個卵受孕。她說：「來把他們放進去吧」，我一聽到這消息，心臟砰然作響。我細心地梳妝打扮，好像要跟某個特別人物約會一樣。

我能夠把他們通通留住嗎？他們會在我體內分裂成長嗎？了解ZIFT的勝算，我滿懷希望。不，我的信心與期待不只是如此：他們把我麻醉，微微撐開我的陰道，用導管滴了三顆胚胎進入一邊好的輸卵管，那時我簡直是瘋狂地期望著。這些胚胎所要做的就只是搬到等待他們的子宮。現在有什麼可以阻止他們呢？

有些事阻止他們，確實有些麻煩。我的胚胎沒有留下來；他們不見了。從療程開始到結果確定，總共是兩個禮拜的時間，確定失敗後，我也消失了一陣子，常常蜷縮成一團像胎兒一樣哀傷。這實在說不上是死掉，也算不上是流產，那真的是不孕。可是我就是為自己的胚胎感到悲傷，好像我已經熟悉他們很久了。(Flemin, 1989)

他的反應並不極端，也不是個人的感受。面對看似無所不能的科技，女性覺得自己擺盪於喜悅與憂傷之間；她們若想滿足內心深處的渴望，就得任由醫生擺佈，孤立無助。就算是在這個領域的頂尖高手也開始了解，這種事情還是有其風險的。在高唱治療方法先進時，比較少被談到的是「成千上萬男男女女的希望與失望，身體與情感上的痛苦，當他們被視爲是生產規畫治療的病人時，他們覺得幾乎快完成目標了」。(Bräutigam and Mettler, 1985:64)

仍然是一種誘惑

問題仍在，這些努力成功的機會有多大呢？統計數字是冷酷無情的；大部分接受不孕治療的夫妻，最後還是生不出孩子。胚胎植入法尤其明顯，許多哀傷的希望群聚於此。成功率相當低，正式估計大概是十％到十五％之間——可是批評者指出這個數字是高估了(Fuchs, 1988)。甚至這方面的專家都承認，衡諸當前的失敗率那麼高，卻有更多的醫療院所提供這種治療，「這顯示不孕症夫妻死馬當活馬醫，不得不然的心情。」(Bräutigam and Mettler, 1985:65)

甚至治療一再失敗，也不是毫無副作用的。醫療干預並不能減少不孕夫婦的痛苦——相反地，不孕者好像持續在增加。他們飽受所謂基因醫學的折磨，他們進行療程時會引發的緊張，通常被視爲是病症，需要診療。他們的自尊與自信飽受打擊，他們與伴侶的生活關係惡化，跟親友的接觸減少，這一切都不足爲奇，因爲緊湊的療程讓他們根本沒什麼時間去關心外面的世界，或其他生活(Pfeffer and Woollett, 1983)。孩子是他們唯一關心的事——他們卻無法擁有孩子。

就算眞是這樣，人們可能會反駁說：他們爲什麼不乾脆取消一切療程算了？然而如果你好好研究一下事情的社會面及生物面，你就會發現問題並不像表面看起來那麼簡單。醫學的進步是公開給大眾的，科學研究造成的附帶效果就是不孕一事被重新界定，在時間上拉得更長。如果現在有那麼多療法可供選擇的話，為什麼不試試下一個辦法？就像社會學家巴巴菈・凱茲・羅斯曼(Barbara Katz Rothman)所說的：

所有不孕症新療法都對不孕症者形成一種新負擔——嘗試不夠的負擔。之前已經試過那麼多危險的新藥，做過那麼多手術，花了好幾個月甚至數年的時間強迫控制體溫與房事，現在怎能那麼輕易就放手？當一對夫妻「試遍一切辦法」時，他們最後怎麼停得下來？(1988:28)

已往，不孕是宿命；現在，不孕，在某個意義上乃是深思熟慮的抉擇。還沒有試試最新的療法（那是毫無窮盡的），就放棄的人會備受責備。他們終究可以一直嘗試新辦法。羅斯曼曾說過：

怎樣才能說，那並不是他們的錯，那是冷酷無情的命運使然，遠非他們所能控制。要怎樣他們才能簡單過自己的日子？如果總是有另一個醫生值得試一試，另一種療法可以試試看，那麼從社會的角度來看，不孕是一種抉擇。(1988:29)

這裡可以看到一種熟悉的模式：科技進步總是提供了新的機會，解決新問題的新辦法；同時這也迫使人們承受感情、心理與社會等各方面壓力，要求他們要試試這些新的機會。

只有在這種背景下，我們才能了解一些訪問所透露出來的訊息：治療失敗的夫妻直說他們並不後悔做了這些治療。如果你清楚這種治療所帶來的緊張壓力，這種說法看起來實在有點弔詭。然而正是他們曾經努力過，證明他們的決定是正確的，這甚至能讓他們稍感安慰。他們已經做了社會期望他們做，而他們自己也覺得重要的事。他們並沒有在愛孩子這件事上遲疑退縮：

如果我沒有試過這一切，我會覺得那是我自己的錯，因為我不敢去嘗試。現在沒有人，甚至我能正視自己說，「如果你真的想要有自己親生的孩子，你就一定會有。」(Interview in MS, January-February 1989:156)

父母和孩子：一整個全新領域

上面所說的複雜狀況當然是一種例外，大多數想要有孩子的夫妻都能心想事成。接下來會怎樣呢？成功受孕，順利生產，想要有孩子就有孩子，之後又是如何？

一開始孩子是歡樂的源頭，讓人們有新的願景，喚起強烈的情感，父母的生活更加有意義、有目標，讓父母的感情有了安頓之所。許多研究證明，這一切不再只是期望，而是眞的和小孩一起生活後能夠得到的一切(Beck-Gernsheim, 1989:25ff.)。以往舊式的家庭是一個經濟共同體，現代父母從家庭中所得到的主要是情感上的滿足。

然而這只是事情的一面。現在的父母要求比以前來得多，父母要做的也比以前來得多。以往農業社會的生活中，孩子過的日子跟大家一樣，不會受到特別照顧；人們覺得孩子只是還沒有長大的人，並沒有特別屬於孩子的需求，童年只是毫不重要的過渡期，人們對此毫無興趣。這是中世紀的眞實狀況：

> 中世紀和現代之間，最引人注意的差別是，中世紀對孩子毫無興趣……在頭五、六年裡，嬰兒及小孩並未受到特別照顧，幾乎是任其自生自滅。(Tuchmann, 1978:49, 52)

到了十八世紀和十九世紀，大部分人的做法還是：

> 小孩就像理所當然會長大一樣……人們並不會討論要怎麼精心養育孩子

……當要求孩子要工作時，父母看起來特別嚴厲……一旦孩子開始會做事，父母也沒有時間和心情去督導他們；大部分孩子都是自行其是。

(Schlumbohm, 1983:67-72)

前工業社會的父母對這個角色並不熱中，因爲他們能做的很有限；當然普遍的看法是，孩子的命運掌握在上帝手中。直到十八、十九世紀，人們逐漸覺得小孩也是有其權利的人，這種態度才有所改變。然而，直到十九世紀末葉，宗教信仰和傳統價值仍是深入人心，許多人還是覺得養兒育女乃是自然而然之事，只要依循前人立下的做法即可。直到二十世紀，宗教已失其權威，傳統被擺在一邊，以階級和地位爲基礎的社群生活模式也被打破，人們不再追求所謂共同福祉(the common good)。現代人的意義在於掌握自己的命運——包括他們後代的命運。現在大家的期望，也是每個專家都建議的是，我們要盡可能給孩子最好的起跑點。

只做最好的：現代的無上律令

十九世紀以降，負責的公民才開始接受孩子需要特別的關心與照顧這種觀念，可是一直到一九五〇年代至一九六〇年代開始，這種觀念才有大幅進展。心理學、醫學和教育等領域的新發展指出了我們可以怎樣形塑孩子的未來。生理上的缺陷以往都被看作是命中注定，無可改變，現在卻是可以治療的；一九六〇年代的心理學研究強調頭幾年的重要性，早期照顧不周會阻礙往後的發展。同時大部分人的生活都大幅改善，因此以前只有少數人能提供給孩子的特別支持，現代大多數人都做得到。而政治家則彼此競爭，提供以前沒有機會受教育的人更多教育的機會。

這些都讓父母感到壓力，要爲孩子多做一些。只是接受孩子原本的樣子，接受他們身心的特質甚至缺陷已經不夠了。孩子本身已成爲父母用心的焦點。更重要的是要盡可能改正他的缺點（不再有斜視、口吃或尿床的毛病），鼓勵他多才多藝（學鋼琴、星期天學語言，夏天進網球學園，冬天則參加滑雪營）。一整個新市場慫恿你加強孩子的能力，要不了多久，原先的選擇就變成非做不可的責任。如果你可以矯正她的牙齒，或是讓他長得更高，讓他們不只會劃雪，還可以學點法文，你們覺得這是自己應該做的。

有人會反駁說，這只是爲人父母的一些基準，不見得大家眞的這樣養育孩子。問題就在於這些眞的是人們日常對待孩子、照顧孩子的方式嗎？現有的資料並不能證明人們都是用同一方式在照顧孩子，可是我們確實可以看到，在許多方面，父母親正把這些方式化爲實際的行爲。我們可以再看仔細些。有許多父母對於科學上的進步都有所聞，而不只是教育程度較高的中產階級父母，這令人相當訝異。有一份研究下層階級的報告顯示：「父母親對於如廁訓練、食物營養以及兒童發展的知識，一般都跟得上科學發展的討論」(Wahl et al., 1980:150)。下層階級尤其重視「他們的孩子要比自己更好，他們努力工作就是希望夢想成眞」(1980:41)，爲此他們不惜犧牲個人物質上的享受。有一份關於勞工階級婦女的研究報告這麼說：

> 對於幼兒發展、懲罰、了解孩子的焦慮與希望、對事情的態度，這一切都顯示出工人家庭養育小孩的方式已經有所改變；他們的態度和做法都更加以孩子為中心。(Becker-Schmidt and Knapp, 1985:52)

這一切也許對孩子有益——或許也毫無助益，太多的關心常會徒惹厭煩？顯然是父母親，尤其是母親必須一直跟得上新的發展與要求。首先她要掌握最新資訊，人們對於與孩子有關知識的了解，跟流行訊息之間總有差距，且一直在擴大。一方面，現代年輕人對於如何養育孩子幾乎毫無所知，比起上一代年輕人的育兒知識貧乏多了。現在家庭的小孩一般都很少，所以一般人很少有機會跟一大堆兄弟姊妹一起長大；父母碰到的第一個小孩可能就是自己的頭一胎。另一方面，現代社會又期望年輕父母對自己孩子的事能具有專業水準，過去二十多年來，有關人類發展的研究累積了許多知識，又透過媒體廣爲流傳，現代社會要求父母能具備這方面的知識，好父母就是能運用這些知識進一步造福自己小孩的人。在教育圈裡，把這種趨勢稱之爲「將養育孩子轉變成一門科門」，這清楚表示：現代社會對父母的要求越來越多，他們要下工夫學的也越來越多。

因爲養育孩子總是一種雙邊關係，「**科學征服了小孩**」(Gstettner, 1981)也就征服了母親（卻很少延及父親）。一張理論網絡籠罩了孩子，也陷住了母親：

> 你對於孩子的教育、上學、穿著打扮、假日玩伴、飲食習慣、生長狀況等有任何問題，人們的建議總是千篇一律：最好問問醫生的意見。每種雜誌都會有醫藥專欄，而像 *Eltern* 或 *Unser Kind* 這種刊物則廣為流傳。過去的經驗不再受重視，而父母、祖父母的經驗則跟不上現代理論了；人們宣稱養兒育女是一門科學，可以被研究、學習與教導。(Sichrovsky, 1984:38-9)

爲什麼媽媽們不乾脆就罷工算了，不要管專家說什麼？問題在於她們被圈住了，電視、地方新聞、學校報導，各種訊息穿透她們的家庭，築成訓令的框框。各種資訊一再重複：如果你忽視孩子的需要，你就有可能傷害到他、損害他進步的機會。「在生命發展過程中落後」，這是大家都聽得懂的話，因爲進步是現代機動社會的重心。

沒有受到適當照顧的小孩不會有競爭力，各種育嬰指南和雜誌都充滿了這類資訊，父母一定會接觸到。不想承擔這種責任的人，將會面對嚴厲的懲罰；只有在懲罰的威脅下，他們才會不顧各種理論。更可怕的是，這些懲罰是針對他們的最愛——他們的孩子。為孩子工作不是隨隨便便的工作，而是一種特別的工作，工作和愛在此密不可分，愛的越多，就願意做得更多。就好像小兒科醫師善弗・馬太所說的：「你對媽媽說她的孩子的潛能將無法得到充分發展——不論是感情上、體能或智力上的——這絕對會刺傷母親的心。因此母親的觸角必須寬廣以改善自己的表現」（*McCall's*, November, 1983:196）。

在這樣的情況下，只有那些「不適合」生小孩的「狠心」媽媽們，才可能拒絕服從這些新的規則。文化上規定的標準是很難反抗的，而大部分的母親只會做得更多而不是更少，她們經常被還可以再更努力點的感覺所苦。教育理論認為個人是怠惰的，而這驅使父母們回去向專家諮詢。於是這形成了一個循環。

當然，父母們不只是需要資訊而已，更重要的是這些資訊如何被應用。這意味著有越來越多孩子的母親們以不同方式從事「教養勞動」（nurturing work），因為她們相信孩子能夠經由這些方式被塑造。讓我們更仔細地檢視這個觀念。是誰來塑造孩子呢？我們有遠多於從前的專家，能被召來修正或防止自然的危害。這些專家們行使他們的專業職責，從兒童免疫乃至於規定治療性練習都包括在內。但他們無法眞的應召而來；病人必須到醫生處求診。幼兒們有辦法獨自去看病嗎？誰來完成事前的準備及後續的工作呢？誰帶孩子去看牙醫及做物理治療、陪孩子坐在候診室裡、催促他做完一個又一個的練習、檢查他的回家作業並提醒他的拼字錯誤，以便能監督他在學校裡的進展呢？大部分都是母親。

事實上她做得比這些還要多，因爲即使是在不需要專家直接介入的日常生活正常時間，她也充滿著想改進的心情——這種心情更隱微，卻同樣具有滲透力。在其影響下，母親的行爲就像孩子的助手一樣。以某份美國女性雜誌的話來說：「**沒有刺激的時間是在浪費嬰兒的時間**。」（Lois Davitz in McCall's, 一九八四年七月:126）爲了給孩子全面的刺激，母親們（父親們較不常見）拖著孩子逛動物園、看馬戲團表演，帶著寶寶游泳，舉辦派對以及小朋友們的郊遊活動。

自然的童年期在許多方面都已經結束了，取而代之的是「階段性」的童年期。因爲階段性的事物並不只是父母們個人的一時興起，這也使得勞動更難避免。這些勞動是「維持地位之勞動」的基本部分（Papanek, 1979）。當人們覺得被迫努力保護他們的社會地位時，這種趨力必然會伸進嬰兒房。有了小孩是不夠的；小孩還需要被教養，而父母們發現自己正對抗著滑落社會尺標底層的恐懼，以及向上爬的渴望。在一本名爲《美國與美國人》的書中，約翰·史坦貝克尖銳地描述：

> 孩子應該像他的父母、過著他們所過的生活的想法，甚至也已不再被接受

了；他必須要更好、過得更好、懂得更多、穿得更像樣，假如可能的話，他應該從父親那樣的生意人變成一個專業人員。這個夢想打動了全國人。因為它向孩子要求他或她得比父母更好，他必須被控制、引導、推進、讚美、規訓、諂媚及強迫。（1966:94）

總而言之，我們可以得出結論：在高度工業化的社會當中生活，使得照顧小孩的體力工作比較容易些（家庭用具、調理食品、免洗尿布）。但反過來，在已被處理的問題當中，新的議題仍不斷地出現：「我們的時代被童年期的身體、道德及性問題所糾纏。」（Ariès 1962:560）這些問題出現在一個完全不同的時代：「今天的家庭處於兒童照顧的壓力之下，而這種壓力爲歷史上所僅見。」（Kaufmann et al., 1982:530）在從前，孩子是上帝的禮物或是意外之下的一個不被期待的負擔，而今日孩子首先是「難以照顧的某個人。」（Hentig, 1978:34）

愛情課程

此一命令——盡可能給你孩子最好的事物——對日常生活帶來了相當大的衝擊。沐浴與餵食、愛撫與擁抱、遊戲，這些事全都有著一個隱密的動機。事情並不如原本的簡單，每個行動都被定義爲是個學習事件，具有激發創造力、幫助情感發展、鼓勵孩子學習的意義。在一七八三年之前，一本關於養育孩子的書中建議：

> 人們喜歡和嬰兒玩。但我們可以讓這玩耍更有益些……為什麼孩子的注意力只能導向母親想讓他看的事物，而不是有次序地逐漸導向這或那個事物？為什麼人們不用手引導小孩，並以有次序的方式教他去碰觸某樣東西、推開它、把它拉近點、握住、拿在手裡或放掉它等等呢？難道這不是早點幫助他獲得身體敏捷性的自然方式嗎？……簡言之，和嬰兒或是尚不太大的孩子們所玩的每個遊戲、所開的每個玩笑，都必須以慎重的態度及豐富的學識，將其導向對說話器官及身體其他部分的運動。（Basedow, 引自 Ostner and Pieper, 1980:112）

過去三十年來，這類的指示已深入每個家庭——多虧大眾媒體之助，它們是父母守則的高效能傳遞者。即使是在最孤立的山村裡，也沒有人能逃得過；意見專欄以及廣告可及於社會的各個階層。其結果是「把童年期變成家庭教育計畫的廣泛趨勢」。「以兒童爲中心的文化，在受過教育且有教養的中產階級家庭中被視爲理所當然，這種文化也以一種易學的形式，被推薦給下層以及勞動階級的母親。」（Zinnecker, 1988: 124）一份受父母們歡迎的雜誌宣稱：

不同的知覺能促進智慧及才能……找些辦法來讓妳的孩子學一學。假如妳給予他各種感受及自由行動的機會，妳將可幫助他成為獨立而積極的人。

（*Eltern*, 1988/7:150）

不僅是日常生活被工具化了而已。即使是最自發的情感及愉悅的表達，也都包括在計畫表當中：

尚未出生的孩子特別能夠……感應最初階段的情緒、刺激及觸碰……他和父母們的從容接觸，以及他們的關愛照顧能夠推動它的發展……把妳的手很輕地放在妳的腹部，並想像妳正以全副的感情擁抱著妳的寶寶。

（*Eltern*, 1985/9: 17; my emphasis）

母愛便成了由專家所提供的東西，而且科學著作跟通俗雜誌中都一樣眾口同聲說，這種感覺是基本的。換句話說，你有義務愛你的小孩。以下是從給年輕父母們的指南所摘出的一段話：

〔目的是〕顯示孩子有多依賴於（譯按：父母的）關愛及注意，作為他智

> 能及情感發展的基礎……促進嬰兒的發育乃是需要……來自一個人的可靠照顧及愛，他可以和這個人形成密切的連繫，這個人最好是他的母親。（*Das Baby*, 1980: 3, 23）

因此母愛是絕對必需的，但母愛應被視爲是種勞動，它充其量只是愛的勞動（labor of love）。太熱中於追隨這些指示也可能是錯的。以下是小兒科醫師及心理分析師溫尼可（D. W. Winnicott）在一九六九年於對母親們的談話：

> 好了，享受快樂吧！享受被認為重要的樂趣吧。享受讓其他人去照料世界，而你卻生下世界的新成員的樂趣吧！享受以自己為焦點以及幾乎是和自己談戀愛的感覺吧，這個嬰兒就像你的一部分……為了自己而享受這一切吧，但妳從照顧嬰兒的麻煩事中所得到的愉悅，從嬰兒的觀點來看碰巧是極端地重要……母親的愉悅是必需的，否則的話整個懷孕程序就會是死的、無益的、機械性的。（Schütze, 1986: 91; my emphasis）

母愛附加了許多的規則，因爲它既很重要又顯然很困難。有些是關於母愛的有害方式的警告——佔有的、犧牲的、有敵意的、作威作福的、順從的、感情飢渴的、冷淡的母愛都是有害的（Schmidt-Rogge, 1969, Schütze, 1986:123）（譯按：專家們）造出了一個「情感指標」，以便使個人能測量出其正確的水準，並控制其爆炸性潛能。（Grossmann and Grossmann, 1980, Schütze, 1986: 116-7）這意味著，即使是潛意識也包括在內，連個人的最深層感覺也被規定了。這（譯按：現代的母愛）是需要許多心理準備的困難工作。相較於適量、適時地出現適當感覺此一艱難任務而言，自發的反應似乎變得像是種古代的遺風。就如由霍曼（W. E. Homan, 1980）所著的一本書的書名所指出的：「孩子需要的是愛——父母們需要的是建議」。

競爭的愛

父母的期望很高，而他們發現自己所擁有的資源，如金錢、耐性、時間或精力並非無限。如果孩子的需要要被滿足，那麼成人們就得降低他們自己的需求、權利及利益，這經常造成相當大的犧牲。此一效應首先會被負責日常例行事務的人感受到，通常這個人都是母親：

> 我們高度意識到孩子加諸於他們周遭環境的要求……這導致為了孩子的利益，而將絕對需求置於至少是父母的其中之一身上，這個過程使得父母——特別是母親的利益，假如沒被永久地壓抑，也會被延遲到生命的較晚

期。（Kaufmann et al., 1982: 531）

由於父母都同樣感到這種壓力，他們的關係就變了。**「孩子將婚姻連結起來」**。**「孩子是我們對彼此之愛情的象徵及誓言」**。這些觀點都和想擁有小孩的一般想法有關。但眞的發生的是什麼事情呢？一方面，做個父母已經變成是項複雜的任務了，另一方面，婚姻也已成爲一種平衡運動及彈力測試。其中的兩難是明顯的：你愈將精力花在孩子身上，剩下可以分給你伴侶的精力就愈少。此處追溯生活在以孩子爲中心的家庭中產生的影響：

在孩子身上所投入的強烈情感及花費的時間，使得伴侶關係減退。理想上的樣子是這樣：雙親都有事業，他們將所獲得的自由時間奉獻在孩子身上……對有工作的伴侶們而言，這意味著留給他們彼此談話的餘地很小。假如他們其中之一承擔了照顧小孩的瑣事，另一方便能在這段時間繼續跟外界接觸，或做這類的事。然而這或許滿足了需要做某些和嬰兒無關之事的個人需求，但在嬰兒出生前那種共度時光的重要性則被忽視了。假如只有一個人有工作——通常是父親——那麼情況也不會有多大改變。女性整天都和孩子相處，她在傍晚時想做些事而不是牽掛著孩子，但這多少會使得

> 她和丈夫的談話，縮減成報告發生在孩子身上的事。（Schütze, 1988: 107-8）

在所有關於育兒的書中，人們現在偶而可以看見少數討論到過分誇張的父母角色的危險。這就是事情的結果：

> 孩子出生後，父母太過專注於照顧嬰兒，以致於沒留下什麼力氣顧及彼此。為了孩子著想，所有期望都得被縮減。常常沒有時間或精力可以讓他們彼此談話。每件事都必須服從於嬰兒的需求。嬰兒剩下來的才留給父母親。長期經營日常生活是件如此吃力的事，以致於父母們除了維持日常運作，然後在晚上筋疲力竭地跳上床之外，什麼也沒做。……不僅是男人和女人，而是包括他們的關係，都在日常例行事務中消磨了，而且在某種意義上變得像是一種例行事務。高潮不再。他們之間不發生，或者也極少發生令人興奮或愉快的事了。嬰兒出生頭一天的那種強烈感覺，已被單調的狀態所取代。有些伴侶們甚至無法分辨出他們是否仍彼此相愛。確定的是，他們在一起，但除了他們對嬰兒的共同關心之外，他們已鮮少一起行動。（Bullinger, 1986: 57, 39, 56）

從訪談及故事中，人們能夠看見，在專家們所接管的誇大的育兒理想中，伴侶們的關係是多麼的不重要。人們重複說著相同的話：擁有小孩是多令人充實的事，而且它提供給父母們新的共享的角色。接著他們會說「但是」：

頭一個月我們很幸福，每件事都是刺激的、令人興奮的。我們一直很累，以致於從沒能夠談談自己的感覺。我們總是想，事情會變的。但事情沒有，或者說少有改變。養小孩是這麼的吃力，我們總是累得筋疲力竭，以致於無暇注意我們的關係。（Reim, 1984: 101）

於是毫不令人驚訝地，張力加劇了，雙方都變得暴躁易怒。而緊張狀態由於缺少把事情談開來的時間而升高：

我們的孩子發育良好，而我和我先生也變得越來越確定我們做父母的角色，但我們對彼此的感覺卻暫時被拋在腦後……在小孩十一個月大的時候，我們開始一起邊想邊談，談如何把焦點放在我們的關係上，並對發生在我們和孩子身上的事情負責。（Reim, 1984: 19）

「如果婚姻的意義改變，並且成爲將孩子社會化的場所……伴侶間的衝突便是不可避免的。」（Nave-Herz, 1987:26）好的那一面事物——包括時間、耐性、找到能量、分享感覺——都傾向被集中到孩子那兒。在這些新的條件底下，孩子不再將父母們結合起來，或至少這句話只有部分的眞實性。(Chester, 1982)

愛之適足以害之

那孩子們呢？他們從這些熱烈地集中在他們身上的希望和期待中，得到了什麼？答案是有爭論的，或者更優雅地說，這仍是個在研究者間衆說紛紜的問題。大部分的作者們同意，從前現代到現代社會的變動，已爲兒童們開啓了新的機會——個人潛能可以被開發及增進、階級、性別和地位不再是太大的障礙、草率的忽視和殘酷的冷漠都已經過去了。假如人們讀到關於過去，歐洲低度發展地區的童年期的描述——單調、危險、壓抑、艱辛、困頓不堪的——他可能不太會後悔這些黑暗時代的結束（Ledda, 1978; Wimschneider, 1987）。然而已經有越來越多的懷疑指出，被寵愛也有其缺點。對這條思考的軸線追溯如下。

兒童照顧的理論已經傾向於將童年期變成一個計畫，此一計畫的各種步驟，及可能出現的不足，都需要被仔細地監督及追蹤。孩子被視作是個依賴的東西，總是需要成人定義、照顧，以及供給它物質的、情感的、現在的，和未來的需求。父母可以將他們行使權力的快樂，隱藏在愛的名義底下：「**父母們裝備著適當的雜誌及書籍，以他們所流露出的情感折磨著孩子，他們的情感將育嬰室變成了訓導室。**」（Gronemeyer, 1989: 27）在這個世紀的早些時候，愛倫・凱依（Ellen Key）描述了這所形成的影響：

> 孩子總被認為不能做某件事，或者得做另一件事，他得尋找的、想要的事物，都和他正在做、正在找、正想要的不一樣；他總被拖向非他本意的方向。而且這麼做全都是出自於愛、關懷，出自於提供判斷、幫助與建議的快樂，將孩子從一小塊人類原料，雕琢成「現代兒童」作品系列中的一個完美範例。（Liegle, 1987: 29）

目前的狀況是弔詭的；雖然談論父母之道的通俗科學著作，仍在一窩蜂地出版當中，每本書都帶來了新的提議，而專家們卻正在緩慢地從他們過去捍衛的位置上撤退下來。一些作者坦承，他們正在「拋棄教育學方面的東西」。（Honig, 1988）人們曾經以爲，適當的父母之道會成就有自信、獨立自主的孩子。如今懷疑的聲浪越來越大：過去看起來是「兒童撫育者方面的無私之愛，如今對孩子而言，似乎是冷酷、盲目的，那就像是控制與規訓的完美形式：像是種馴服」（前引書：71）。

這個批評觀點被經驗研究的結果，以及家庭治療的經驗所支持。（例如 Lempp, 1986; Richter, 1969）假如成人們——特別是母親——持續從事自我獻身的行爲時，那絕對不總是爲了孩子的緣故。如同心理學家所知，被壓抑的需求不但會消失，而且會在他處浮現，並在多少是隱密的怨恨中，對抗著孩子及伴侶。把所有自身的期望投射到孩子身上是很容易的，鼓勵也是一種恐嚇。孩子經常「被迫扮演支撐母親的自我尊嚴的角色」（Neidhardt, 1975: 214）這些都意味著在這個小小的核心家庭之中，窒息的氣氛瀰漫，而敵意隨著愛而滋長。

假如現代家庭能將注意力慷慨地投注在一個孩子身上，這麼做絕不是爲了無私的理由；這類的行爲所暗示的不過是「佔有慾」。（Ariès, 1962: 562）由於未來橫在眼前，孩子得面對他的父母，他們帶著自身生命經歷及野心、沮喪與恐懼，夢想著能夠飛黃騰達，使孩子成爲人中龍鳳。任何主張「我孩子所得到的事物，要比過去我所得到的還要好」的人，所考慮的並不只是孩子而已，他考慮的大部分是他／她自己。

假如這些偉大的期待被證明是無法實現的，那會怎樣呢？無疑地，許多父母們會溫和地放手，並且繼續愛他們的孩子。但有時事情並非如此。今日家庭有其常被忽視、遺忘或者壓抑的另外一面：家庭成員對孩子的攻擊正在逐日增加。越來越多的孩子和青少年遭到身體及性的虐待，還有情感上的拒絕。以近來對此一現象的研究爲基礎，根據估計，在德國至少有三十到四十萬的兒童及青少年受到侵犯——大致估一千一百萬兒童及十一歲以下青少年的百分之三。

當然，在這項發展的背後是有幾個理由。很清楚的是，父母們的良善意圖，卻常造成正好相反的結果；破滅的希望轉而成爲挫折與攻擊。以下是從一個這類的調查中所摘出的結論：

> 父母們希望「給我的孩子最好的」，而且他們經常忽略正是因為這個理由，使得他們分不清楚什麼是孩子真正想要，或真正需要的。獨生子女家庭的趨勢……加快了此項發展……今天有很高比例的父母們，明白或暗示地逼迫他們的孩子在學校裡取得高分，以及展開其晉身專業的學習。在無法達成其父母期望的青少年的家庭裡，導致了對於未來計畫的長期爭論，而且情況可能越來越緊張……有的父母們害怕，孩子們的分數低或叛逆行為可能讓他們在嚴酷的就業市場中吃癟，這種恐懼讓他們變得神經質、脾氣暴躁，而這又可能快速地導致這兩個世代的攻擊行為。（Hurrelmann, 1989: 12）

一些同樣的研究則檢視在我們社會中，擁有小孩此一想法背後的特殊動機。讓我們回憶一下：對孩子的需要不再是因爲他們是幫手或繼承人，擁有小孩的報酬幾乎完全在於他們的情感價值。如同專家所見，這是種：

強烈，但同樣也是非常不確定而且高度風險的報酬……和前工業社會及工業社會早期相較，今日父母與子女間的關係是高負擔性而且強烈的，然而對雙方——父母及子女而言，此一昂貴資產卻是越來越難以處理。（同前引書）

從這些發現中人們可以下個結論，核心家庭已變得感情過度，小家庭中的氣氛有過熱的危險。在許多成人的伙伴關係當中，也有類似的溫室效應出現，但在成人的關係中，假如壓力過大，至少還有個安全閥：個人可以考慮分手。這之間的決定性差異在於，和子女脫離關係是不可能的；這個關係中沒有合法的逃脫路徑，社會明確地聲明：「父母愛他們的子女」。

假如人們把這徹底地想一想，有愛之處就有敵意這個乍見之下似乎陌生、不適當、令人生氣的想法，就變得可以理解了。愛與敵意這兩者並不是偶然地被連結在一起的，它們的連結是個社會變遷的結果：當愛與焦慮的高度希望關連上時，愛會反覆無常，並迅速地墮落爲苦澀的沮喪與冷酷。我們大多都偏好壓抑這類的洞見。

即使是家庭研究也長期對此視而不見，但我必須準備和警方記錄所透露的訊息取得協議。**愛是我們最偉大的成就之一，是男性與女性、父母與孩子之間關係的基礎——但我們無法擺脫它的黑暗面而同時能擁有愛，愛的黑暗面有時候立即浮現，有時候徘徊經年：沮喪、痛苦、拒絕，與怨恨。從天堂到地獄的路途短得超乎大部分人的想像。**

註釋

①也可參見 *Einstellungen zu Ehe und Familie*, 1985: 177.

②對於體外受孕（in-vitro fertilization）的科學說明請參見 Bräutigam 和 Mettler (1985: 54-68)。

5

Das Ganz Normale Chaos der Liebe

夏娃最後的蘋果

或愛情的未來

當家庭生活仍未能轉型成為每個成員的發現之旅，
當家庭仍阻止大人回復童真、自我蛻變，
那麼以婚姻來換取自己原先的家庭，
看起來就像是從一個陷阱跳進另一個陷阱罷了。

現在讓我們來找出通往那些私人角落的道路，在那裡，愛情、婚姻和家庭被聖化，被視爲隱密善變，而現代的基本教義派進行他們崇拜愛情的私人角落。如果我們能夠轉過身去，不顧整個議題，逃到別的大陸與文化，那麼事情將會容易多了。可是我們無可逃避，我們無法聳聳肩走開；研究愛情就有如探究我們的秘密神祇一般。**我們正前往私人內心的迷霧漩渦中，進入柏拉圖式的情感洞穴，滿是情緒的房間，盡是愛恨情傷的神殿。我們的目的地是假設每個男女都能找到自我的地方——一個由福利國家與勞動市場所設計建構的愛情殿堂與愛情小屋。**

此時我們感到有興趣的是未來，未來或許有助於我們了解現在，讓我們稍窺下個世紀之一角。人們如此熱烈地寄情於愛情，那麼未來人們將會如何？而那些矛盾的愛情觀又將如何？

有人認爲，在婚姻與家庭生活中尋求快樂，那就好像把梯子架在雲彩上一樣。現代與未來的人們祈望能共同綴補他們的日常生活，這卻是與科技社會所宣揚、所期待的日常生活背道而馳，那是一個講求效率、機動性與市場導向的勞動生活。在一個從上到下都依循訂定的契約、努力賺錢、符合他人期望的社會中，男男女女都必須變得毫不自私。他們必須相信童話故事，在這裡則是相信與某個特定人的關係——請填入名字。鸛鳥銜來小孩，聖誕老人送來珍寶，這些是家庭幸福的守護者；快樂的家庭乃是成天建造空中樓閣的人。

或許愛情與家庭真是一切「不是」(the nons)之處——不功利買賣、不計較、不剝削等等。或許這個不是(non-ness)並非只是時代錯亂或表面的裝飾，而是真正根本且關鍵性的說法，這樣的說法是一種拒斥，這種拒斥則成為一種取向的形式，而在階級系統或政治烏托邦中，我們已不再有這種取向的形式作為路標。如果這樣的說法有其真實性，那麼從歷史的角度來看，現代的核心家庭是一個相當脆弱的建構，很容易在壓力下瓦解，促成它且賦予其安定性的力量也正是瓦解它的力量：諸如工業化、市場經濟與科技進步等（參見第一章，「工業社會：封建主義的現代形式」）。

當然，人們可以宣稱家庭是不可或缺，甚至在功能上是必要的。可是就算有這個由社會學家所提供的最高獎賞也是於事無補，它所維護的只不過是男性的夢想罷了。我們不須多看一眼就可以知道，當這個脆弱的功能上的必要性被許多希望所壓垮時，會發生什麼事。只要劃一條朝向未來的線，將現代的發展再往前邁開一步。如果一切都沒改變的話，愛情的混亂仍是貼緊著現代的主軸在進行：平等、字句斟酌的契約、正確的方法與正確的理論，如果這一切都沒變的話，未來將會是怎樣——這乃是主要的問題。

樂觀的窺探未來，人們會說愛情和種植蘋果或簿記工作沒什麼差別。這種說法背後的觀念是這樣的：被視為是世俗性宗教的愛情，正面臨與其他宗教相同的命運；它正在失去其神話，轉變成一個理性的系統。基因工程和法律文件將會獲勝，這會是最有可能的結果。我們將會擁有的是市場力量與個人衝動結合而成的社會混種，一份愛情（或是婚姻，或是親職）的理想是可以計算、由醫學做最好處理而安全的理想。我們從現狀中已經可以看到這些徵兆了。

喚醒錯誤的希望：重回核心家庭

人們在討論家庭的未來時，常常從錯誤的前提出發。他們將大家熟悉的父親——母親——小孩的模式與一種「沒有家庭」(no family)的模糊概念做比較，或者假設另一種家庭會取代核心家庭。如果我們的分析是正確的話，那麼問題將不在於一種家庭形態取代另一種，而是一個接一個分分合合的生活形態。典型的形式將是個人會在生命歷程中經歷多種形式——單身生活、婚前同居、婚姻中共同生活、跟他人同居、一兩次離婚後的親子關係等等。

然而有一件事是很清楚的，主張回歸核心家庭，試圖以往日的模式作爲明日的模型，那將是個幻覺。許多人認爲，逃離婚姻與家庭乃是過度自我中心的徵象，我們應該有計畫地對抗這種現象，將女性帶回窩裡尤其重要。那些想要脫離傳統家管工作，丈夫支持者角色，追求自己生活的婦女，她們私人與政治上的努力自然會遭受懷疑與排斥。保全家庭的尺度以標準的家庭規範爲準則，這種規範是丈夫做爲維持生計者，妻子則是照顧家庭者，然後有兩、三個小孩——可是這是十九世紀初期以後才有的規範。儘管婦女努力追求解放與獨立，可是卻有強烈的相反因素要求她們回到廚房。

大多數的婦女都還無法獲得經濟上的獨立與職業上的保障。實際上，包括已婚婦女在內的職業婦女總數持續在上升，德國在一九八八年時，約有二分之一的已婚婦女有工作，未婚女性有工作者則佔五七・六%。有工作的男性則佔五分之四。①換句話說，這表示至少有半數的婦女仍然依賴丈夫的財務支持。日益攀升的失業率加上縮小的勞動市場，這些趨勢強化了傳統的性別角色。許多婦女從受薪勞工的職場上退下來，回復到接受家庭的支持，尤其當她們想要有小孩時更是如此。失業與想要小孩，這兩個因素穩定了傳統的女性角色，從極端的生命史模式看來，這兩個因素對強化傳統女性角色顯然相當有效。如果年輕婦女和男性一樣資歷不佳的話，他們將會發現自己再度處於教育和職業階層的底層。

一連串對母親角色的戲劇化說法，尤其是在制度面的做法，更是強化了在政治上將過去與未來混淆的做法。這種混淆激起了對職業婦女母親的批評，並且令他們良心不安。無法建立起良好的托嬰服務，或是好好安排托兒所的時間，以致於母親在工作與照顧小孩之間不能做出良好的協調，這些也會有相同的影響。在公私部門所展開的婦女追求權利的戰爭眞正涉及的是其他問題；一位狡詐的男性大可高聲頌揚母性的光輝，因爲他不會被迫在工作和孩子之間做選擇，也不需要爲自己的升遷辯護。托兒所時間的安排會讓職業母親難以擔任某些工作，這個細瑣卻有效的槓桿卻能不顧母親的意志，有助於回復古老的秩序。藉由阻止婦女進入勞動市場，這卻成了「降低失業水平」的工具。

人們希望藉由關閉勞動市場之門以保存家庭，他們卻忽略了那些人會牽扯其中。我們全然不淸楚，當年輕女性渴望有一份好工作，卻不能達成目標，當她們發現自己必須依賴另一半的經濟支持時，她們會有什麼反應。同樣地，我們也不淸楚，是否有相對足夠的年輕男性願意（或者其工作足以）挑起維持生計的重擔。現代婦女接受教育的機會日趨平等，這個系統上的因素令她們有所期待，可是在她們的期待與冷酷的事實之間卻是有差距的，這個差距滲入了她們的私人世界，激起許多爭論與衝突。顯而易見的是，現代夫妻必然背負一堆私人的爭執與辛酸，但那是現代社會加諸他們肩上的。乍看之下，職業市場的柵欄似乎撐起了核心家庭，實際上，這些障礙卻是滿佈在離婚法庭的迴廊，以及婚姻諮商師的候診室當中。

在這種情形下，婦女再度注定要貧窮。任何人想要迫使婦女退出職場，回到廚房洗水槽邊，都必須承認下面這個事實：那就是日漸升高的離婚率意味著婦女在社會安全體系的鴻溝維持不變。

這樣的事實讓我們清楚得知，試圖在公私生活上恢復以往的性別角色其根本錯誤為何。這種情形一方面違反了現代民主社會的法律立場，因為民主社會宣稱男女權利平等，個人成敗該依其成就而定，而非依其性別來決定。另一方面，這讓我們將家庭生活的劇變誤認為只是私人問題，而忽視甚至否定這些問題實際上是與社會變遷息息相關的。

讓我們看看平常一些挽救破碎婚姻的建議：參加「家庭訓練」，或者聽從專家建議慎選配偶；我們所缺乏的只是足夠的婚姻諮商，而所有困難將會隨諮商而消失；婚姻生活的真正威脅乃是色情片、合法的墮胎或是女性主義，我們一定要想辦法阻止這些事情繼續下去。諸如此類的說辭，完全罔顧社會脈絡與歷史情境。

借用韋伯的說法，現代化並不是一輛公車、一輛你在這站搭上，如果不喜歡就可以在下一個轉角下車的公車。真的想要將家庭生活回復到一九五〇年代的人，都必須將時鐘往回撥。想單純藉由補助母職，或發揚家管工作的形象來阻止婦女進入職場並不足以達成目的，還必須公開否定婦女的就業機會與教育。薪資差異必須擴大，而合法的權利則被取消。或許真正的麻煩是從普遍參政權開始的；因此必須阻止婦女取得任何資訊——電視要鎖碼、報紙要事先檢查。簡而言之，兩性在現代社會所公平分享的一切成就，都必須重新被界定為永遠只能由男性獨享。

平等意即你自己所擁有的：工作與家庭之間的矛盾

對婦女而言，另一種可能性乃是在一切社會領域中都獲得眞正的平等。平等權作爲現代社會的普遍原則應該眞正落實，我們應該克服在家務工作、議會、工廠及管理上的父權式區隔。在婦女運動的討論中，平等的要求常常與改變「男性的工作世界」相提並論。抗爭的目標包括獲得經濟上的安全、掌握權力、分享決策，甚至在公共生活上引進更多的女性價値與態度。可是平等的意義在此並無精確的界定。如果我們所追求的平等意味著每個人都是一個機動的勞動力，那麼這蘊涵著由許多單獨個體所組成的社會(a society of singles)。

現代生活背後的邏輯預設了一個個單獨的個體(Gravenhorst, 1983:17)，**因爲市場經濟無視於家庭、親情或伴侶的需求**。大家都希望員工能有高度機動性，而絲毫不考慮，當他們將市場擺在第一位，以個人身分生活時，必須付出家庭生活解體爲代價。當婚姻仍是男主外，女主內時，工作與家庭間的緊張仍然隱而不彰；現在問題會浮上檯面，乃是因爲夫妻雙方都有各自的工作。從市場角度來追求平等將會把伴侶變成競爭者和單獨個體，他們互相競逐現代生活的美好事物。這種說法並不只是想像而已；在德國及世界各地，單身家庭及單親家庭的數目正急遽上升。對想要在這種環境展露頭角的人而言，這種生活形式似乎是必然的。

一個人要獨自生活必須要留意一些既有的風險。重要的是，要發現並維持各種接觸的場合；維護一個友情的網絡，不可低估短暫聚會的魅力，就算那只是單身生活的樂趣之一。但是這一切前提都預設你要有一份工作，那是你的收入、自尊以及社會支持的來源，而這樣的工作還必須被小心照顧和保護。環繞著一個人自我的特質、優缺點可以建構起一個私人的宇宙。

這樣的努力愈是成功的話，那麼不論一個人多麼渴望親密伴侶，他愈不可能得到這種親密關係。一個單獨個體的生命會令他渴望去愛某個人，被某個人所愛，可是卻又不可能把那個人納入自己的生命中。這樣的生命只有在他人不出現時才有可能，在這生命中，不給他／她留下位置。一切規畫都是爲了避免感到孤獨：各種接觸按個人時間、日常習慣行事曆的不同需要來排定，精心策畫的行程讓你從社會生活中恢復精神，一切設計都是爲了降低人們在忙碌的外貌下感到的徬徨無助。可是當你愈是渴望與另一個人有眞實的關係，這種看似細緻的平衡就愈是不穩定。**每一份追求獨立的努力都將轉而妨礙親密關係，囚室之門將對孤獨者封閉，想要保護自己生活的人，則是在周圍的高牆上再加上一塊磚**。

這種單獨個人的生存形式並不是社會變遷所引發的特定效果；這種生存形式是完全市場經濟背後的原型(the archetypal existence)。根據市場邏輯，我們不會有任何社會聯繫，越是接受這樣的邏輯，我們就越不能維持緊密的朋友關係。因此這是一種弔詭的社會行爲，在這種行爲裡，社會接觸雖然頻繁，卻不能形成緊密的關係。

這樣的反省並非只是對現狀的描述，而是深思推敲而得的結論。然而不可否認的是，這幅圖像適用於愈來愈多的人身上，而如果兩性愈是要求平等的權利，這幅圖像將益爲眞切。包括婦女運動者在內，每個人都有權利期望，先前只有男性能享有的事物，現在婦女也能享有，並且肯定女性和男性一樣，都是職場世界有用的一員。然而他們應該了解，這條路並不是通往一個合作平等的快樂世界，而是通往分歧的利益與相互隔離。

後婚姻狀態的婚姻：離婚後的擴展家庭和系列家庭

有人說，若二十二世紀的人回顧我們這個時代，從二十世紀轉向二十一世紀的工業主義中世紀，他們將會竊笑不解：怎麼會有這麼多政治壓力團體，這麼多選民，各式各樣的主張合縱連橫。重要媒體上老是有一些議題爭論不休，可是預示一整個新世紀的變遷卻完全被擺在一邊，漠然處之。這些轉變在日常生活中緩緩發酵醞釀，忙於召開各種委員會甚至制憲會議的政客，卻完全無視於這些發展，但是這些轉變卻將影響深遠。令人訝異的是，人民專注著政府和政客的一舉一動，卻讓關鍵性的因素從後門悄悄溜走，那是會倒轉他們世界的因素。

我們很難解釋爲什麼會這樣，要找出其緣由，我們必須把工業社會所揭櫫的某些明確事物先擱到一旁。舉例言之，這就像在一輛行駛中火車上的乘客爭論著座位的安排，他們卻全然不知車速多快，駛向何方，自然也就不會對那些事情感到驚訝。

生活在工業化與資本主義的社會中，我們會覺得變遷是正常的。所以難怪我們會從政治上可行與否來解決問題，忙著掉換座位，卻忘了更爲重要的問題；奇怪的是，人們在忙於重組座位時，卻覺得他們有助於決定列車的路線，駛向的目的地以及他們想要停駐的地方。

讓革命性的概念能遍及生活常規的背後因素是什麼？其中之一是我們先前提到的：勞動市場上的平等，這表示每個人都能投入勞動市場，不再受到傳統工業社會所設下的性別角色限制。下面我們將探討另一個背後的因素，那就是離婚，離婚可說是新舊世代之間的旋轉門。

這樣的離婚毫無新奇之處；正相反的是，離婚表現了現代思想的典型，在我的生活中，沒有什麼是既定不變的，一切都是可以改變，可以作廢的。我們甚至可以說，教會所主張的婚姻是矛盾的，既是自由選擇，又怎會永遠不得取消。因此我們將婚姻的價值承諾回歸原點，將之視爲伴侶之間的協議。那這會怎樣呢？

從另一個角度來看，當離婚成爲一般正常的現象後，爲了調適兩性或代間生活所引起的痛苦或拖延現象，就可以另有出路。一開始這種情形仍是隱晦不顯，這是有其道理的。我們在建立一種新原則時，在它成爲最稀鬆平常的事情之前，常常把它說得毫不重要；我們常常假設某個行動是很尋常的，給它一個符合現代的口號或標語，卻掩蓋住它所造成的驚人後果。或者改變只是發生在個人的私生活上，影響到個人的婚姻和家庭，而且好像只有在放大鏡和慢動作鏡頭的考察下，我們才能看到這些影響。我們往往無法直接察覺到鉅觀的結構變遷；人們往往在事情發展的幾個世代後，才藉由統計數字了解到，他們是由正常的社會蛋卵裡孵化出來的產物。

在一般的社會迷思和短視的治療專家眼中，婚姻關係隨著離婚而結束（當然是在適當的痛苦處理過程後才會結束）。這種看法基本上是錯誤的，他們把合法的分手（性生活和空間上的）和婚姻瓦解的社會與情感狀態錯誤地劃上等號。家庭研究②正逐漸脫離以往膠著於家庭核心概念的無趣研究，發現了「後婚姻狀態的婚姻」(post-marital marriage)有許多令人驚訝的現象，不過還是忽略了「維持家庭關係的離婚狀態」(intra-familial divorce)之研究。③就好像有些斷手的人常不自覺地還想用那隻已經不存在的手一樣，離婚的人往往在離婚很久後，仍然活在婚姻的陰影下，分手後的配偶仍盤據在心靈深處，好似在哀悼他的離開一般。

只有把婚姻視爲是性、愛和同住關係時，我們才會錯誤地以爲離婚就代表著婚姻的結束。如果我們把焦點轉向物質支持、孩子的問題以及長期分享的生命史上頭，離婚顯然就不只是婚姻在法律上的結束，而是轉變成後婚姻關係的「離異婚姻」的新階段。

在這個階段中，離異的夫妻會碰到一個不受離婚撼動的層面。這是婚姻抗拒離婚的一面，在這個層面上，配偶之間會有激烈的摩擦，那些包括對孩子的共同擁有是不能分開的，還有做爲夫妻的共同回憶。這種共同生活時的負面印象會一直盤據在心，不論是他們還生活在一起，或是已經分開了都一樣：

我上次看到你時，你說的一些話真像是人孔蓋一樣，掀開我的傷口……「我希望我們的關係有一天能再度恢復正常」……天啊，那是你對我說話的方式?!我現在想要回答你，因為當時我坐在你對面，好似癱了一樣，根本說不出話來。聽好，我不想和你有同樣的期望。我不想在一個看似平淡而冷靜的情境下再與你碰面。就像兩個在愛情戰爭中的沙場老將有一天再度碰面，胸前掛滿了勇敢與諒解的動章，卻不再帶有激情促膝長談，這似乎是你所期待，愉快的一件事情。兩位曾上天入地相互追殺的倖免者，如今能一起坐在花園裡，和平共處；草地上的灑水器像一隻定著飛龍一樣旋轉灑水，你閒扯著工作上的問題時，我愉快地跟你的小孩玩耍，卻羞於談

> 起我的孤獨、我的貧困。你太太替我們上茶後，知趣地走開……你必須了解：這樣的景象會令我害怕！我也討厭人家說時間會讓我們平靜下來，就好像時間會克服一切一樣。為什麼沒有人站出來說，時間根本不能做什麼？時間根本不像人所想的是萬能的，好像我們什麼都不要做，只要安靜地離開戰場，就一切沒事了。我所經之處，不管是過去或未來，都不再有綠意，不再生機盎然。如果我只要像這樣一直寫信給你就能擁有你的話，我會毫不遲疑地這麼做，因為我跟你實在是太親密了；這樣一來，我就能保全我們，跟你聊天，享受我曾擁有的美好生活。(Strauss, 1987)

如果認爲合法的離婚行爲是作爲區別新舊婚姻的標準，那將無法了解婚姻是超乎家庭界限，重疊於其上的。離婚的人在許多層面仍然有所聯繫，那包括贍養費、小孩子和共有的生命史。

誰付給誰：當一個人離開一樁婚姻，又進入另外一樁時，生計維持者的觀念就瓦解了。對於一樁婚姻而言，可能是不錯的條件，對於兩樁或三樁……，可能變成永遠都不夠。**所以如果還是同樣的工作和相同的收入，那麼一個人再婚後，所能有的就是分享匱乏**(Lucke, 1990)。

親子關係被分割掉，但是並不能被終止。父母離婚後分開居住，可是他們還是父母，而且還必須重新協商，怎麼在日常生活中當父母。家庭於是被分割成可以取消的婚姻，以及結束婚姻關係後的親子關係，而親子關係則又分割成母子關係以及父子關係。後婚姻狀態的親職對抗往往很難妥協，常常需要求助於法庭的裁決。在形式上被劃分爲父母一方的小孩，實際讓他們父母親仍有殘存的「共同基礎」，維持一種無法結束、淡薄而又隱秘的家庭生活。這或許表示一切都看當事人怎麼做，可是當離異的其中一方想要搬遷時，他們才會眞正感受到事態嚴重，不得不重新協調。

從成人的層面來看，如果我們不能把法律上的離異與社會上的離異劃上等號的話，那麼對小孩而言，那更不會是同一件事。在法律與空間上，分手的父母還可能展開一個新生活，可是孩子卻可能要開始一種雙重生活，他們在身心上可能分別隸屬於兩個家庭，這兩個家庭又處於對立的關係，有各自的秘密，不同的要求，而當父母一方對另一方心懷不滿時，可能會把小孩當成達成自己目標的工具。

不管我們怎麼界定父母離異的小孩，他們對於不同的家庭會有多重的信念與情感，也不論長期或短期所可能產生的影響，小孩子象徵了婚姻的連續性與不可分割。就算家庭不再有個地址，小孩子代表了原先的婚姻與家庭。孩子終究無法與父母離異；他們所做的只是選擇跟那一方相處比較久，這也表示某種程度拒絕另一方，並且在這種情形下，試著與互有連繫卻不友善的兩個家庭一起生活。

因此只有在相當有限，而且在某種形式上，**離婚才有其意義。離婚是爲成年人設計，而不是爲孩子設計的**，更不是爲整個家庭設計的。從孩子的眼睛來看，他們父母仍是家庭的核心，儘管他們已經無法共營家庭生活了。離婚的父母必須在新家庭之外，或在原家庭的殘餘之外，來扮演父母的角色——可能是在公園裡，或是在咖啡廳待上幾個小時（那就好像各有工作，各不同在一處的夫妻必須安排會面地點一樣）。

這顯示了將離婚等同於家庭的瓦解乃是一偏之見，那表現了成人的一廂情願。認清這個偏差後，我們就能了解離婚割裂了婚姻與親子關係，就好像分裂了婚姻與家庭一樣。**離婚打碎了婚姻與家庭的結合，卻無法摧毀家庭**；原先的家庭對孩子自是眞實的，儘管他們不得不面對新家庭裡的敵意，但孩子只有保留對原先家庭的情感，才多少能覺得與親生父母緊密相依。

婚姻能夠取消，重來，家庭卻不行；家庭活在孩子身上，而孩子則跨越了新伴侶和新家庭的界線。相應於此的是，父母離婚後，孩子發覺自己必須與父母之一方一起在一個新家庭裡過活，對他來說，家庭的形象變得相當模糊不清；最少孩子對家的印象與其他成員的感受並不相符。這樣的孩子同時屬於兩個家庭；他們會有著難以化解的情緒糾葛，不過這也表示他們有著社會及物質上的有利條件及支持來規畫自己的生涯。

如果我們看看祖父母的話，那麼婚姻與家庭生活之間實際的鴻溝就更明顯了。如果離婚協議沒有處理好，那麼祖父母雖然毫無過失，卻可能失去自己的孫子。一般視爲理所當然的社會接觸特別會有這種情形。祖父母就像孩子一樣，他們體現了離婚分割後的家庭還剩下來的那一部分。

最後，當離婚成爲稀鬆平常之後，核心小家庭成員之間的關係也有所轉變。顯而易見的，社會性的父母和生物上的父母將不會一致，可是外人很難分清楚原先的親子關係。當離婚率一再攀升時，能與自己親生父母一起成長的小孩就愈來愈少了(Gross and Honer, 1990)。較常見的是，小孩子在混合家庭裡長大，來自不同婚姻的小孩形成一個新的、暫時而不再密合的家庭，兄弟姊妹甚至可能是來自不同的社會環境或族群。長期來看，離婚會有系統地鬆動家庭的生物性和社會性之間的連繫，在原有的小家庭，這兩個層面原是融合在一起的。我們甚至可說，當複製機器以其精巧的方法，施行無婚姻的人工受孕時，切斷了社會、法律與生物等層面的親子關係之連繫，可是隨處可見的離婚自動就達成相同效果了。

在多次離婚中，兩性與代間關係分裂而又重組，其中有許多値得探討之處。比如這樣一來會形成一個複雜的擴大家庭網絡，其結構外人根本難以理解。某種意義而言，離婚與個人主義的想法背道而馳，孤立了那樣的理念。但實際上並非如此，現在普遍的想法是，離婚只是表示一個人從一個家庭轉到另一個家庭，對於個人的私生活並沒有什麼影響。但是這種看法是有問題的，只有當我們忽視在家庭內與家庭之間各種重疊的層次，只專注於所謂核心家庭(nuclear family)之內核(nuclear)時，這種看法才可能成立。

成千上萬件離婚案引發了社會和家庭結構的劇變，可是許多所謂的經驗研究卻一再一廂情願地忽視這種變化。家庭研究一再以核心家庭的概念來思考問題，然後以大量資料來說明核心家庭的形態並沒有改變，有朝一日，這些研究將會發覺，自己除了是盲目經驗主義下的怪異產物之外，實在是一無是處的廢話。

夏娃最後的蘋果：男性的被迫解放

雖然大家都把婦女解放一詞掛在嘴上，有些個別情形甚至會在一夕之間攪亂原本平靜的家庭，不過我們卻很少聽到男性想要逃離他們原有的角色。當然，我們都看得到現在有所謂的中年危機，有長髮感性的男人、有單親爸爸團體、還有同性戀俱樂部。現代奶爸會幫孩子換尿布，卻同時是金融業的傑出人才。現在大家都很清楚，在陰莖、職業和火箭之間並沒有什麼必然的關係。要詳細討論這個主題，不可避免會把相關文獻重複一次(Simmel, 1985; Ehrenreich, 1984; Goldberg, 1979; Pilgrim, 1986; Theweleit, 1987; Brod, 1987; Hollstein, 1988)。

我們仍然不清楚的是，這個被強烈擊碎的男性外殼，是否已經被拋除，而又如何被拋除，而男性在思考自己以及自己在生活中的角色時，會變成怎樣的人呢？只能是身不由己的帶有男子氣概的人，或是與此正相反的角色，可是不管是那一種，都是誤解女性期望的失敗觀點。更糟糕的是，大家很少討論這個問題，而這一點也不令人意外。男性可能模仿婦女解放運動，或者典型的反應是認爲男性解放過於怪異、極端而不願接受，這一切都顯示了男性尚未釐清自己的立場。

在男性印象中，婦女運動的戰火搖擺於兩端之間，一邊是父權壓抑者、性機器，還有科學在瞬間對環境可能造成的威脅；另一邊則是懼內的先生、情感受挫者、精子捐贈者，以及孩子氣的家庭擺設。爲了要釐清這些典型的負面印象，有一點我們有必要特別加以討論。那就是黑格爾提出，而馬克思進一步開展的理論：主奴關係的理論。當代婦女運動把這個理論應用到男女關係上，但是有理由顯示，這樣的應用並不正確，而且從來就不正確。

從傳統性別角色分工來看，所謂男性作爲主人，只不過是說他不用做家事，可是他必須拿薪水回家，這就像是個奴隸。換言之，他在家庭中的虛幻地位預設了他必須是個依賴的賺薪水者。男性必須壓抑自己的興趣與疑惑，迎合上意，儘管如此，在許多時候，他還是得接受傳聞中的家長所支付令人難堪的價格，不管他是滿腹牢騷，或是默默承受。

男性屈從於雇用他的組織，他對工作的自我中心主義，以及他對競爭與工作的熱中，這一切都表現了他關心家庭的另一面。根據傳統的看法，男性的「家庭感」(Family feeling)不在於他對家務的關心，弔詭的是，他的家庭感表現在順服於一份工作，有助於家庭的實質收入。他的命運是一種利他主義的自我壓抑。他一再吞下苦果，但那並不是爲了自己的利益，而是因爲家裡有多張嘴巴嗷嗷待哺。

男性權力和慾望的外貌源自於工作世界的白老鼠賽跑。在傳統社會結構裡，男性不能直接去持續他的性渴望；只有在婚姻的床上，他才能合法享受性愛，滿足那莫名的衝動渴望。然而通往婚姻之床的道路卻必須通過工廠大門，以及男性在身體上及象徵上必須承受的負擔。理想的男性行爲是，能夠抗拒並昇華自己的性慾，有一技之長能克服世界，能在無名的組織機器中找到一個位置，做一個毫無個性的員工；只有如此，他才有機會探索發展自己異化的人格、柔情、性與愛的需要。男性文化是一種壓抑而又受壓抑的文化，因爲男性文化的必備條件乃是抽象、追求工作上的成功、兩性之間完全對立又互感興趣、自然能形成愛情。最後，除了日復一日的折磨之外，生命已一無所有。男人就是男人，工作就是工作，就只是這樣。

兩性關係並非主奴關係，我們可以從下面的事實得到了解；一位主人需要一個奴隸，可是在婦女解放的年代，一個男人不再依賴一個女人，精確一點說，是不再依賴一位妻子。在兩性之間爆發的權力鬥爭，男性手上的牌相當有利；性與愛和婚姻及物質支持不再緊密相連。男性大可說，「性與愛、好，婚姻、免談」，而他這麼做還算是助長婦女運動。不想一輩子供養一位沒工作婦女的人，必須要求伴侶也有一份工作，這樣一來就同時促成兩件事：他的女友必須有經濟及社會獨立的能力，而他自己則擺脫了維持家庭的重軛。

從這點可以清楚看到，男性解放是被動的，因此也是安靜無聲的。男性默默享受女性放棄而強塞給他的事情。男性無須逃離才能嘗試另外的世界：屬於工作、科學和政治的世界，可是女性必須擺脫家庭主婦及母親的角色才能接觸這個世界。男人的背後一切皆備；那是個舒服的世界。然而當婦女主動爭取性自由及專業認可時，她們同時讓男人擺脫了舊有的責任。婦女解放所沒有預期到的結果之一就是男性的解放。男性不再是唯一會賺錢的人？很好，這表示女性不再能夠要求經濟上的支持。女性發現了她們的性需求？很好，藉由婚姻對性生活的獨佔性所構成的保護傘不再有用了；周圍自有許多投懷送抱的女子。伴侶關係、性、愛與感情，這一切都不再與一只婚戒緊緊相繫——也不再看顧女性自身的利益。

就此而言，男人雖然並不清楚因客觀因素而具有的精明，可是他們大可鼓勵女性追求解放，當然並不是依任意方式解放，而是作為男性解放代理者之婦女解放。男人滿懷好意卻又目瞪口呆地鼓勵婦女反抗傳統角色，他對自己的解放就好像是個旁觀者一樣。男人不再是唯一賺錢的人，這樣男性的解放恰如熟透的蘋果一般掉落在他膝上：夏娃最後的蘋果。讓別人去嚷嚷，只有要求女人在家打雜，才能重振以往「城堡國王」的角色。更讓別人去嚷嚷，反對婦女解放，心胸狹小的男人顯然毫不清楚自己的處境。

男性尚未了解他們的好運隨附的不幸，這份送給男人的禮物當然是有問題的，婦女解放不可能與男人無關，而且是直接針對男人的。那是一份空洞的自由，接枝在別的東西上頭長出來的，一點都不是眞正的自由。男性發覺自己坐在世界的中心，那卻是個不再存在的世界。女性主義砲火的煙硝在他上空環繞。樑杜傾頹，男子氣概這座堅實的殿堂崩潰瓦解。男性覺得，他們首要之務是當作什麼都沒發生，而生命仍如往昔般美好。如果有必要運用力量的話，也必須是隱藏的力量。或許現在還來得及採取一些對策來挽回女人，因爲以前對她們太糟了。

因爲女性革命，男性已無須負擔生計，這卻無關緊要。是女性自己選擇要這麼做的。他們不由自主地想要成功，盡其可能地成功，「讓我們完成它」，這樣的執念破壞一切眞正的樂趣，包括他們自己的樂趣在內，然而這也是無關緊要。因爲男人就是這麼做的。

以往一切事情都匯集到一個點上——工作，忍受它，然後一直做下去——突然間，工作卻成了什麼都不是，只是鉅大的空虛。**那個以辦公室的盔甲，體面的制服裝扮出來的笨鵝，就是你知之最深又一無所知的自己，你應該脫下他的僞裝，發現**

他、感受他。你只須停下來一下，就能用你的雙眼來一次橫貫大陸之旅，看看你自己的生活和身體。

這可能意味著男人將會野性大發，逸出常軌，顛覆家裡與工作的機制。他們可能顛覆一切，質疑例行工作，追根究底，不願接受既定形態，他們變得喜愛反叛，違反本性。或者事情會變得更糟，他們開始會在別的事情上形成一種模式，而以往他們在處理這些事都像是寄生蟲一樣。家事不再特別強調乾淨整潔。一個男人可以忍受床底的污垢到什麼程度？或許有一點骯髒是蠻不錯的。或許襪子上的破洞算得上是變化的過程。或許隨便亂擺的內衣褲，旁邊配上吃剩的乳酪三明治，加上一片髒兮兮的豬肉，會是不錯的藝術表現，像約瑟夫•貝烏斯(Joseph Beuys)這樣的藝術家一定愛死這種想法了。或許他的作品，「油膩的一角」(Greasy Corner)只是關於男人對美與家事觀念的薄弱表現罷了。就讓事情這麼開始試試看，讓那些髒亂檔案排排站，互相攻擊嘲笑，插入躲在離秩序些許之距的混亂中。可是生活，就只是開始生活，而且永遠不再停止。男人仍一廂情願地相信他們生活在怎樣的眞實世界中，卻沒注意到那個世界已經煙消雲散了。

下面的講法更接近事實：所謂「年輕的成年男子」越來越不想和沒有專業訓練的女性結婚。同樣地，許多男人已經改變他們對於婦女解放的態度和對策。男人假裝態度開放，心胸開闊。如果說「甜蜜的家庭」已成過往雲煙，那麼舊秩序的新焦點也已經被標示圈定了：那就是孩子，以及孩子「不能沒有的」母親。把婦女議題轉變爲母子議題，許多婦女也主動參與這個議題，如此一來，許多男人覺得可以往後一靠，再一次舒適地窩在沙發上。

可是男人享有的這一切並非眞的是免費的，就在離婚這件事上頭，當親子關係一分爲二，而母職對抗父職時，男性終將付出代價。男性這時候好像突然重新發現他們的父性，可是以往在婚姻中，他們好似有法律撐腰，可以理直氣壯地在家庭生活中缺席，現在他的父性情感也將因此而遭受重擊。迄今他仍快樂地活在這倒轉的不平等當中，如今父親將成爲這種倒轉的不平等之受害者。不管是在法律上或是實際上，現在都是媽媽說了算，爸爸現在能得到的只是媽媽願意讓給他的權利，通常都是法律所許可的最底限。

當一位父親並不困難，可是當一位離婚父親就不容易了。當一切都太遲的時候，賦予家庭生命的是孩子，孩子成爲所有希望和努力的核心；孩子得到關注與大人時間的方式是，當婚姻已經完蛋時，大人會說「雖然我眞的願意多花點時間陪他／她」。離婚讓男人面對他自己身爲父親的感受；他終於了解解放的意義，可是太遲了，一切正悄悄溜走，他只能徒留感傷。

如今一切都轉過來壓迫他。他將逐步面對離開家庭生活的代價：身不由己的孤獨，飽學的無助，法律上許可他跟孩子相處的時間，他最近才發覺的父性好像被不公平的囚禁住，父親的情感面對的是囚室的柵欄。陣陣憤慨、痛苦和辛酸衝擊著他，這表示他必須自己努力擺脫過時的思考與生存模式。

嚴格說來，在許多層面，古老的亞當（男人形象）幾乎都是不合時宜。那像是舊有男性氣質的觀念的遺物，幾乎可以擺進博物館展覽了。麻煩的是這個形象還想要發言：應該把女人趕出職場，這樣男人才能宣稱工作是男人生命的柱石。在生小孩這件事上頭，丈夫必須憂心，精子捐贈者、醫生和試管的合謀，逼他退出這場競賽。女性對他的老二是不是夠大，房事是不是超猛已經沒多大興趣。男性還是可以繼續活在虛幻中，可是這樣的虛構已全然瓦解了，他們不由自主且痛苦的失落感正可以讓他們解脫，尋求一種新的生存方式。實際上男人並沒有注意到這點，抓住這個機會，可是這並不會讓夏娃最後的蘋果變得甜美多汁。

離婚是婚禮的來賓：婚姻契約

遍及於核心家庭的問題看起來像是個人問題，但是這些問題有其普遍性。很多人說人們越來越吹毛求疵了，可是反過頭來也說得通；核心家庭已經碰到嚴重的壓力，可是大家還是期待它能承擔一大堆公認的責任。大家錯把核心家庭當作國家的垃圾場，這種說法看似誇張，卻相當真實。我們可以看看下述的事實，大家期望父母能在家裡好好教導孩子，以彌補老師員額不足的問題。污染的空氣、水源以及食物中殘留的毒素，這些都大大增加父母，尤其是母親餵養家人的負擔，因爲這表示母親必須從菜單上剔除一些食物，而那是由政府當局、專家和企業合法同謀傾倒進她廚房的垃圾。養兒育女必須好好規畫，要配合工作與社會安全體制的要求。如果失業津貼沒了，家人要能共體時艱。如果有工作意願和工作能力的家人無法符合市場機動性的要求，不願接受遠離家園的工作，那麼政府當局大可懷疑他在逃避責任，而取消他某些權利。

在現代的醫藥箱裡有幾帖良方來處理這些「小毛病」，藉由一些協議、契約、訓示與諮商課程來診治這種家庭「感冒」。麻煩的是，人們原本希望找到家庭和諧的地方，卻有一大堆不安定，這使得規畫、操控和論辯變成不可避免的事。醫療反而變成它要治療的疾病的一部分，家庭不再是感情的天堂，不再是互相讚美的寶地，家庭變得像是外面世界中的組織編隊。**戀人之間的契約貶抑了他們的愛情**。

婚前協定並不是什麼新發明；以前在貴族之間就有這種東西，他們簽訂複雜的條款來處理財產和權利的分配。然而那並不像現代的婚前協定，不關結婚當事人的事，而是雙方家人的責任，新娘的父親有責任要提供嫁妝，新郎的家庭則必須提供財產支持婚姻。這些婚約協定的重點跟今天婚前協定所追求的東西沒有太多關連。現代婚前協定的重點常常是在規定離婚時要怎麼處理，以及確立日常生活的準則。

現在很流行婚前契約，這正反應了人們對結婚是感到多麼不安。這份文件的條款越多，越是顯示簽署者多麼害怕陷入協定所想彌平的深淵中。離婚不再是例外，反倒成爲規則，每個人都要面對離婚可能對自己以及親近的人所形成的影響。每一個過來人就像船難的倖存者一樣，在下一次航行之前都會準備好救生衣。這件救生衣就是雙方簽下的婚前協定；這件救生衣並不能避免船難發生，但至少能把災禍損失降到最低。

走過離婚悲情的大人，或是兒時曾經歷離婚陰影的人，他們現在跟新伴侶協商，就像政客在同謀結盟一樣，這難道不令人感到驚訝？合適的結局是起頭的贊助者。人們好似期待可見的問題將會發生；甚至在雙方步入結婚登記處之前，所有關於結婚及婚後的微妙問題都必須被納入安排。重點在於誰能拿到什麼，誰該付贍養費；甚至在小孩尚未出世之前，關於小孩的戰爭就已經開始，事先說好如果離婚的話，雙方對小孩子的權利是什麼，同意怎麼養育孩子以避免爭端，這些安排好似希望問題發生時，不會有太多痛苦。協定的內容還包括要不要有共同嗜好、假日如何安排，以及特別凸顯要發展個人的潛能。訂約的戀人常會同意互相支持對方發展雄心壯志的約定：如果我在事業上支持你，你就要讓我擺脫家事，獲得適當的專業訓練。

有些約定的內容鉅細靡遺：房子要怎麼打掃維護，誰該擦鞋，誰該做早餐；怎樣的性行爲是可接受，怎樣是不可容忍的；誰該配合搬家；什麼時候生小孩；誰來照顧小孩，誰願意同時照顧小孩又整理家務。這一切甚至更多的內容，都可以在公證人的公證下簽訂協議。人們可以想見，陷於家務爭執迷霧中的夫妻熟讀這些條款，希望有助於化解雙方的誤解。

愛人之間如此嚴肅規畫該怎麼結束，實在是赤裸裸火辣辣，而又充滿諷刺意味；雙方約定將來會採取協議離婚，保證不讓離婚變成鬧劇，尤其不要在孩子面前上演；他們想把離婚看作是「生命自然的產物」，而不要對這個問題有太多爭議(Partner, 1984:128)。有些人甚至主張，在離婚時舉辦一場比婚禮更大的盛宴，以資慶祝。我們不禁疑惑，在這個「圓滿離婚」僞文明觀念背後，眞正隱含的感受是什麼。

一份「感情契約」，契約婚姻無疑是面對問題的答案之一，可是這種婚姻也包含促使它自身滅亡的元素。從來就不能被買賣的利害關係，現在卻成了「公開交易，它讓夫妻雙方在有難解的爭端時，就會輕易以此互相攻詰。這種自願的契約婚姻會有怎樣的過程與發展？據我所知，這方面還沒有相關的研究。但是我們可以假設要結束這樣的婚姻是比較容易的，這就會鼓勵當事人考慮早點結束它。婚姻變成暫時滿足雙方需要的租用關係。

「治療」或「保全」家庭的方法形形色色，其中有許多是現代社會試圖綴補其自己引發的傷害之手段。比如為了補償家庭主婦工作的地位低落，所以該付給她們動人的薪水。在德國，結婚是少數無需職業訓練的職位；也許我們應該提供訓練課程，還頒發結業證書（這樣一來可以增加失業教師的工作機會，提升夫妻吵架的品質，讓兩位準精神科醫師用半眞似假的心理學術語，優雅地傷害對方）。每一個失足陷入家庭生活困境中的人，都可以依賴婚姻諮商專家的同情和帳單過日子。

總是相同的模式：家庭以前是外頭冷酷無情世界的對立面，如今卻變成那個世界中可以預測，設法管理的一部分。在政治對家庭生活的改造過程中，還沒有出現這種情形，可是婚姻生活的風險已逐步接觸到相對的平安保險。這相當合乎邏輯，**不論是政治承諾或是烏托邦的期待，這些都不能幫你洗碗盤，也無法讓你可以不顧另一半的抗議去追求自己的目標。離婚越多，契約就越多，結果是離婚更多。最後愛情悖離它原先尋求安居之所，愛情只沈浸於自身之中，倏忽無常。**

親子關係是一組建材：基因工程與設計後代

直到最近，家庭都還是自然的產物，血緣關係決定社會性和財產的繼承，建立起親屬關係等等。現在對於這點已有越來越多爭議，因為科技改變了人類本質的自然基礎——藉由複製醫學、器官移植與基因解碼等科技。現在大家都非常關心日漸破壞消逝的環境，也就是所謂消失中的自然；弔詭的是，生命科學進展神速，產生一個非自然的世界，但是大家卻很少注意到這件事。在自然與家庭之間古老的臍帶已經斷裂，我們卻無法考察其後果，只能充滿疑惑地忖度。總的來看，現在有兩種主要的想法。

第一種看法認爲，原則上這種發展對母職或父職並不會有什麼改變。自從啓蒙時代以來，人們就已經努力要征服自然；就算我們現在能夠影響人類的製造過程，可是這同樣是利用科技來追求同樣的目標，這與啓蒙時代以來的態度並無根本不同。科技的進步總是有其風險的，我們當然要注意這些問題，可是科技進步也開啓了人類發展新契機。這些技術宣稱，我們可以在嬰兒胚胎初期，就處理某些先天疾病，或者幫助不孕夫妻有更多機會擁有自己的小孩。更進一步看，自然的親子關係早已和社會法則的親子關係糾結在一塊了，孩子跟生身父母一起成長的機會也就愈來愈小了。

我個人則贊成另一種看法，那些主張事情一直都是這樣的說法，實際上是以普遍化爲託辭，在這樣的藉口下，將新技術偷偷挾帶進來，而不願面對令人困窘的問題。在實驗室裡，被處理的對象看起來都沒什麼差別，不管那是來自人類的東西或是來自動物身上的，對大家來說都一樣。在那裡，人們可以無動於衷地改造人的特質，而不必解釋他到底對前胚胎細胞動了什麼手腳，所以我們在實驗室裡看到新科技引發的新問題層次。可是從社會學的角度來看，新層面的問題及其社會意涵就相當明顯了。雙螺旋、基因分析、基因改造法、同種或異種受孕，這些技術使得原先社會普遍接受，母性與父性是人類不變天性的說法，可能會蕩然無存。

在處理細胞與細胞核的生化科學當中，我們可能難以清楚看出這個劃時代的改變，可是我們可以清楚看到，這些新科技將會對家庭與親屬系統造成巨大變革。以前社會性的親子關係與生物性的親子關係是全然等同的，現在這之間卻被分解爲一系列的階段，一端是自然的過程，另一端則是像一組建材一樣結合各種要素。認養或離婚也會消除生物性親子關係與社會性親子關係之關連，可是這與現有運用科技精心操控的方式並不相同，以往人可能被生成什麼樣子一直都是在一個家庭裡面的事，現在藉由科技的操縱，這些可能性還不只由家裡產生，且更爲多樣化，有更多的選擇。

從家庭社會學的觀點來看，這樣的發展是兩面的。社會性的親子關係將不再以生物性爲依據而可以任意爲之；成爲父母和擁有孩子變成兩碼子事，可以毫不相干。在生物層面所關心的是精卵的選擇與結合，但是成爲父母卻可以不涉及生物面的問題，而必須加以重新界定。技術上來講，絕對可能把繁衍下一代的工作跟家庭完全分開，我們可以在醫院裡安排這件事，或者以某種標準選出一群女人完全負責生產工作。這看起來像是科幻小說，卻是我們未來的方向。

從另一方面來看，親子關係已不再受限於個人自己的基因結構，這件事所開展的可能性遠超乎我們的想像，當現實已奔向遙遠的未來時，我們的想像力就像是掛在上面的可憐蟲一樣。不久的將來，大家會覺得事先決定小孩子的性別、外表與疾病狀態是理所當然的事。胚胎移植、試管嬰兒、呑一顆小丸子就能生雙胞胎或三胞胎、從政府監督下的專門機構購買冷凍胚胎——這些事有的已是稀鬆平常，有些則只是早晚的問題罷了。

一旦我們可以做出試管嬰兒，那麼什麼是母親、母職？以往有些婦女視母職爲其天性，試管嬰兒會對她們形成什麼影響？誰是這個孩子眞正的父親、兄弟姊妹、叔伯舅舅？在美國，人們已經可以將自己的胚胎冷凍，等到工作穩定後，再懷孕生產；或者將自己的胚胎植入自己母親的子宮，讓她受孕生產，這使得母親和祖母變成同一個人，而孩子則成了自己媽媽的弟弟或妹妹。這有何不可呢？長期而言，誰能阻止這種事情的發生呢？如果這種做法可以明白保證兩件有利的事情：婦女能專心致力於工作上，然後嬰兒的出生率又能配合人口成長的需求，可以滿足市場的需要，而且確定有足夠的受薪階級保障國民年金的支出，人們會因此而心動不已。

事情已有失控之虞。研究複製醫學的醫生大聲疾呼：「你們有選擇的自由！那是你自己決定的……我們所做的只是減輕你的痛苦……你並不必要接受那種痛苦……沒有人強迫你做什麼……就算這個技術本身都是相當中性的，我們只要小心行事即可。我們會不惜任何代價阻止技術的濫用；我們的法律系統和負責的科學家都會關心監督這一切事情。」

讓我們暫時假設這個很不可信的預測是眞的。讓我們假設眞的有法律會阻擋這股科技浪潮（實際上並沒有）；讓我們假設正反雙方突然間都可以充滿善意，互相尊重，很不尋常地坐下來好好討論，而不會相互出言恫嚇。這些完全不切實際的看法顯示，後家庭社會(a post-family society)的藍圖已然浮現，當然是在患者有權選擇的前提下；醫學進步相當驚人且毫不歇止，這助長了家庭生活的重新設計，並且以新的基因控制法賜福這個新設計。結果會是一個新世代，在此所謂親子關係與自然過程全然無關，生物學單獨起飛，這令我們更難以決定界限該設在什麼地方，而社會什麼時候該努力保衛自身。

沒有任何政府的干預，沒有法案的起草，也沒有國會中的爭辯表決，這場革命只是在醫學進步中默默發生。這場革命當然受益於我們的全民健康保險制度，因爲它替患者付錢給醫生。明顯可見的是：基因工程師和研究者並不管後果。只有社會才能決定，是否要運用這一大堆唾手可得的技術。

> 社會會想要這麼做。首先是那些真的為先天疾病所苦的人，其次是有退化性疾病的人，接著是那些容易受到感染的人，然後就是那些看起來不太健

康的人。最後可能施行於每個人身上。這就像其他的產品或服務一樣，最好能把所有人都納入考量。一旦它敲開市場，進入大衆的心裡，喚起個人的期望與需求，它就成為一種被需求以及被使用的產品。倫理考量並沒有權力阻止消費者的期望。總之，先是害怕自己患病或者有缺陷，再來就可能是優生學上的考量。先有東西吃，再談道德問題吧。

全面現代化，這樣的盛典可能只有到下個世代才會來臨——不過卻是無可避免的。上一代對下一代的責任不再只是提供最好的成長環境。當受精卵在子宮著床時，父母的責任就開始了。因為每一個血友病者都是保險繳費者的負擔，所以每個胚胎在還只是個細胞時就應該接受基因掃瞄。一旦診斷出有不良情形，就可以選擇流產或是加以改善，這就是胚胎治療法。可是為什麼只限於處理先天疾病呢？父母的願望終究會被考量，並傳到胚胎上。你希望孩子的頭髮是金黃色還是褐色，你希望他長得有點胖還是不要太高？一切都能事先安排。不管怎麼樣，就算你可能當時因為傳統的生產衝動，而跟某人結合，你一樣可以運用這些科技設施。（Gabbert, 1988:89-90）

④

年老的康德曾說，人類只是一根彎曲的棒子，在基因天堂裡，人們可以按照自己的想法、信念與擔憂將這根棒子拉直。或許人們會期望將愛情與繁衍後代、親職與感情分開，甚至進一步讓它們各安其位，各司其職。一些社會有人口減少的問題，而他們無法依靠碰運氣結婚生子的方法來解決這個問題，所以他們會覺得上述的方式似乎是蠻可行的

消逝的點與暫時的身分認同：超越男性與女性的角色

讓我們假設我倆，你和我，可以有一個任意的願望。我們想要做什麼都可以。我們如何擺脫這個不知所措的狀況呢？

我們已忘了如何許願，想像力的貧乏淸楚暴露我們對烏托邦已不抱任何期待，我們的悲哀遠遠超乎我們的想像。我們已經拋棄傳統及其所代表的希望，現在我們甚至把對傳統的記憶，對另一條路的記憶都給丟掉了，也就是拋掉那令整個隊伍和民族能動起來的超越性的目標。現在，探求烏托邦的行爲令人覺得愚蠢可笑，就算是探求積極正面的烏托邦也一樣是蠢事。首先，烏托邦已經失去其誘人的光彩；其次，烏托邦已經成爲錯亂地（utopia與dystopia的相對）；最後，一般已被啓蒙的歐洲人已顯得過於理智而不會想望烏托邦的世界。那麼我們所失落的究竟是什麼？而

那些眞正威脅我們的失落感在什麼地方使一切都顯得黯然失色？

爲何大家普遍有一種無助感，覺得一切都太遲了，這使得人們覺得一切都是徒然的，不願多想，因之也就壓縮我們想像的空間。感到無助意味著你心中暗暗相信一切都是有用的。對另一種質疑式的思考而言，無助感反倒能產生解放的效果。就好像我們可以想見，在戒嚴時期，人們會有非法掠奪之舉，因此在坦承失敗的情形下，我們可以以另類世界的觀點來想像，而不必受限於僵化的事實。但是人們還是目光短淺地在思考，這實在是創見的喪鐘。

怎樣才能讓你與他人共享一份雙方互蒙其利的生活？讓我們無拘無束地尋求答案，而不要事先就受限於是否可行的考量。

就算只是一份期待的想法也必須好好安排。有兩個層面是特別值得提出來討論的，首先是在本章所談到的，那些攪亂兩人相愛的外在因素——雙方面在追求自我上一直是不平等的。其次則是下一章會談到的，在後傳統的愛情中，原本就會有的一些騷亂（這是第六章的主題，我們討論名叫愛情的世俗性宗教）。

讓我們從一件簡單的事開始談起：如果兩個人的生命是沿著同一條軌道前進的話，那麼要如何安排兩個生命史。換言之，現代社會是一種游牧式的生活，在日常生活中、在假期、在工作裡，我們無時無刻不在移動，因此我們必須找到煞車機制以建立生活的節奏。我們必須限制移動的情況，就好像必須限制經濟成長一樣。如果可以重新找到怎樣生活能夠不那麼匆促，更能感到自足，對於改善我們的社會生活，將是邁開一大步。

將工作與收入分開，這種想法雖然不具革命性，卻相當符合社會民主制度（就好像交通流量管制一樣），我們或許可以優先考量這種做法。當一個社會已經相當富裕時，最少它可以夢想人們不必再爲了求生存而工作，它可以擺脫歷來社會這種必要工作的要求。從這個方向來思考，首先會引起爭議的一定是國民年金、年金給付、將社會安全制度與薪資收入分離等問題，這最少讓人們有時間可以考慮，是否一定要工作。這可以減緩人們被迫選擇到底要工作，還是要家庭的緊張感。至少這讓人們有嘗試共同生活的餘地。

在私人領域中，夫妻雙方常常是沒什麼方向感的，而我們也常常忽視，兩性不平等並不只是一個表面議題，那不是靠當事人就可以簡單消弭的。這些根本的不平等實際上是工業社會體制的一部分，它反映在人們對家事與工作態度的差別上。實際上，現代社會變遷與反應結構之間的矛盾乃是我們社會的基礎，而只是讓人們有權在家庭和工作之間做選擇並不能消除這樣的緊張。當男女雙方都屈服於維持現有階層之壓力時，是不可能有兩性平等的。唯一的出路是重新思考整個工業社會結構，考量我們需要滿足私人生活，找出免於性別障礙的新平衡，而重新組織整個社會架構。「回歸核心家庭」、「讓大家都有工作」，這些虛假的改變並不足爲取，我們應該尋求第三種可能性，限制並降低市場要求，以便讓我們作爲社會動物的需要能被接受並得到滿足。

這個原則與我在第一章所做的解釋正好相反。當家庭變成是個人組成的社群，隨之而來的歷史進展乃是，在家庭中，生產與私人需求被劃分開來。這樣的安排注定會構成一些困難，我們只有重新做一些安排，讓夫妻共同的生活能結合生產與私人需求，才能解決那些困難。

我們以搬家爲例來做討論：首先大家都可以接受要盡量降低搬家所帶來的不良影響。因此大家總是理所當然地認爲，通常是男性個人需要搬家，而後是家庭，包括妻子要隨他遷移。當事人唯一的選擇似乎是放棄妻子的工作，長期下來會對女性有所影響，若妻子不放棄工作，則會形成分裂家庭，這往往是造成離婚的第一步，而社會則說這是私人問題。互助合作的遷移應該是比較有幫助的辦法，如果雇主想要某個員工，那就應該把他／她的配偶也一併納入考量。

聘雇當局有必要安排職業諮商，並且爲整個家庭提供服務。廠商和政府不該只是把家庭價值掛在嘴上，而應該提供確實有益的幫助，結合數個組織提供互助合作雇用模式或許是有用的辦法。同時我們可以研究現存的期望是否能不被降低（比如兼職的學術工作市場），而讓人們可以一直待在家裡。法律應該認可，人們可以有權利在考量家庭及親人的因素之下，選擇不願意搬遷，人們在考量是否接受某個工作時，應該把是否會有危害家庭的因素納入考量。

不過若我們看看當前居高不下的失業率，建議大家盡量不要搬家似乎非常不切實際。別的方法或許也能達到類似效果，比如消除一定要有工作的壓力；這表示提供每個人最低限的收入以加強社會援助，把對老年人的照顧與對職業災害者的照顧區分開來。將過於緊繃的情勢稍加鬆弛其來有自（福利國家的縮短工時保證）。既然大量的失業迫使數百萬婦女加入求職行列，可是精簡的組織只需要少數員工就能增加生產力，這個議題遲早會納入政策考量。

重視家庭，降低市場壓力，這只能解決部分問題。人們必須探求如何再度共同生活。再無規則可循，沒有往例可供參考，所以只要有機會找出新方式，都應該要得到當事人的同意。那表示當你渴望某種關係，雖然那可能是自然而然形成的，也應該更加以重視，並且找出讓這些關係可以成爲支持系統，有助於你追尋自我，而不會陷入往常家庭關係會形成的障礙與困境中。

像友情這種不那麼激情的觀念值得提倡，友情是兩人由誠懇地交換想法，謹愼尋求可以信賴的伙伴關係。友情不像愛情那麼迷人又充滿危險性，卻更能持續久遠。就像亨利・米勒(Henry Miller)所說的：「**朋友讓你有如千眼之人，就像因陀羅女神一樣。藉由朋友，你可以經歷無數的生活**」（引自 Schmiele, 1987:162）。

友情不會自己從天上掉下來，在你年輕時，也不會那麼容易就獲得友情，我們必須小心保護友情，避免它遭到各種可能威脅市場生涯之離心力的傷害（就此而言，很像兩種職業的結合）。在困難時刻相互扶持，敞開心胸接受建設性的批評，分享生命中的酸甜苦辣，包容對方的缺點與不是，這一切都可以讓友情一再獲得生命力。友情中的相知相識是比較鬆散的形式，兩者交織在一起的生命可以幫助個人的生命形成一副安全網，有助於減輕個人的限制和疑惑。換言之，人們應該努力發展一種親密關係，既能滿足個人的生活，又能避免其所引起的不幸與愚蠢。其中最值得一提的是：要同時能夠保有親密關係又有自己的空間，這表示個人需要的是自己的伙伴，而不只是一般朋友。

現代是由個人組成的社會，已不可能回復到以往社群生活的形式。我們所需要的是一種新的生活形式，既可以讓我們分開過日子又共同在一起生活，這種生活方式既要經得起伴侶雙方的考驗，又要爲都市規畫者、建築師和地主所接受，這樣子每個同伴在同樣的距離內，都能退回自己獨立的角落，又可以找到自己的同伴，可以離開團體的壓力與標準生活模式。

也許這是某種後工業啓蒙運動的初現徵象，擺脫某些工業主義的毀滅特質。大家所強調的新價值像是自覺、分享、愛護他人、身體、自然與萬物、找出相同的波長、發現自我、安靜獨處、開放討論、做家事、希望有朋友陪伴、支持且批判個人的生命歷程。這些觀念並無特別新奇之處，不過卻著實挑戰僵化既定的家庭生活模式，也就是工業化加諸於我們身上的模式。你如何能把探求自我，設想的暫時性身分認同與舊有家庭角色的僵化規定結合起來：好好先生與父親、賢妻良母、乖小孩？

從某方面來看，時常被迫遷移，眼中只有工作，這令我們將家庭視爲私人生活的中心，而不是鄰里、氏族或社群。但從另一方面來看，人們就很難逃脫僵化角色的限制，這使得家庭生活成爲一種維繫安定的力量，一個需要可被理解而個性可被接受的地方。就此而言，這阻礙了我們去探詢我們究竟是誰，這個問題與我們從何而來正好相反，而這樣的探詢必須持之以恆，不怕嘗試。家庭並不是一隊童子軍，四處探索未知的地區，漫遊於尚未被發掘的自我新大陸，搜尋出我們內心各式各樣的自我。

當家庭生活仍未能轉型成每個成員的發現之旅，當家庭仍阻止大人回復童眞、自我蛻變，那麼以婚姻來換取自己原先的家庭，看起來就像是從一個陷阱跳進另一個陷阱罷了。「我們要求孩童的權利！去他的一定要長大的陳腔濫調！」這種訴求正合於上述的方向。開展家庭，以讓家庭成員能追尋自己想要的生活，卻又能培養一份友情網絡，可以承受認同危機與婚姻騷動，這兩種做法可以減輕對婚姻的過度期待，降低離婚的痛苦與不安。

核心家庭曾經而且仍是大家比較容易接受的對策。核心家庭就像一切問題的答案，可是因爲眞正的問題並沒有被確實提出，也沒有得到適當的解答，因此不滿、怨懟將隨之而生。只有當社會能夠發展出一種嶄新且可行的共同生活模式，可以成爲一種範例並且爲公衆所接受，這樣社會才能爲這一團糾結找到出路。

有人認爲布爾喬亞式家庭會被一種後布爾喬亞式家庭所取代，這實在是個錯誤看法。現在就已經出現各式各樣後布爾喬亞家庭，家庭不再只是男人跟女人的戰爭，在世代遞嬗之間，家庭已然重組，發展出自己的動態、信條——甚至是警示燈號。然而這個摸索階段似乎尚未固定成形；仍有許多人頑固地認爲，只須對舊有的生活方式稍加修正即可（多分攤一些家事，少一些對工作的投入，互相體諒鼓勵），並無必要開創適合於未來的新的生活方式。如果你仔細觀察，將會察覺人們一再熱中宣揚的進步實際上毫無進展，要認清這個事實並不容易，但能做到這一步表示有一天我們或許能眞正掌握自己的生命。

我們陷溺於自由之中，褪色的鈴鐺只讓我們想起已然消逝的歡樂與微不足道的勝利，迷戀於穿著打扮、熱舞與意外所帶來的小小狂喜，爭論著於自身內外那些微小的解放部位與高潮。這些層面，這些關於較好共同生活方式的夢想，其實與前工業社會的實際生活毫無關係；這一切反而是工業社會的產物，工業社會堅持私人生活，婚姻的困境、親子關係、家庭、性事與性別角色認同都只是私人問題，而上述情懷乃是由此而生。更清楚地說，我們個別上演並深爲所苦的那些錯誤，總是反映了我們生活的實際情境，呈現我們深切的渴望與日常的衝突，而現有大家所說的逃脫途徑並不能幫我們避免那些衝突。但我們因而可以理解，至少這樣的錯誤是對的；當我們看到這麼多個人分別寫下他們自己的生涯，正足以證明以懷舊方式標榜私人生活的魅力是無濟於事的。

愛情總是從生活的私己面展開，由細微瑣事所點燃，但看起來像是超乎世俗之上。但是我們如果從上往下看，從愛情外面來觀察，將可了解**日常生活的瑣事，成就男女的習性，你我的圖像及其背後所隱含的一般態度，這些都與愛情密不可分**。戀人特有的角色形象，藏身於這些形象（他／她）背後的歷史與政治力量，這些一再浮現於我們每個人身上的力量，愛情一事與這些形象、這些力量緊密相繫。

一開始是四處浪蕩、悵然若失、試探、調情、進入狀況，在懷疑猜忌的洞窟中驚醒，訝異自己走過的激情毫不留痕跡，發現孤獨才是你眞正的伴侶。你的記憶，猶如書裡與閒扯中的怪異世界，猶如湖面的粼粼波光，卻只是折射天堂的幻影。這種經驗相當私密而難以與人共享，這樣的經驗層次改變了個人對世界的觀點、感觸與心情變化。可是這至少鼓勵我們去追問，眞正重要的事情是什麼？這種看事情的方式，這種對於愛與被愛的不確定感與關心，這些有助於我們發現如何去說明當前的核心問題嗎？科技橫行無阻，自然逐漸消逝，對此我們能有什麼作爲呢？

註釋

①[German]Federal Office of Statistics報導於*Süddeutsche Zeitung*(24-5 June 1989)

②特別是 Wallerstein和 Blakeslee(1989)，以及 Furstenberg(1987)，後者談到「連載式婚姻」以及「分手後的父母職」（separated parenthood），並預測高離婚率的結果將是「母系社會的翻轉」，而父方對親屬系統的保證可藉此而全盤鬆綁。

③這個觀點來自於 Ronald Hitzler；此一現象的指標包括那些分居或者和新伙伴同居，卻仍維持婚姻的人們，他們由於離婚所耗費的情感及金錢代價而退縮，或者他們只不過是想要維持外表的體面。在這同時，事情變得很清楚，雖然關於結婚及離婚的爭執辯論、行政條例以及統計敘述，都在持續增加當中，但它們的意義卻變得更呆板、更不確定。如果結婚數字又再次升高，那麼這也是因爲（譯按：人們再次看見）婚姻已散放出的魅力，如今婚姻以作爲一個有待取消的企圖之姿態向人們推薦自己，它就像是到南半球度假、十月節以及心理分析師一樣，人們得試看看。

④父母對理想子女之想法的發展軸線記錄，請參見 Beck-Gernsheim 1988b和 1995 以及 Beck 1988（英文譯本一九九五第一章，關於生殖醫學及人類基因技術之社會後果的探討）。

6

Das Ganz Normale Chaos der Liebe

愛，我們的世俗宗教

當不再被教導的宗教日益消失，
愛就成了沒有教堂、沒有教士的宗教。
從它的所有文化意涵而言，
愛只存在於那些身涉其中之人的心中，
這使愛成為非傳統的、後傳統的，
而我們也很難知覺到的宗教，
因為我們本身就是它的廟宇，
我們的願望就是它的祈禱者。

傳統之後是什麼？一無所有嗎？

誰都不應該輕率地宣稱他們對愛知之甚詳。但是，本書的結論似乎有必要檢證某些在我們身處的，去中心化的、非宗教性的，以及個體主義化的世界裡遊蕩的關於愛的理念：

唯有二物
蒙受這許多變裝，
穿梭在我和我們和你們之間，
所有都經受著
這永恆的問題：為什麼？

無論玫瑰、白雪或海洋
總要凋謝褪去，
唯僅二物但存：空虛
跟一個傷痕累累的自我。

（Gottfried Benn）①

讓我們假設情境就是：**唯僅二物但存，空虛跟一個傷痕累累的自我**。那麼這個空虛意味什麼？難道缺乏傳統就意味著我們事實上在一個橫跨現在到未來的眞空，甚至似乎是到未來的永遠的眞空？那麼有沒有種類齊全的「本質」和「神」？抑或只不過是隨己意而行的信仰而已？或是避難到保護消費主義裡去：大盤餡餅和遠離塵囂的假日？又或著這所有事都帶有一種我們尚未領悟，卻已規制著傷痕累累的自我如何與他人或不與他人共處的後傳統註記？

從另一方面看，讓我們暫時假設那本已打算清除非基督徒的教堂已變成空殼；在此難道所謂的「空虛」不是意味著單純地否定過去？難道這是我們缺乏想像的一種反省，當我們堅持比較那時和現在而思考時？或是我們其實認爲再沒有可以取代消失不見的東西了——曾經，曾是確定地，已成過去。然後呢？

也許在空無一物之下，在穿越空虛的縫隙之間，我們仍可以瞥見一小方幾乎不跟舊範圍與其賦予生活意義的規則相連接的新樂園，這一小塊烏托邦不依賴傳統，因而也就不得被符碼化與制度化甚且不必證成自己；只不過要剪裁成符合個人的需求。在最後這章，我們姑且大膽假設地尋求在後基督現代社會裡的生活意義，而我們的發現，很簡單也非社會學式地說，就是愛。眼看未來，我們可以安全地猜想，

所有光輝之愛、最崇高與最深沈之愛、地獄與天堂之愛，所有人類與動物之愛都將變成生活的意義與滿足最主要的一項來源。

接下來的聯想與問題是：現在，也許階級系統——男人與女人的鬥陣和命定的家庭結構——正日落西山，而兩性會開始渴望與期待和平共存的新方式成爲規範嗎？正如階級鬥爭弔詭地催生出平等與團結的理念，兩性之間的戰爭也能促使我們想出重新闡釋天堂的新可能性，並且喚醒政治力與社會力邁向藉自由開放的方式共同生活在一起？是否新的眞實正在萌芽，並且隨之帶來新的緊張？當我們個人的生活不再以宗教信仰、社會階級和滿足飢餓爲基礎，不再以核心家庭爲支柱，而是去發現我們是誰，要往何處去，試驗各種生活與愛的方式時，會產生哪些影響？難道只是撒登城跟葛瑪拉城（譯註：原文是 Sodom 和 Gomorrah，位居死海南岸，是《聖經》上記載的罪惡之城，同被耶和華毀滅。）穿著現代的衣裳？這些影響超越了我們的私人生活並且影響到其他領域如科學、政治、勞動市場與商業？或者這樣專注地關心我們自己的旨趣只不過潛在地證明了一條死胡同，造成假親密跟疏離的愛侶以及挫折，**因爲我們發現彼此不可能一起生活，即使我們還不能沒有彼此而活？**

馬克斯・韋伯（Max Weber, 1985）曾注意過「資本主義精神」是基督教禁慾主義非意圖的副產品。讓我們假設，現在家庭生活習以爲常的模式已崩潰，此時正是掀起下一場完全爲愛之故而起的戰鬥的大好機會。那麼有哪些副作用呢？有哪些非意圖的妖怪會從充滿愛和浪漫理念以及治療努力的瓶子裡逃出？在此有沒有任何對政治思考與行動的回響？這些問題我們不予回答，但將分以下三步驟加以討論：

一、爲何愛被拔擢入當代宗教之列？藉由比較愛與宗教可以釐清或解釋什麼？哪裡是這項比較的恰當之處？哪裡又是不相干的？爲求解答我們必須定義某些以多重意涵被使用的術語，它們有時明顯地描述家庭、婚姻和情愛關係的解組，有時又醉心於上述關係。我們的命題是那種鋪設性別、家庭與職業角色的工業社會結構正逐漸崩塌，而古代無政府狀態的現代形式，正舉起愛的旗幟爆發出來，沿路還佈滿著無數的喜悅與障礙。這是一條追尋此地此刻的個人自由與滿足之路，這條路可以如此快速地重返憎恨、不顧死活與寂寞，那正是當數以百萬計的人們追求快樂時，在離婚與再婚的人們身上，在重疊家庭與接續家庭那裡留下的印記。

二、相對地，反命題會是「事情永遠都是這樣」，深信這種愛的形式永遠都存在，即使歷史學家無法追逐它的蹤跡。**我們企圖呈現對愛投注希望是一種現代現象，一種我們的時代裡特有的東西**。的確，遲至二十世紀下半葉以前浪漫之愛才被杜撰出來；例如，互愛作爲一種自我關連的終極形式在十八、十九世紀時以混合現實和幻想著名，盡寫著苦悶與狂喜。過去幾世紀以來的小說觀點說明這種詩樣誇張地愛—恨浪漫主義已經轉變成一種普遍穿戴起所有現代生活服飾，並且尋找進入所有關心文化生活、治療師的教科書、離婚法和人心的管道之大衆運動。爲愛與人結婚不再意味建立家庭、物質保障、親子關係等等，卻就個人的所有面向發現並成為自己，甚至更冒著沿襲個人道路之險，但仍然信任來自伴侶永恆的支持與情誼，而擁有最佳的兩人世界。

三、對每一位必須尋找其社會背景的個人而言，**愛變成賦予其生活意義的中樞**。在這個世界裡沒有人被要求遵從或尊敬舊習性，愛完全是第一人稱單數，而這就是真理、道德、救贖、超越與真實。根據其內在邏輯，這種愛的現代類型植基於其本身，奠基在那些活在愛中的個人。由它本身和它自己所有的主觀看法而生，容易轉變成極權主義的，排斥任何外來的權威，同意接手責任，同意妥協而且只因情感之故自發地公平以待。唯一的義務就是誠實。如果一個人不愛，即使他的行為或許對他人造成比對其搶劫或施暴更深的傷害，都不算犯罪，也不算破壞規則。因此，**愛並非只是發掘情愛與親近的方式；它也提供以親密性為利刃打擊其愛侶的藉口**。愛已成為不受先前被國家、法律和教會強制施行的舊紐帶與舊約束所束縛的希望與行動的藍圖，並且發展出它自己的內在邏輯、衝突與弔詭。當心理學家經常宣稱他們藉考察個人及其成長歷程最能解釋所有激烈而不穩定的關係，社會學家意圖在諸如工作機會與婦女權益等外在因素裡尋找原因時，我們相信另有他解。這樣感性劇變的一個基本原因之一，就是那建立在迅速變化的情感與伴侶雙方都期待他們可以「變成自己」的希望之上的生活形式的固有矛盾。

閱讀本書的男女總會留下矛盾的印象，它在部分章節裡是隱藏的，但在部分章節裡是明顯的，在此必須加以澄清。他們已經注意到令人信服的婚姻與家庭生活解組的例證已對等地遭遇到維持這兩種制度極其重要的有力證明。向上攀升的離婚率清楚顯示婚姻的終結，而高再婚率則回答了婚姻還是很吸引人。任何試圖從出生率衰退總結出，有小孩跟當父母已喪失其優位性的人，都必須再次考慮無數的女人（與男人）尋求避免不孕的努力。難道偏好「習慣法婚姻」的集體決定意味人們基本上對婚姻傳統抱持懷疑？不，家庭研究者回答（他們甚至得捍衛他們的專業）：婚前或婚外共同生活的伴侶並不傾向放蕩或異端的生活，而且跟已婚夫妻沒有多大差異。

過去婚姻從未建立在如此短暫與非物質的基礎上（見前面第三章）。有好工作的男女經濟獨立，不靠家庭支援。他們的結合不再服務於任何政治目的或王朝賡續，甚或如封建科層時期一般爲謀取財富。過去視爲當然的繼承紐帶已鬆弛，人們期待夫妻像是團隊一般合作；簡而言之，過去曾經是確定而注定的事物都消逝了。取而代之的是，人們設想在生活的大——小宇宙裡尋找與發現那些社會先前已分派給各項專業，而且常常是城鎮各個部分的所愛之物：浪漫之愛、保持自由之身、愜意的情愛、從成熟而平凡的生活羈絆裡解脫、原諒別人的過失、避難到家庭史與未來計畫、爲人父母的驕傲與樂趣，還有其他任何可能（帶有謎樣神龍般的特徵）的矛盾。

從歷史上看，在男人與女人已經喪失其固有政治與經濟確定性和道德方針的年代裡，人們覺得奇怪，爲何他們以這樣統一的方式尋求他們自己私人的幸福？大家都爲愛結婚，當社會上普遍認爲分化才是答案時。**爲愛結婚只不過是從工業革命開始之初才存在，甚至是它所創造的**。這被認爲是人們最想追求的目標，雖然社會現實其實反對它。婚姻已喪失其穩定性，但其魅力卻不是來自從傳遞財富與權力的工具轉成我們所知虛浮說法的變形，婚姻只靠著感性涉入其中以及發現自己的欲求。儘管而且相反於「醜陋的」現實，家庭跟愛的關係不拘收入、教育和年齡，不斷在社會（有輕微的行爲差異）的每一層面被理想化。在此，有一些勞工階級態度的研究證明：

訪員：「家庭跟小孩對你的意義為何？」

席勒先生：「讓生活有些意義。」

席勒太太：「讓你知道你為何在此，也讓你知道你為何工作。」

克斯勒先生：「對我而言，家就是一切。除了它以外我什麼都能放棄。」
泰勒女士：「家庭和小孩是主要的而且是最重要的事。」
在為人父母的生活裡，幾乎沒有其他東西被如此強調地描述他們生活的核心。唯有家庭跟子女才能賦予存在主觀的「目的」。（Wahl et al., 1980: 34-5）

這個發現既弔詭又神秘：家庭正同時面臨解體，又扮演基礎的角色。如果，人們可以從其如何行爲中得出信仰的結論，那麼**天堂和精神折磨在我們對愛侶理想的印象裡似乎鄰近無比**。也許，它們就住在同一座城堡裡的不同層——頂樓跟用刑室。尤其，有些解釋必然利於許多人渴望有小孩的這個事實，時常排斥掉所有其他的選擇方式，雖然出生率卻同時在衰退中。同樣地，當離婚率陡升時，爲何家庭生活還能如此吸引人，在充滿友誼、親情和愛的家的樂園裡保障個人的救贖？什麼使得男女彼此嘶吼爭吵，卻仍持續尋找眞愛和與此人爲伴時，達成個人實現的高度希望，或是甚至提高標準到幾乎難以避免產生失望？

這兩個極端，情侶般的理想化生活和無數的離婚例證，描繪出在一個失根的孤獨者社會裡，很快能找到追隨者的新信仰的兩面。**人們的希望停留在愛，一股強有力的力量，只服從它自己的規則，而且銘刻它的信息在人們的期望、焦慮行爲模式**

上，透過婚姻和離婚帶領人們走向再婚之途。

彷彿愛佔有了它自己不同的世界，不同於家庭的現實生活，也不同於那應該藉之獲取更大快樂的個人。根據其教義，爲眞愛之故而犧牲婚姻、家庭束縛、親子關係，也許最終甚至連其配偶幸福也一併犧牲的人，不會認罪，卻只服從愛的規則，回應內心的呼喚，並且爲尋求自己和他人的自我實現。誰都不受譴責；錯的是，緊抓著把愛評價得不夠高的秩序不放：

> 許多人相信一個生活危機就像其他的生活危機一樣。然而，事實上有小孩家庭的離婚卻是一場不能與其他生活危機相提並論的瓦解……我們在其他什麼生活危機裡感受到這樣急切地想殺人的衝動？什麼時候孩子們被像武器一般拿來對抗他的父母？相對於其他生活危機，離婚把人最原始的激情激發到表層——愛、恨和嫉妒……在最危急的狀況裡——地震、水災、火災——父母本能地先把孩子帶到安全的地方。然而，在離婚這個危機狀況下，孩子們卻沒有父母親自己本身重要；父母個人的問題佔第一位。離婚程序一旦展開，父母大都忽略了他們的子女；家庭秩序崩潰了，小孩也就被棄置一旁。分居的父母較少花時間跟他們的孩子相處，而且也比較不關心孩子的需求。**在劇變的恐懼裡佔上風的是赤裸裸的自私**。（Wallerstein

and Blakeslee, 1989: 28-9）

我們所信仰的愛的宗教其特質簡直就清晰地跟喀爾文教義並駕齊驅。它們的集會受到鼓勵，事實上促使全世界屈從他們自己取悅上帝的欲求和隱含有打破傳統之意的信息。現代式的崇拜愛重拾這個理念，允許或者強迫我們打破跟家庭的紐帶，以便不致使我們背叛我們個人追尋的純眞和眞愛。為某人而離棄自己的孩子並不意味著破壞愛，而是證明愛；理想化的愛打破所有愛的虛假形式。這證明了具超凡力量的愛已在我們身上發威，也在複製日常生活的世俗慣例時，試圖按此理想而活的矛盾上產生影響。

這些期待與想望終極之愛的態度構成一種信仰、一種心靈的宗教狀態，跟行為或是人們實際的作為完全不同。在愛裡就像在基督教裡一樣有形式主義者、新皈依者、無神論者和異端者。而犬儒主義者則常常變成對愛抱持誇張信念的、失望的與受苦的信奉者。正因為信仰和行動之間存在這許多矛盾，因此必須把這兩者清楚地劃分。此處的主張都是參照我們的知識、對愛的信仰，絕不是來自與其矛盾的行為，也絕不是由之產生的後果。

此外，還有人們可以視為是信仰與確定性的反面法則的現象。任何一個在日常生活裡與愛侶相處愉快的人，都會忘了愛的信仰對他／她有多麼重要。人們永遠把注意力凝聚在不確定性上，唯有當確定性突然遭受摧毀或遭遇障礙，人們才會痛苦地覺醒，認知愛在我們的生涯規畫裡扮演多麼重要的角色，即使我們想要否認此一事實。

如果這個把愛當作終極答案的準宗教信仰在人們的行爲裡沒有清楚地呈現出來，那麼它如何表現自己？有些人會說：我有好多個優先選項，愛是其中之一，然後愛又經歷了一連串的形變，從激情之愛、母愛、到歷經十七年婚姻的友愛、同性戀與異性戀等。如我們所言，衡量愛的宣言的強度和力度的尺度，就是離婚率毫不含糊地揭露人們已放棄刻骨銘心的承諾（見前述第一章）。然而，同時研究一致顯示人們對家庭與婚姻堅定不移的憧憬，即使「甜蜜家園」的標誌已經歪斜地懸掛多時。無論如何，（首次）離婚的再婚數始終居高不下（Federal Office of Statistics，一九八八：七一及表 3.23）。離婚家庭的小孩特別努力製造家庭和諧，遺憾的是，這卻是他們往往達不到的目標（Wallerstein and Blakeslee, 1989: 38-9）。

這些思考都不是日常生活裡眞正發生的情形，只不過要強調，人們喜歡的生活是什麼樣的形態，和人們實際上如何與他人親密共處兩者之間的差異。②當年有韋伯以內在禁慾主義爲標記研究喀爾文教派信仰的證明，如今我們應該考慮從自助手册、治療準則和離婚證書等尋找信仰眞愛的印記。

愛作爲現世宗教

我們信仰眞愛的本質可以藉著與宗教相比淸楚地呈現出來。兩者都堅持完美幸福的許諾，而且採取近似的路線來達成目標。愛或是宗教都提供它自己作爲逃離日常瑣碎生活的方式，二者都賦予規範性的新氣息；陳舊的態度被棄置一旁，而世界似乎佈滿了新意義。**就宗教而言，所有的能量都被導向另一個無限的實在，都被理解成唯一的眞理，也都包含了所有有限的生命**。相對地，就愛而言；這個規範界線的開展無論是感官層面或是個人層面，都在性愛激情裡，也在看待自己和世界的新看法裡實行。戀人的觀點獨具，也因此而且變成不一樣，於是就爲彼此開拓出新的眞實。他們揭示這段歷史而再創自己，並且賦予其未來新的輪廓。**愛是「兩人革命」**(Alberoni, 1983)：**克服敵對與橫亙在他們路上的道德法則時，他們眞正證明了他們的愛。戀人隨情感的鼓舞而發現，自己身處在一個新的世界裡，一個屬於俗世又佔有自己領域的世界**。

愛「作爲挑釁行動的雛形」（Alberoni）：那似乎正是現代之愛應許的，一個在包圍著實用態度與因便宜行事而任意撒謊的世界裡變得眞實可靠的機會。**愛是自我**

的追求，渴求眞正地與你、我相遇，共享身體，共享思想，毫無隱藏地彼此來往，愛是告白，是寬恕，是諒解，是肯定與支持過去與現在，是渴望家跟信任以致能夠抵制現代生活製造的懷疑和焦慮。如果不再有確定與安全感，甚至每天呼吸的空氣也要面臨污染危機，那麼，人們就要追逐不眞實的愛之夢，直到它們忽然變成噩夢。

我們總是跳過日常實際生活中明顯肯定的界線。記憶帶領我回到兒時的光景。我爲白雲感到驚奇，並且想像藏在它們背後的故事。我讀書，並在不同的年代裡找到自己；我的腦袋裡充滿了某個現已去世但我從未謀面之人的生活的畫面；我從未聽過的聲音在我耳內迴盪。在這些不尋常的生活經驗裡，愛有其特殊地位。不像疾病和死亡，愛是被追逐而不是被壓抑的，至少在我們這輩文化的此刻如此：愛對意識與實踐的操控免疫，而且不能指定生產。**那些期盼找到愛的人，都正尋求此時此刻的救贖，所謂的「彼岸」就在此世，有它自己的聲音、形體與意志。宗教告訴我們有死後的生命；愛卻說，生命在死之前。**

正如柏格(P. L. Berger)指出的，鮮有作者如穆希爾(Robert Musil)對愛的極端如此觀察入微：

> 性愛藉由迅速扯掉男女佩帶的社會面具，粗暴地瓦解了平順的制式生活，

揭露了藏在他們端莊行為底下受驚嚇的獸性面目，一如烏力希（穆希爾的小説《沒格的男人》裡的主角）在一次與波那迪亞狂野的邂逅以後的觀察，愛使人們轉變成「狂妄的瘋子」，而且藉此能力，性經驗就像是「佔據另一層意識的小島」衝入日常真實裡。就此面向而言，有趣的是，在同一段落裡烏力希還把性愛跟其他現實生活裡的破壞因素相比，特別是戲劇、音樂和宗教。（Berger, 1983: 235-6）

愛是資本主義裡的共產主義；守財奴散盡家財才能因此獲得幸福：

陷入愛河意味著向一個新的生存形式開展自我，卻不能保證能實現。就像是吟詠幸福的敍事詩卻沒有任何回應的保證……。如果答案來自我們所愛的人，那麼似乎就像喜出望外的，人們從未預計會獲得的天賜禮物……。神學家為這禮物取了個專有名詞：恩寵。如果，我們所愛的他人也説他或她愛我們，而每個人都真愛彼此，那就是令時光靜止的幸福時刻。（Alberoni, 1983:39-40）

愛不是規定，不是來自上天的計畫，也不是來自文化的傳承，而是來自人間，

來自性吸引的力量跟持續，來自個人深切的盼望。就此而言，愛是不受外在意義和傳統束縛的宗教，它的價值在於愛侶之間彼此吸引的深度以及他們彼此主觀的許諾。沒人必須先加入會員，也沒人必然會被改變。

所以，我們對愛的信仰跟其缺乏傳統有關；它在人們對所有信條失望以後出現，而且既不需要有組織的委員會，也不需要小組成員去發揮有效的主觀與文化力量。它一部分來自解除禁忌的性和對其他與生俱來的信仰普遍的覺醒。依現代社會結構而言，沒有外在的道德施爲須對愛負責，只有愛侶感受彼此的方式。

當不再被敎導的宗敎日益消失，愛就成了沒有敎堂、沒有敎士的宗敎，它就像擺脫社會傳統的性愛爆炸力般確定而繼續存在。它不得被制度化，這也同時意味著它是獨立於制度之外的，**從它的所有文化意涵而言，愛只存在於那些身涉其中之人的心中；這使愛成爲非傳統的、後傳統的，而我們也很難知覺到的宗敎，因爲我們本身就是它的廟宇，我們的願望就是它的祈禱者**。

隨著舊法律、教會、國家和道德的衰退，即使愛也脫掉了它傳統的標準規範和其衆所周知的符碼。結果帶來一種把規範逐出個人表現和價值的愛的實證主義。然而，這並沒有降低愛作爲給予生活目的與意義的地位；相反地，反而肯定了它。在此，教會與《聖經》、議會與政府已合而爲一，根據良心每個人形塑與建構他／她的生活。這就是我們都共享的理念，這也是我們期待的情況，雖然實際上我們尋找的常常都是標準答案。

因為愛侶只能依賴自己的直覺去引導陷入愛河的他們，整個過程是一個循環，而任何關於愛的言談也是循環的。治療師想要在一般的層次釐清這些糾纏不清的個人遭遇和經驗，結果卻得出一個應該拿來判斷與解釋所有事的基本公式——我是我自己，一如米蘭・昆德拉(Milan Kundera)在他的《可笑的愛》一書裡所諷刺的，罕見的嘗試，打算藉自己去定義某事。在巴特(Roland Barthes)關於愛的語言的分析裡，他寫到這個循環：

值得崇拜的／值得崇拜的

由於戀愛中的主體不能說明他所期望的愛的特殊性，所以他只好採用這個愚蠢的字眼：值得崇拜的，……在此深藏著一個我永遠無法解答的隱密謎團：為什麼我如此渴望愛？為什麼我始終不停息地追求它？我所追求的愛就是全部（一個剪影、一種形式、或是一種情緒）嗎？就此而言，這個值得我愛的軀體裡什麼才是愛呢？是什麼毫不起眼的小地方惹人愛呢——還是什麼偶然的因素造成的？手指甲的指尖、稍帶傾斜的牙齒、一綹髮束，還是說話時、抽煙時手指張開的方式？所有這些身體的摺痕，我要說它們都是值得崇拜的。值得崇拜意味的是：**這是我想要的，所以它是唯一的**；

>「**就是它，確實就是它**（正是我所愛的）！」可是，我所想要的特殊性體驗得越多，我就越不能形容它；我們的目標越是精準，那麼對應的描述就越是搖擺不定；特殊欲求的性質是它只能製造失誤的表達。這個語言的失敗只留下一道痕跡：也就是那個字眼「值得崇拜的」。
>
>……值得崇拜的正是語言疲乏的剩餘痕跡。一字換過一字，我努力換用其他字眼來描述我眼前的景象，我所欲求的適當性就變成不適當：我哲學的最後旅程的目的就只能承認，並且實踐套套邏輯。**值得崇拜的就是值得崇拜的。或者這麼說，我崇拜你，因爲你值得崇拜，我愛你就因爲我愛你。**
>
>（Barthes,1978: 18, 20-1）

事實上，愛的這些珍貴而神聖的面向並不只是我們自我陶醉的結果。我們必須也看看其完全不同的領域，像是教育、科學、世界市場和技術危險等，如果我們要理解爲何這麼多人瘋狂似地縱身愛的狂暴中。我們身處的外在世界佈滿了抽象砲火：統計、數字和公式等在在都向我們指出生活實在，到處都向我們說明異中有同，它們把我們抽離日常生活的感受。**愛是一種反撲，是一種匯聚力量的方式，使我們得以反抗我們身處的不可觸摸，又難以理解的世界。**

愛的價值在於它提供的特殊而激烈的經驗——特定的、感性的、獨佔的而且是不得逃避的。許多其他種社會接觸正日益動搖，政治似乎也不相干，階級已從統計數字上消失，甚至工作同僚也因爲彈性工時和地點調動而鮮少聚首。而愛，甚至更精確地說，愛的衝突，從「永遠洗不完的碗盤話題」到「哪種性愛」，從子女對父母之愛到相互發現自己與自我折磨，都獨佔優勢：**愛是你唯一可以眞實接觸自己和他人的地方。環繞在你周遭的生活越是缺乏人性，愛就變得越吸引人**。愛可說是所有經驗的神聖浸禮。愛撫慰衆生，好比辦公室裡的職員穿越森林慢跑一般愉悅——愛使你一再生機盎然。

缺乏傳統的社會已經全面製造偶像：電視、啤酒、足球、機車、鵝肝醬——隨生活的每個階段不同，你可以參加俱樂部、和平運動或是結交遠地的朋友以保障你仍然與人共享相對的孤單。你可以回頭信仰舊神，也可以信仰新神，可以擦亮前人遺物，也可以研究星象。你甚至可以繼續堅持階級鬥爭，並且歌頌自由，即使你知道那一度存在的黃金年代已過。

使愛跟其他逃避現實路線不同的是，愛這種關係的衝突是眞實衝突，是體驗得到，也是恆久忍受的問題，這問題天天在人們耳邊響起，無論人們是否願意。**沒人可以決定要不要去愛，但卻隨時可能發現自己已經開啓走向愛的天窗**。因此，愛不是替代者或引火的導體，愛不是人們追求的政治產物，也不是電視廣告。愛的榮景反映出來的是，藉著市場規制人們私人需要，符合購物單上的目標，而壓迫人們採行匿名與預鑄模式的眞實生活情境。③

結束了階級與貧窮、宗教、家庭和愛國主義等老問題以後，又有新論題出現，有時以不確定性、焦慮、不滿足與不得滿足需要的面貌出現，有時則以色情、女性主義和治療的方式清楚地呈現，但這論題逐漸綻放出它自己的光彩、發展其韻律，開啓了比升遷、財富與科技更迷人的視野。

「**被愛，意味著人們告訴你『你不必死』**」(Gabriel Marcel)。④這個熾熱的希望似乎越來越令人愉悅，而且令人無法抗拒，當我們越是了解我們的存在多麼有限、孤寂，而且脆弱。疾病與死亡，個人的不幸與危機都是證明誓言或謊言的時刻，就此而言，**愛，這個世俗宗教可以宣稱它像其他宗教一樣能賦予生活意義**。換言之，死亡的意念打破常規，讓日常生活顯得非常可疑；因而，在痛苦與恐懼時，愛獲得了新意義。我們小心翼翼構築而成的目的理性、職業生涯和爲求方便的生活樣態之硬殼遂露出縫隙——至少是暫時地——並且讓類似爲何，及爲什麼等問題擠入兩個分離卻相愛、相繫與相思的人之間。

當宗教動搖時，人們試圖在愛的孤寂裡尋求撫慰。含情脈脈連接著超越沈溺於親密與性愛之上的希望。性愛是一面，病榻邊的看顧之愛則是另一面。**愛的力量在對抗軟弱、年紀、錯誤、疏失和犯罪時展露無遺**。承諾「海枯石爛」的誓言是否確實兌現是另一回事，無損於其具有的宗教性質。**人們會發現一種出自獻身的新疾病；在能夠藉著慷慨向人施愛來彌補錯誤與缺點的希望背後，我們可以清楚地看到愛被當成告解的地方，甚且常常是對抗冷漠社會的表達。**

當愛本身死去，愛跟賦予生活意義的宗教之間的類比就結束了。結束愛的關係使這現世宗教也毫無意義可言，或著更正確地說，唯有愛侶雙方彼此理解，他們爲愛之故分離，那麼，愛才可能還留有點意義。也許，爲了下一代更換愛侶會變得像更換工作一樣，愛的流動會變成一種社會流動，但是離婚戲碼至今上演的都是相反的內容。

信仰愛意味著我們要受當下、此時、此地、你跟我、我們彼此的承諾以及我們如何愛人的擺佈。延宕是不可能的，向上帝求助或是延緩幸福到下輩子也都是不可能的。沒有慈悲的天堂等在我們面前，在那裡，即使我們爲人處世失敗了，我們彼此的意見不合必然被調解，相互間的過度期待也必須要滿足。愛是嚴峻的，而且要求立刻兌現。

信仰愛意味著愛你的愛侶，但不愛你的鄰居，而且你的感情總是面臨由愛轉恨的危險。過去的愛人被逐出你家門，甚至不得在你家歇腳；他們無權向你尋求庇護。不被愛必然隱含著被拒絕，這個心理治療師爲身受離婚之害者積極治療的議題盡可以集結成冊。信仰愛製造出兩群不穩定的人，一邊是眼前的愛侶，數量穩定但變化萬千；另一邊是過去的愛侶，隨前者改變而增加。人們發現他們因而捲入圈內人與圈外人的人際網絡裡，幸福的與不再幸福的，一度親密的與如今疏離的，無論如何都是爲了追求最終令人滿意的愛。

愛與宗教之間互有異同；**愛是私密的宇宙，而宗敎卻是結合權力與秩序的宇宙。愛侶就是他們自己的敎堂，是他們自己的敎士，他們自己的《聖經》，雖然他們有時會向治療師求助**。他們必須創造自己的規則和禁忌；愛變化萬千，只要愛侶停止如同教士般崇敬他們對彼此的信仰，愛侶就喪失了魔力，然後就是拆夥，分道揚鑣。

愛藉愛侶用以克服彼此間的生疏以及連結過去關係的象徵築巢。愛巢被裝置成愛侶相伴的焦點，變成承載共同夢想的飛毯。如此一來，那些崇拜、犧牲、典禮、諂媚和日常儀式組成了我們在其中彼此相愛的可見脈絡。取代公衆的聖潔化與宣誓；愛，這個私密的信仰個別地風格化、杜撰和禮讚：依偎在米老鼠跟玩具熊象徵身旁，認可黃色作爲愛的顏色，在我們的秘密世界裡取暱名，所有這一切都在抵制叨絮不休的恐懼，恐懼愛會終止，恐懼愛會消失，恐懼愛被遺忘。

宗教的界域橫跨此世與彼岸、開始與結束、時間與永恆、生命與死亡，因此常常以不受時間擺佈的形態慶祝。相反地，愛的界域狹窄又特定，是除了你我沒有別人的小世界，是排斥異己的，是非常自私的，它的邏輯是不正義且殘酷的，它是獨斷的，而且還是逍遙法外的。它的命令橫切其他願望，它的律則反抗所有標準化的意圖。

然而，總此而言，愛是抵制個體化危險的最佳意識形態。它強調差異，卻承諾這些孤單的個人可以共處；它不依賴舊日的象徵、金錢或法規，卻只依賴眞誠而直接的感情、相信感情的有效性，更依賴它直接面對的那個人。**愛侶自己就是訂法之人，他們遵守的法則就是彼此取悅**。

愛的歷史：民主化的浪漫主義

當然，與上述思考路線相反的觀點就是「事情總是那樣」，而對愛的所有理解——繁衍後代、愛慾、壓抑、激情、親密、恨與暴力——也是自有人類歷史以來都上演同樣戲碼。這不難證明。我們存在與持續存在的事實使人得出結論，蜜蜂的勤奮之道受歡迎的程度經年累月不變。無論是黑人、白人或黃種人，無論是十一世紀的回教徒、十五世紀的基督徒，或是古希臘的奴隸，無論是暴政或民主，基本上都沒有改變人之所以爲人的方式。生物學家、心理學家和劇作家（Plautus, Shakespeare, Kleist, Beckett and Harold Pinter）一度異口同聲地說：愛或者永遠是生活的秘密核心，或者它從來就不是。這意味著我們的理論不是錯的，就是假的。

因此，我們必須更精確地論證。我們感興趣的焦點不是性行爲的生物效果，也不是環繞它叢生的社會制度群。我們的焦點是把愛當作我們文化裡的象徵世界，還有它跟其他象徵世界如貧窮、宗教、工作生涯、科技危險與生態意識等之間的關係。無論在中世紀的戰爭社會裡，或在工業時代的階級社會裡，愛都沒有扮演關鍵性的角色，而今，依我們看來，情況則相反，甚至在未來更是如此。換言之，當社會越富裕，人們的生活越不受階級因素與既定權威的限制，而且人們越是熱中追求感性的滿足。

對我們來說，我們所遭遇最尖銳對立的社會學論題，就是確信唯有愛賦予生活目的與意義，而且認爲這是現代社會變遷合乎邏輯的結果。簡略地說，人們爲了易於處理這個論題，因此，沿著歷史的序列——宗教、階級和愛——來進行，這不是說它們之間有高低之分，或是有後者優於前者的影射，而是指它們之間涉及的是律則與界域的差別，它們各有各的範圍。若是生活崩潰了，個人不會尋求教會、上帝或是階級的庇護，但卻會找他們信任的人，那個與之共享世界的人，那個承諾支持和理解他們的人。當然，它們出現的時間不盡相同，但也有無數重疊之處，只是世界的中心換了。以韋伯的術語來說，「核心的價值理念」跟那襯托或塗黑文化上的關鍵或無關因素之「光」也隨之一起改變。

這意味著工業資本主義不只像寄生蟲一般吞食傳統價值與信念，⑤甚且隨工業主義消褪之際，生活世界的中心也產生了新的態度與目標，那就是反個人主義的風潮：愛，這個世俗宗教。

在此，我們要更進一步討論競爭，也就是心理學家和心理分析師用來詮釋世界的觀點。關於愛的意義的問題，不只關連到個人態度、個人經驗和兒時的社會化等等，甚至還包括社會結構，它打造我們的職業生涯、生存條件、家庭模式、性別角色的刻板印象以及那些組織與引導個人需求和期望的價值等。

本書所支持的理論是，在歷史進程中愛經歷了意義變遷的過程；古典的講法就是所謂的性愛(Eros)。對我們的文化來說，性(sex)與性愛(erotic love)的關係就如同實際與表象的關係。我們從現實生活的幸福或詛咒斟酌對性的渴望，而性愛激情卻猶如包裹的裝飾，或是像菜單上對盤中鵝肉的提示。以科學的「實在主義」觀點來看，性愛向來被誤解，甚至與放縱無度相提並論。社會主義者和資本主義者很容易認爲它有偷懶的嫌疑，如果有人堅持這個觀點的話，它也可能不假；因爲愛侶們要比旁人更容易以他們對世界的看法來表現他們的行爲，於是這些行爲就改變了實在。然而，值得注意的是，那些不認得我們的科學資產的其他時代或其他文化卻把這些隱誨丟給下層社會，反而藉我們難以想像的方式精煉愛的藝術。

上述的簡短回顧已指出愛可以變化出許多形式。僅僅激情之愛（此處已排除嗜愛烤鴨和成功的反擊等激動之情），社會文化史上就區別出數以百計的形式。在早期的印度、中國和阿拉伯，愛是一種藝術形式；有柏拉圖式的愛；有基督僧侶奉行的帶罪之身的愛；有專業而害羞的吟遊詩人嚮往已婚的宮廷貴婦的騎士之愛；還有義大利文藝復興時期擁抱宇宙的激情的理想之愛，不耐約束和權威，隨後演變成情婦戀情，盛行於宮廷，而廣爲歐洲當時上層社會藝文圈模仿，以致於總是蒙上一層性愛綺想的色彩。

當然，這一切都在教會容忍範圍內被監控著，他們的父執輩不論是年紀或教育上都親近上帝，肩負的艱難任務是，致力於以箴言和《聖經》上的教誨所規定的尺度去區分婚姻生活中哪些才是閨房之事。我們尤其是從這些事蹟知道他們，所以，中世紀時期關於情慾的整飭、生育、規矩、禮儀、禁止的性愛姿勢等等無不沾染著僧侶的不悅之情。這裡也牽涉到在人們告解前後到底發生了什麼事。

這段文化史的點名數落至少照亮了曾經是事實(就文學角度而言是值得注意的)的可能性範圍。也許我們此刻比無根的現代人更接近柏拉圖把性愛視爲美的看法。也許米榭・傅柯於一九八四年他快過世前，在《性史》一書裡就下了正確的判斷：「道德理念作爲一種服從秩序的符碼已經消失了，而缺乏道德的情況將會也必然會報以追求存在美學的回答。」在法律、道德和欲求僵化與層級化之處，傅柯提出「生活的藝術」、「存在風格」、「提升個人品質，促使個人創造自己生命之美」等古老概念來取代它們（Schmid, 1986: 680）。眞是充滿奧林匹克精神的計畫：我們未來的鄰居將會是古希臘人了！或許也會是阿拉伯人、文藝復興時期的愛侶，那些吟遊詩人，或甚至還有第四種、第五種、第六種等我們還不曾聽聞過的人。

冒著扭曲琳瑯滿目的史料的危險，我要把愛與婚姻的關係分成三個主要時期（附帶一提的是，也關係到愛這個世俗宗教的崛起）。第一階段橫跨整個古代和中世紀，直到十八世紀結束。這時期的基本原則是，愛與激情褻瀆婚姻。「愛己妻如情婦是再羞恥不過之事」（Seneca，譯註：原名Lucius Annaeus Seneca[?4 B.C.-65A.D.]，是羅馬哲學家、政治家及悲劇作家），出自聖・哲洛姆（譯註：原名St. Jerome [340?-420]，天主教會的學僧，拉丁文《聖經》The Vulgate的編譯者）（Flandrin, 1984: 155）。至少，對貴族和領導階層而言這意味著愛可藉情婦精緻提升，因而不受婚姻的權利義務拘束。

第二階段始自十八世紀晚期的英國，隨工業資本主義榮景而興的新中產階級，因不滿貴族「散漫的道德」轉而採取清教徒禁慾式的社會態度。結果，導致壓抑情慾和標準以外都被打入心理學家和生理學家所謂的「偏差的性行為」。

第三階段則是本書討論的焦點。僵化的中產階級道德反而促使人們暗暗熱中被禁與被壓抑的性行為，也使情色異想四處氾濫。在這樣的環境裡面，**愛不只煽動起情慾，還鬆動出自由**。一旦離經叛道與輕率主宰我們的世界，在許多隱藏與沈溺有浪漫主義的緋聞與事蹟背後，每個人尋找他自己的命運，並以挑戰中產階級規範的姿態，面對個人生活裡的喜怒哀樂。**愛就是與自我相逢，是再創由你我組成的世界，是瑣碎而不帶道德禁令的浪漫主義，正變成一種大衆現象：愛，世俗的宗教。**

愛、僧侶和前資本主義秩序

「幾乎所有社會與所有時代都與我們的大相逕庭。」一如阿立思(Philippe Ariès)與傅瀾翎(Jean-Louis Flandrin)在他們令人印象深刻的研究裡所指出的：「**婚姻之愛和婚外之愛全然不同**。」（Ariès, 1984: 165; Flandrin, 1984）：

> 人們認為對自己妻子表達超乎常人所能表現的愛……是羞恥的行為。這樣的愛是愛侶覺得在婚外才可能出現的放縱激情。一個理性的男人應該以穩健的方式，而不是以激情的方式愛他的妻子；他應該克制自己的慾望，並且不任自己沈溺於夫妻的雲雨之歡。（Seneca，引自 Ariès, 1984: 169）

平心而論，信守這種爲實利而結的婚姻的理由還眞有其引人之處。即使連智者蒙田都在他的文章裡提過：「婚姻生活是一種篤信而神聖的結合。」在此結合中情慾是不合宜的，除非「人們以理性的態度認眞而嚴肅地思考過」，或者「本諸良心謹愼地享樂」（Flandrin, 1984: 161）。就算是蒙田也不例外地受到神學家的影響，當時這些神學家認爲婚姻的主要目的在繁衍後代，這麼做是爲了支撐完全依賴氏族與脆弱的男性血脈傳承的權力結構。背負如此重責大任，結婚雙方就只能行禮如儀，不得順其慾望「得寸進尺」，因爲他們的告解之父總盤旋在頭頂隱約若現，也因爲保障國家統治權力和贏得戰爭勝利都需要男人。每個人爲了不讓敵人奪走他的權力、宮廷和財富，也都必須全力取得勝利。

鑑於失敗等同於打一場敗仗，教會抱持悲天憫人的胸懷把所有婚姻生活裡的閨房之事，視爲帶有明確目標的道德行止；如果社會秩序全仰賴人們的情慾和愛而建，那麼社會就會陷入權威瓦解和動盪混亂，結果就出現了愛與戰爭混合的狀態。

基於這些看法，教會致力於把婚姻生活定位成一種生養與教育子女方爲理性的制度，或者至少是跟得上時代腳步的制度。對我們而言，這些觀點顯得有些令人疑惑，這時我們就有必要回顧一下，進入現代的市民工業社會以降，國家受託以憲法保障的政體和分化多元的法律系統來維護社會秩序，使得統治系統與婚姻結合的後果越見分離。

然而，人們也會好奇，究竟僧侶跟神學家如何克盡這項棘手的任務：

> 一個太順應自己慾望，而且把自己的妻子當成似乎不是自己的妻子一般來滿足自己情慾需求，甚至想與己妻調情的男人，就是有罪之人。聖．哲洛

姆在同意賽思圖思的畢達哥拉斯定理時，似乎也肯定他說，一個過度迷戀他妻子的男人就是通姦之人……。因此，一個男人不應待己妻如妓女，而他妻子也不應如同情婦般愛她的丈夫，因為，人們帶著崇敬藉由婚姻聖典去繁衍後代才是恰當的。（Benedicti, 1584，引自 Flandrin, 1984: 155）

人們所持的理由還是私通。僧侶十分明白，被點燃的情慾不得留在家裡，它可以到處點亮微小的、天堂般的煉獄。

此外，這些女人的丈夫教她們數以千計挑逗的謀略、數以千計淫蕩的技倆、新姿勢、新手法與變化，還教她們那些阿瑞提諾(Aretino)的令人毛骨悚然的人物；一但點燃了她們體內一點情慾的星火，就會燃燒起無數慾望之火，然後她們就變成像是妓女似的。一但她們曾經受過這樣的訓練，她們就會情不自禁地離開她們的丈夫，另外尋找其他騎士尋歡。這使得她們的丈夫感到沮喪，以致殺掉自己的妻子；如此說來，男人根本就犯了大錯。（Brantôme，引自 Flandrin, 1984: 161）

許多篇幅裡都洋溢著類似這樣的道德與淫蕩的混合。作者們都清楚他們在說什麼，他們反對什麼，還有他們壓抑什麼。這暗示著，教會公開反性的同時還暗中培養與保留著見不得人卻極吸引人的被禁的性愛。

因此，人們極力強調婚姻是爲了繁衍後代的結合時，依然還保留著非婚姻生活的激情那面，這一面即使不爲教會首肯，但只要有錢有勢，人們就能發現它。道德行爲和俗世行爲之間的分裂確實有其衝突與尷尬，卻使人們養成他們愛的生活脫離他們的婚姻責任（雖然是選擇性地，而且常常犧牲女性的情慾和性愛）。愛跟婚姻之愛與婚外之愛就不是同一回事了，但它卻想要同時穩定愛與婚姻二者，因爲婚姻不常受飄忽不定的情緒威脅，而愛則脫離親子關係與永遠爲伴的束縛。**情色藝術和性愛藝術數世紀以來，一直背對著愛與婚姻的強制性而發展**。

即使今天，這條法則依然以些許不同的形式發展著：假使我們爲愛而結婚，這意味著我們不能採取單是讓兩人同床異夢來解決任何婚姻和愛的矛盾，我們唯一能採行的方式就是結束一段戀情之後再展開另一段新戀情。我們身處的功能分化時代反而把私人生活和性生活連結在一起，熱中於將兩者合而爲一，並且把整個功能分化的法則顛倒過來。以前的僧侶無疑會搖搖頭莞爾一笑。

資本主義中產階級、打破慣例和通姦

現存有很多關於在早期資本主義市民社會裡，介於肉體之愛與清教徒婚姻理想之間的矛盾的批判。然而，不只是愛所擁抱的自由與市民社會扞格不入；即使是市民社會的婚姻道德，也和市民階級自己反對貴族階級帶來的革命之吼：自由與平等，相互悖離。一個成功的商人必須打破封建規範與限制，以便對抗其他競爭者追逐自己的人生藍圖與其最大利潤。然而，只要在家，他就必須遵循道德規範與秩序要求。現代哲學貶抑形上學與宗教，推舉理性行為作為人類行動的指導原則。但是，**理性的法則就是擺脫限制，追求自己的目的，不服侍大師，信賴自己的直覺與經驗**。如前所述，自由雖依關係脈絡而定位，但仍是針對抵制全然主觀（其他人的）興趣的無上命令。

我們生活的世界已不再是受前人規範的世界，而是我們自己的行動與順應行動的世界。這正是康德與以財務技巧征服世界的企業家相通之處。此態度預設並暗示著我們之中的每一個人，都能夠也有責任去決定我們自己的權利，但是性、激情與愛卻不是如此。到底原因何在？基礎何在？

如果商人的自由意味著輕忽過時封建社會的規範，那麼愛侶打破市民社會中規中距習俗的權利何在？**在商場上走你自己的路和在情場上走你自己的路，這些理念其實密切相關，它們呈現出受壓抑的中產階級世界道德內在的偽善，極為容易陷入偷偷摸摸的不倫之戀；一但被禁忌蠱惑，性就輕易變成淫蕩的激情**。

愛的掙脫市民社會的習俗不只是掙脫這回事而已；掙脫本身也變成了習俗。愛的迷人之處在於它似乎能夠提供自由，讓人人逃離舊有規範的束縛。浪漫主義——在此我們理解爲無拘無束的主體性，有能力去愛，也有能力承擔痛苦——緊盯著快速變遷的次文化與興旺的消費主義，是資本主義掘起後所能提供的第二種可能性。從這觀點看，人們開始明白十九世紀紛紛出籠的現象，例如講求嚴峻道德規範的婚姻、工業化過程、主體性、唯心哲學、自然哲學、薩德(Marquis de Sade)的遺緒，和文學與眞實生活裡浪漫的抒情詩與生活上的越軌行徑等等，都並非歷史的偶然。

當前的浪漫主義：愛是一首流行歌曲

沿浪漫主義的源頭看，**愛原本是抵抗「社會」的謀反。愛，除了它自己以外，不識障礙，不識階層與階級，不識法律與道德**。愛的顛覆性意識形態總是帶點歇斯底里的色彩，正如安稱伯格(Hans Magnus Enzensberger)一九八八年在他爲浪漫詩人布雷塔諾(Clemens Brentano)撰寫的「紀實」小說裡，所呈現的那個熱情奔放的例子一樣：

奧古斯特・布思曼致克雷門思・布雷塔諾（浪樗，秋　一八〇八年）

週五晨

噢，你這恐怖、骯髒、卑賤、面目可憎又惹人憐愛的克雷門思，克雷門思，為何你要這般折磨我？今晚我不吻你；我要鞭打你，我要啃噬你，我要抓傷你，我要愛你至死方休，如果你來看我……

三年後，詩人被「至死方休」的愛愛得喘不過氣來，以他著名的離別詩甩開他憎恨的愛人：

好啊，我終於擺脫你了，
你這個輕狂放肆的女人！
詛咒你滿是罪惡的懷抱，
詛咒你淫蕩待售的身軀，
詛咒你墮落輕佻的乳房，
既不端莊，又不真誠，
滿身羞恥，滿嘴謊言，
污穢的枕頭滿是卑鄙的慾望。
詛咒每一刻虛擲的時光
我度過骯髒污穢的擁吻
在你充滿謊言的嘴巴。
……

再見了，你這個騙子，永別了，這就是那扇門，
我那悔恨的心在此終要離開你，你這個巫婆，
願每一隻踩進你床榻的腳萎縮，
我從不認識你，也從未見過你，
那真是惡夢一場，一場該去的魔咒……

「親愛的、不幸的奧古斯特」，安稱伯格寫道，「你可能難以想像你和你少數的同輩男女做了什麼事。當我說你們（少數介於十八、九世紀的人）發明了『愛』——或者，讓我們這麼說，到目前為止還被我們歐洲人理解為愛，那並不誇張。畢竟，在那以前是什麼樣子呢？以前，人們結婚，不管結合是好或壞、尋找勞動幫手、生養小孩、幸福或不幸，一輩子，人們就這麼過。唯有到你們的時代，而且相當晚期，人們才開始醞釀那個想法，必須要有些其他的東西，一些超過生育小孩、工作和財富的東西，就此觀點而言，也就是人們可以把自己的生活掌握在自己手裡。這是多麼冒險、多麼嚴重的想法啊！我這個自己，站在舞台中央，最為光彩耀眼，搭檔演對手戲的，是你。身體與靈魂，設想已經變成小小的永恆世界。這甚至是以前的世代從未夢想過的盛事和對幸福的渴望，同時也使人們彼此期

望過高，因而開啓一種全新的不幸。失望正是你們的天堂反面，你們新的相互理解方式也給兩性之間的鬥爭平添一抹徹底的新糾結。

我還可以花更多篇幅說明這些後果，但我怕你不相信我。事實上，你們的小說就是一個範例，就是浩瀚文學裡的一個典型，你們的愛的故事至今仍以千萬種面貌在我們的劇院上演。而你更難以置信的，奥古斯特，就是：你們的故事早已變得稀鬆平常、平淡無味、瑣碎無聊，它也因為重複了數以百萬次而沒落，卻每每是世人們悲傷痛苦的來源。整個科學都在處理它，整隊專家、諮商人員和江湖術士都致力研究這段無盡的歷史以及它所涉及的官僚程序，每天也都會有涉及它的新判例在法院出現。不令人意外的是，似乎可以跟發現純粹的感情同日而語的是，在你們的時代，人們也發明了離婚。」（Enzensberger, 1988:92, 190-1, 228-9）

奥古斯特・布思曼和克雷門思・布雷塔諾義無反顧地以他們自己的方式實驗著，也承受著這種自我著魔又彼此著迷的過程，他們是這條滿佈荊棘的愛的長途旅程的急先鋒，卻不是，如安稱伯格所言，愛的發明人。例如，他們留下的浩帖繁帙中有數不盡斷簡殘篇的柏拉圖（書店裡到處充斥著導引男女藉著帶有柏拉圖氣息的方式共同生活的一般性指南）；還有來自吟遊詩人與浪漫文學的回響；古印度智慧的復甦（想當然耳暢銷得很）；一度局限在宮廷裡的聲色縱情，如今已轉換到一般公寓民宅上演。換句話說，這些所謂的個人主義式行徑不過是源自被重新發掘的老傳統與舊規範。

以這個角度觀察，**愛是供人閱讀的小說文學，是不會過時的流行歌曲，是改頭換面的唯心哲學**。個人的衝動混雜著長久以前，而且常常是千里之外發明的幻想，甚至被它所主宰，或許這樣的異國情調正是浪漫之愛的核心所在。⑥閱讀、收聽或實際經驗等印象的聚結意味著——愛——也是運用他人使用的字句，或藉由流行歌曲的韻律激發的情感。關於奧古斯特・布思曼和克雷門思・布雷塔諾是否寫了那些信，或是如信中所載地相愛，人們已不復得知。不過，愛侶之間據以相互鼓舞、展望未來、相互非難、彼此搜尋蛛絲馬跡和創造攜手共進新目標的書信之愛，今天已泰半消逝無踪。取而代之的是，讀取之愛與聽取之愛（靠電視和治療形式加以標準化的），也就是所謂靠穿梭在臥室與廚房之間的劇本製作的「罐頭之愛」。

過去，愛一度掙脫了家的束縛與規範禁忌。當藩籬倒塌，愛越來越難以振奮人心。剝除限制，衝破規則之後，愛不再是對抗社會強制力量，確保自由與個人性的原則，愛看來不再是非道德的，甚至不再是反道德的。結果，愛只能不斷地回到自己，不斷地消耗自己。⑦

於是，人們看見無數廝混的交換關係（分別都是全然個人地與標準化地進行著），壓抑在忠告與治療底下奄奄一息的愛，在色情裡激勵自我的技巧和不知身在此「山」中的茫然。類似科學，長久以來已不再以眞理向不眞挑戰，卻只剩下許多不同眞理之間彼此消磨，浪漫之愛作爲個人幸福的烏托邦（尤其是個人性的幸福烏托邦），不再點燃反對社會強制與禁忌的抗爭，不再追求它的天理，卻只跟許多不同類型的愛競爭與對峙。結果，人們一頭霧水，彼此誤會，偶爾才調整得協調一致。無論如何，隨著愛的自我關連和百無禁忌，愛已經喪失作爲個人(而非社會的)安全保障的地位，因爲，愛不再只有單一面貌，愛已經千變萬化，甚至常常似乎能夠交替使用。

由於，眞正的愛已經變成稀有而珍貴的商品，人們可以把現今這個個人主義化社會的時代，標示成愛的魅力無限時代，愛的問題變成存在問題的時代——不只對十九世紀那些離經叛道的人與當時的英雄而言，對每一個人都是如此。更精確地說，隨著愛已死去，隨著愛似乎已溶解成我們周遭較普通的愛——親子之愛、激情、調情、性愛、友誼、家的約束——人們開始大量追尋講求整體的「大愛」。

剪斷涉及人們舒適的社會確定性與約會地點的階級關連以後，被孤立的現代公民必須思考他／她自己的生活類型。過去的理想性浪漫主義者和現今的心理治療浪漫主義者之間有一點相通的是，兩者都講求保持距離的原則。即使，相愛的人彼此空間距離不遠，但是因爲他們愛的是自己描繪的愛的圖像，這圖像也是他們所愛之人的圖像，因此，他們在自己所愛之人那裡，在他們的愛裡面，也在那因此而昇華的與跨越自我界線之中彼此相愛。**「缺席更使人心充滿愛意」，愛侶們熱愛其愛的理念更勝於直接面對他們選擇去愛之人的日常瑣事。保持距離使人們更易於理想化某人：「身在愛中我總是迴避現實……難道幻想是情慾生活的前提嗎？」**⑧

這種愛，正如露・安德雷雅思—沙樂眉(Lou Andreas-Salomé)所說的，是複製千倍的寂寞，**人們只能透過聆聽它化作四面八方湧進的回響來克服孤單在世的感覺**。這不只意味著，**相愛的人藉由彼此將對方理想化來消弭寂寞**。此後，而且相當一段時間內，個人就不再寂寞！因爲人們陶醉時使相互之間的理想化實現，於是也嵌入了距離。相反地，那也意味著，人們幾乎已完全不能避免那些只能靠著距離推開與沖淡的愛的脆弱、回復寂寞和日益甦醒的規範性與現實。因此，唯有看穿一個人自己的理想化與其愛人的缺點，愛的盡頭才會到來；個人依然是寂寞的，但他們至少擁有某種親密的關係。當規範性隱而乍現，保持距離是唯一能延宕轉成寂寞的補救之道。如果眼前對所愛失望，也許自我嘲諷和取笑我們對彼此所持的不實際期待就能緩和情勢。愛，就是這樣，既遠又近；這就是愛的浪漫所在與現實所在，其實，這正是它自己的發明。

愛是兩個人的寂寞：

雖然我們幻想彼此可以完全滿足對方，其實我們只能滿足反而會使我們自己無能為力的情境，我們只能使自己陶醉於似乎掌握到的某種真實。愛的激情從一開始就使我們不能真實客觀地看待另一個人，也不能使我們真正理解他／她的感受。**愛，反而是我們對自己最深入的理解，愛是千倍的寂寞，但這寂寞被數以千計的明鏡環繞著，似乎把它自己給開展與合拱成一個廣袤的世界。**（Andreas-Salomé, 1986:59）

愛作爲主觀的立法者：自有邏輯、衝突邏輯、弔詭

現今，教會已不具發言分量，法律也只能反映社會變遷，愛似乎已經純粹是相愛兩人之間的事，或者至少理應如此。當然，其中最激怒人、最令人難以理解的觀點是，制定規則的任務已委託給個人，這個委託形式包含一個侵蝕個人生活的特有圖示，它有自己的律則、自己的衝突邏輯，甚至自己的弔詭，於是個人既是他自己，又是雙人舞台上的一角。推到極端，就像資本主義一樣，愛作爲純粹的關係有其命定的行為範圍與風險區域，影響得到每一個人，也很明顯地只關乎個人的選擇（亦見 Weitman, 1994）。

一、愛同時是提供我們個人有效性與價值感的社會的個人主義化與避免個人孤單在世的關鍵要素。**愛是替代寂寞的選項，而且也是反個人的，更精確地說，愛是一個一度非常親近他人，但也與人相當隔離，又獨立自主的夢想**。相反地，個人主義化鼓動人們將生活理想化成兩人生活；在這樣的大環境下，即使現實主義者也會變成理想主義者，因爲片段而不確定的生活，驅使他們投注所有的希望在其私密的愛情生活裡，尋找安全與舒適。

二、愛就其社會圖示的角度考察是講求負責任，反對匿名性與機械性的行動者模式（然而，我們在後面將會看到其機制其實非常明顯）。在愛的領域裡，人們抗拒外在的機械世界，人們看似自由的行動者，個人得爲自己的行動打算，依其自己的意向與意志做決定。人們因此而一起生活，也因此而彼此結合；沒有人能脫離這股力量。人們彼此付出豐沛的感情，就在人們享有「這正是眞正的我，這就是難以亟極的我」的矛盾信念時，藉由扮演被指定而不熟悉的角色認識自己。要觸及人們心靈深處與最喜悅的情感，只能透過最一般的日常生活角色扮演，像是性別角色、勞動市場與經濟等等。這時候人們既是國王，亦是奴隸，或者既是立法者、裁判，又是監獄守衛。即使人們許久以前早已放棄了所有關於奇蹟與救贖的信仰，他們也必須隨時創造日常生活裡的奇蹟，以便使最普通的生活得以穩定。

三、能夠證成愛的模式並非傳統的與形式的，而是情感的與個人的模式。這樣的模式出自個人的經驗、個人的信念、個人的希望與恐懼，而不是出自任何外在強制的力量。愛侶，而且只有他們，有資格裁斷他們的愛眞假與否，以及對錯何在，這意味著他們才是自己的法官，同樣地也是能夠改寫他們自己的規則的立法者。當然，這也意味著對他們而言不存在不義，即使他們發現其中一人明顯如此，也無權訴訟，不得反駁。**愛與正義是兩套不相干的語言**。

四、**愛在自己身上找到愛**：愛的基礎永遠是，而且只能是它自己。從運作層面來看，這意味著，除了身在愛中的人以外，沒有人能斷定他們是否相愛——**愛是兩個人的徹底民主形式，愛是全然個人的自我負責**。事實上，甚至極端到，愛還包括不負責，因爲唯有他們自己能斷定愛的盡頭，也就是說，一個人可以否決另一個人，所持的唯一一個理由就是，愛已經消失了。

五、愛是人們替代懷疑的選項：愛是我們寄望在他人那裡與在自己身上重新找到安全之處。十九世紀時，愛曾被視爲是非理性的東西，是市民社會規範的另一面，是不安全的東西，是通俗的東西，是「輕佻的蛇蠍女性」所象徵的東西。而今則完全相反，隨著許多關係支持系統的消逝，愛於是取得庇護安全的最穩固地位。過去，愛曾經扮演過衝破社會習俗壓力的先鋒，如今卻尋求一段愛的關係，作爲人們逃避外在不友善世界的避難所。

六、**愛是猶待身陷愛河的人去塡充的空白公式**：愛侶實際上如何經營他們的愛的生活，以及愛到底所指為何都必須取得雙方的同意，這裡面都帶有各自的禁忌、期望、背信、外遇等都取決於他們各自的決定。去愛意味著自我規範，重點不在人們如何行為，而在人們如何做成如何行為的決議過程，這完全是「良心的抉擇」。愛的真正內容涉及的是主體相互之間的創造，所有在其周遭環繞的都是陷阱與潛藏的災禍。甚至，這也同樣適用於那些情人借用現成的答案，諸如道德教訓、卡瑪書特拉性愛指南（譯註：Kama Sutra現存問世最早，也最普及的印度性愛手册，大約西元三到四世紀時由Vatsyayana改寫自許多古籍而成，倡議提升性靈生活的辦法。），或是治療手册裡的論調去塡充那塊空白公式的舉措，以便強調他們宣稱兩人攜手共創未來的必要性。

七、擺脫傳統包袱的愛不容任何愛的社會偏差形式，至少只容許個人的偏差形式。社會期待並認可只涉及兩人彼此之間的應許；任何意見不合或施暴行為都被人們視為破壞規則，要公開受罰。

八、愛的意義，相互扶持的意義永遠都要面對風險的挑戰。另外，人們據此也指明愛的世俗性格。此系統可能遭遇的主要威脅來自誰該決定攜手向前之路是否要繼續，而且該透過哪些方式進行。情人們有兩扇活板門得以操控；單是另一人的決定，愛的盡頭就可能瞬間降臨，而其關係人卻無從否決。至於拆夥的判準最終落在主觀的感受上，以及涉身其中的每一個關係人如何從他／她的夢想察覺他們的關係形態（或是從競爭的角度看關係的變化方向）。當前無數誤導人的相關討論背後總是隱藏有斬斷片面決定的斷頭台，強迫關係人神經緊張地像是籠中鼠一般圍著他們之間情感的界限亂轉。

九、**愛是兩人之間的教條主義，如果彼此關係進行得順利，那麼兩人的生活愉悅而契合，如果關係進行得不順利，那麼兩人的生活苦澀且不合。**一般而言，愛的教條主義隱身在洋溢和諧的情感背後，但是只要兩人之間爆發長時間的基本衝突，爲了唯一能保證他們感情的有效性和正確性的「眞實性」而爭辯，愛的教條主義就躍居幕前，發揮高度作用。眞實的就變成包括有差異的，爲「眞理」而衝突於是在所難免。「眞誠」和「支持某人的感受」突然隱含著關係終結，結束，只因爲我想要如此。整個過程本身就是教條主義式地進行著，根本不是個人決定所能左右的，因爲現代的愛的定義內在就蘊含著教條主義。諷刺的是，情人們能決定關於他們關係的一切，卻不能左右他們個人的決定模式，因爲他們自己就是這模式、而這模式靠感情決定一切。不過，這裡面暗示著，當共同生活分裂成兩套競爭地、僵化地抗拒任何尋求妥協的教條主義時，人們在這些關係裡感覺喜悅地飛上雲端其實和痛苦地墜落冰地一樣容易。

十、愛是工具理性行爲的對立面。愛不是人們追逐得到的目標，也不是憑勞動就得以收成的，更不是技術面得以改善精進的。愛也不是自動來自其他行動形式的附加效果。婚姻也不是人們可以借來捕捉愛與熟悉愛的施工圖，更不是處方。愛的分佈不平等，也不正義，並且不可能創造任何社會建構與階層。一個高舉愛的旗幟標舉它的主要政綱的政黨，不會傳佈或追隨可實現的政治目標。

十一、愛在我們的時代是後傳統的與反傳統的，愛致力於借助擺脫道德與拋開法律義務的力量，建立自己的性愛法則。愛不能被制度化，也不能被符碼化，甚至不能用任何普通的意義被證明是正當的，只要自由意志和相互認可是其行動取向的北極星。換言之，當不再被傳佈的宗教快速流失，而對我們的思考方式造成影響，愛就緊接而上，成爲沒有教士的宗教，並且靠著性的魅惑興隆壯大。至少，人們眞的已經看到所有外在控制的規範與準則都喪失其有效性，而交易活絡的市場——從流行歌曲經由色情文學到心理治療——已向個人滿足需求的渴望敞開閘門。

在此，要再次強調的是：**愛是主體性的宗教、是信仰，在《聖經》、教士、上帝、諸神與魔鬼、手與身軀那裡，人們看到愛人的而受愛折磨的個人的幻想與愚昧**。

可是，在這樣的愛的結構裡，天堂和地獄是怎樣相互交錯的？簡而言之，擺脫傳統束縛的愛，作爲一種純粹的關係就變成自我負責的徹底形式，一種希望與行動的圖示，在其中論題、法律、行爲、合法程序——事實上，一切——都全部握在愛侶手中。愛的基本模式支配著如何與爲何下決定，完全是沿著現代思考進步與啓蒙的路線前進，改變過去任何事都依命定方式行事的習俗，並將任務委託給個人。然而，這幅誘人的圖像掩蓋住一扇人們一時看不見的活板門，直到人們反對決定與裁判而提出申訴時才會發現它。人們能獲得的答案還是一樣：個人才有權彼此裁判。人們在此唯一清楚的是，愛所承諾的和睦、共識、相互支持等蒙蔽了人們認清事實的雙眼，當熱情煙消雲散，或者冷漠、懷疑、恐懼、仇恨傾囊而出時，決定權依然落在那些愛的鬥士的手掌心。愛，因此也是徹底的自我支配形式，跳脫制衡、不識裁判、不認規範，也不知訴訟程序，這些裁判、規範、訴訟程序在在都能幫助人們解決兩難困境，遠離控訴與爭論的污穢之地，帶領人們走入公正而客觀的法庭。於是，愛的鬥士們也是裁判其爭執的法官，他們自己的立法者與執行者。由是愛的民主得以實現，甚至剛好會變成它的反面：沒人去阻止，不受壓抑而放任爆發的仇恨，兩個不情願彼此相守，卻順應沒有感情的親密性虐待的人相互嘶吼，正因為兩人彼此清楚對方的弱點。於是，愛看來好似變成了一場國家有能力介入之前的中世紀的宗教戰爭。決定的決定，裁判的裁判在每一點上——規則、平衡、歷史、需求——都不能被轉移到他處，尋求替代方案，縱使危機四伏，也只能同時堅定不渝地，使它們成為隨愛的衝突而結合的事件。

從社會面向來看，愛是一艘晴天出航的遠洋船。一、兩個小風暴還能安然度過。雖然船員、船長、船帆、船桅和船身都是一體的，一但面臨大風暴，還是一團混亂。如果情況壞到像是裂縫得用撞破的木板堵住，那麼就會突然出現兩位船長爭奪指揮權，彼此怪罪未正確跟隨航海圖航行，甚至拿起毀損的船具互毆。因爲彼此相愛的誘惑落在它所提供的自由的感覺、相互理解和彼此滿足的感覺。因此，人們傾向忽略一個事實，那就是，這樣的感情狀態不是基於疏忽，也不是基於能夠排除的結構錯誤走向愛的反面，而是本來就注定要走向愛的反面。當幸福的寶藏不幸丟失，人們彼此只剩失望與懷疑時，那些以和諧與自由選擇爲基礎的東西，也不能以但書修正成有條件的自由。

人們設置的愛的陷阱正是愛吸引人們的安全性的反面：我們仰賴主體性，而且只有它，一旦人們不再受外在的束縛壓抑，就會迅速變成獨斷與粗暴。藉由創立自己的法律，只要愛的魔力消散了，而它們自己的意趣佔據中央，愛侶就打開了一扇通往無法則形式的大門。愛要求人們毫無保留地彼此敞開心胸，也因此人們手握邪惡的親密工具相互攻訐。作爲（受過市場訓練的）個人，我們把愛重鑄成它自己的立法者，使其順應我們自己的主張與意趣。這就是爲何我們不只經驗得到《新約》裡那位善體人意，又慈善悲憫的上帝，也還經驗得到《舊約》裡那位滿心嫉妒，又神秘難解的上帝了。

愛的衝突邏輯：制約

愛的機制遵循一項法則：沒法則的法則；這法則就是偏好個人需求的主體性與親密性的法則，就理念型的層面看來，它取消所有外在控制，摘除所有上訴與判決，只把一切委託給自己。

當然，這是一張隱藏在我們所能觀察到的變遷現象背後的「理念」的草圖，這也僅僅對我們暗示在我們的現實後面可能的發展，預示愛未來可能會變成什麼模樣。至於影響這些變遷的可能因素有：

——男人與女人在專業領域的地位和收入正走向平等，因為妨礙人們結合的經濟壓力減輕了，甚或消失了，所以愛能成為男女結合的主要紐帶。

——越來越多的伴侶來自不同的生活背景，因為如此，所以尋求共同生活的基礎與防止兩個不同生活背景的人悖離的離心力產生，就完全掌握在身在關係中的男人與女人的手裡。

——伴侶鮮少知道或理解對方的工作情境，所以很少有共享的經驗使他們連結在一起。

——國家與教會正從婚姻與親密關係中撤離他們作為立法者的角色，所以愛作為潛藏的、徹底自我管理地、追求親密性的形式，具有更大的空間去發展其內在的衝突。

——個人主義化——也就是個人的教育訓練、移動能力，與勞動市場的契約關係和非個人的管制——使愛似乎是回應寂寞的最好答案，並且信守有意義的和滿足物理與感性經驗的諾言。

有一些重要指標和長程趨勢（本書以許多不同的方式呈現）都提示人們這些變遷正在進行當中。例如，國際間的離婚法證明了國家與法律的撤離，以「傷害原則」取代罪則，也就是把罪的問題暫置一旁，只規制諸如與離婚相關的財務問題和小孩撫育的問題（Lucke, 1990）。

只要不涉及暴力行爲，類似程序也出現在所謂愛的偏差形式與偏差行爲的除罪化過程。這意味著合不合法的問題已經交由關係人自己去判斷。確實，教會，特別是天主教教會，深切地關注婚姻與家庭的發展，並公開呼籲人們遵守教義。但是，即使在最嚴峻的天主教地區，道德宣言和實際行爲之間卻存在著令人難以置信的鴻溝。這不僅適用於出生率的控制，也同樣適用於墮胎率的管制，例如，天主教國家波蘭，就是歐洲這兩項數字最高的地區之一。

再沒有比在弔詭裡讓人們更能看清楚愛的內在邏輯了，在其中人們迷失在自己看似個人主義式的混亂裡，爲之心煩意亂，而這樣的行爲邏輯，卻不受干擾地興隆壯大。

自由的弔詭

如果自由就是一切，那麼征服他人的自由本身，在愛被不自由追逐時就成了人們嚮往的目標。相對地，人們渴望他人爲了你的自由而自願征服他自己的自由。如何才能達成這個目標呢？正如沙特(Sartre)所提的問題：

如果不正是因爲另一個人使我成爲我，我爲何要將另一人據爲己有呢？不過這正包含了一個佔據的特殊模式；另一人的自由本身正是我們想要擁有的。但這不是一種權力的慾望。獨裁者蔑視愛情，害怕就足以使他滿足。如果他想要爭取他臣民的愛，那只不過是政治上的考量而已；如果他找得到奴役臣民更經濟的辦法，就會立刻採用。相反地，想要被愛的人並不渴望因為被愛而被奴役。他不願意變成一個奴役人且無意識的激情的對象。

他不想擁有一部愛的機器，而如果人們想要羞辱他，只要試圖說服他，那份被人愛的激情只不過是一種心理學決定論的結果，便已足夠達成此目的。如此一來，愛人者的愛和存在都變得廉價許多。如果崔思坦和伊索得（譯註：Tristan和Isolde都是華格納歌劇崔思坦裡的悲劇人物）只因為服飲春藥而瘋狂相戀，那麼他們兩人的愛情故事就不吸引人了。對被愛者全面奴役反而會扼殺愛人者的愛……。因此，愛人者並不想要像佔有一件物品一樣擁有被愛者；他需要的是佔有的特殊類型。他想把自由的人當自由一般擁有。

另一方面，愛人者也對作為不強制而自願的義務的自由這種崇高形式不滿足。誰會對一份絕然忠誠而且宣誓忠實的愛感到滿意？誰會心滿意足，當他肯定會聽到「我愛你，只因為我自願承擔這份義務，因為我不會違背我的誓言，因為我要對自己忠誠」等話語？因此愛人者要求誓言，卻總是被誓言攪得心煩意亂。**他想要被自由的人所愛，卻總是要求這個自由人本身不再是自由之身**。他希望，另一個人的自由應該決定它自己轉變成愛——這不只在情愛關係開始之初如此，也應該在關係進行的每一刻保持下去——同時他也要這個自由的人被他擄獲，瘋狂地、如痴如夢地飛奔向他，好像這個自由人自己願意被囚禁一般。而這個禁錮必然可以自行放棄，同時人們也希望能將之緊握在手。（Sartre, 1956:342-3）

眞實性的弔詭

愛對所有事情而言都是第一人稱單數：我的經驗、我的眞理、我的超越、我的救贖。這些不論是原則上或是實際上都以眞實性爲前提。那麼，眞誠是什麼意思呢？它的基礎何在？它如何制止人們像自由落體墜地般不斷詰問其本身？難道我對一份感情的態度必須像這份感情本身一樣確定？面對其他人以其眞情相待，令我難以理解，並且否決我自己的生命情趣，甚至以他堅定的愛的信念宣稱我的所愛時，我該如何回應？這些都是眞實性的弔詭。根據盧曼(Niklas Luhmann)的觀察，人們需要的是：

> 一項簡單而具藥效的原則，人們據此可以推開三百年來的定見，直接進入碇泊在人類存在與愛的發展地、真誠與不真誠難分難解的勾連裡。而撇開諸如下述問題不談，是否愛人者會允許被愛者盡情説出他想説的所有事，縱使世事瞬息萬變，一個人仍應該真誠嗎？另一人應該像温度計一般緊貼著我嗎？尤其是，為何面對他人的虛情假意，一個人仍應對其真情相待？

難道每一個存在不都是毫無根據的投射、不都是一個需要支持與保護不真誠地帶的計畫嗎？一個人是否確實能溝通自己的真誠，而不會同時使自己變得不真誠？

> 人們很難估計治療師對道德的影響（以及道德對治療師的影響），不過他們肯定害怕某些事情。他們以個人不穩定的健康、個人需要的心理支持取代愛的位置，而且他們唯一所能發展的愛的意象，就是基於對真誠的不真誠理解所恆久進行的相互治療。（Luhmann, 1984:210-11）

行動的弔詭

貧窮可以克服，不平等可以消除，也許軍事風險與技術風險也都可以降低。但是，相反地，愛卻不能被當作目的追求（也許是遭遇愛內在的衝突或是個人的杯葛），不能像萬應的神明被祈求，不能被壓抑，也不能以任何制度限制它。它發生了就是發生了，來時如閃電，或是，因爲那個人無法掌握，社會也不能控制的法律而逝去。同樣過程也會發生在愛的反面，漠不關心，它也是發生了就是發生了，或是會因爲愛的襲擊戛然而止。如果我們不沿著那唯一能使用的手段——目的的思考邏輯，我們如何獲取、保持，並使愛存活下去呢？如果每個人都去追求一個達不到的目的，或是嘗試去阻礙達成這目的，那麼會發生什麼事？如果我們抵制的目的變成達成此目的的捷徑，怎麼辦？或是達成目的時，卻正好變形成我們所希望的反面，又該如何？

在這人們爲愛而墜入愛河的新時代，也就是愛的技術性與理性運用達到顛峰的時代，人們或許正縱情於抵制理性力量的最終幸福類型，逃離現代性思考的掌握，並且正因如此吸引了大批信徒和模仿者。類似那在風險社會裡恰恰就是個人主義式愛的宗教的反面的焦慮，愛不能被解釋、被駁斥，甚至被討論；縱使有許多關於愛的關係的言論，或許正因爲如此，人們也難以眞正傳遞出他們的感受。

競爭的觀點

從概念史發展的角度而言，擺脫禁忌的愛的理論具有自己的價値系統和行動邏輯，越是往日常生活的實際裡紮根，越是（至少）不信任當前兩大行動觀點：

第一個錯誤是：心理學家和心理分析師所採用的觀點，認爲情緒紛亂的原因在於個人人格，並且投射在兒時經驗上。

但是，從我們觀點勾勒的狀態來看，人們獲得的結論應該是：愛的混亂和伴侶間的衝突不必然來自精神疾病或是外傷的經驗，反而是來自愛本身的內在矛盾，和愛本身令人眼花撩亂的多變性。堅持把個人系統的崩毀和混亂追溯回心理學問題和個人的過去，就好比把山難的原因責怪到「肛門功能失調」，把經濟通貨膨脹的原因責怪到「受壓抑的性慾」上一樣。

第二個錯誤是：擁有廣泛社會理論建構成的共識，認為社會意義應由能被記錄、被傳遞、被批判、被證明是合法的傳統來賦予，這樣的傳統或者必須經由教會和學校灌輸到下一個世代的腦袋和心中，或者自行揮發散去，喪失它的有效性。

不過，愛剛好反其道而行：拋卻傳統，擺脫道德正好為人們開啓了通往感官與情慾的大門。在這樣的影響之下，人們相信並依賴他們使生活值得生活下去的感受，信任他們自己內心深處的感情與渴望，不依任何老舊方法傳遞思考，回應他們自己在意識層次與潛意識層次的趨力與需求。這是具有雙重意義的個人宗教——它的動力源自於每一個個人，也同時承諾趨走寂寞；它是奠基於個人希望與恐懼的非傳統與後傳統，同時也提供它的信徒們目的的意義，發現他們自己需求的樂趣，以及愛的戰鬥力量。

來自未來的回顧，或是最後的情人節

讓我們就此進入二十一世紀，並以此書寫成當天刊在《國際前鋒論壇報》上的一則報導結束本書：

波士頓，二〇九〇年二月十四號——史書上記載，我們祖先最後一次慶祝情人節是一九九〇年。此後，在國定假日為愛慶祝的想法已聲名狼藉，這想法變得不合時宜，人們的日常生活已全然充斥著性、毒品和搖滾樂。

部分國會成員許久以來就反對情人節。八〇年代末期國會曾掀起討論，刪除任何假邱比特之名的裸體小孩所包藏意象的博物館經費。這場衝突進行到白熱化階段時，批判性的父母團體咸信商店應該在情人卡上標示父母的叮嚀。

關鍵性的結論乃是來自政府召集組織的「愛的委員會」完成的關於當年（一九九〇年）的愛的年度報告。結果並不令人意外，委員會的結論是，愛導致專家所指稱的「意識崩潰」。這個專業術語在講求嚴格客觀性的九〇年代含有清楚的預示。愛就是毒品，而美國人濫用它。

人們服用它後產生的症狀是有目共睹的、無所不在的，而且令人人心惶惶。委員會認為，陷入愛河的人都有意識不集中的問題。此外，他們也常會精神錯亂、做白日夢、兩眼直視天空地發呆、表現出衆所周知的「愛的盲目」。許多人還會經驗到沒胃口、心跳加速、顏面潮紅和光憑肉眼就能辨別的一些情況。

委員會論證許多，意圖指出愛的濫用對健康造成的效果著實令人憂心忡忡，對財務也會造成不小的損失。一般估計，戀人喪失的生產力一年約是數百萬美元的國民生產毛額，自從這股未受壓抑的情感佔了上風，或者說，陰謀地搶佔優勢。相反地，委員會指出，日本並不公開在國定假日慶祝愛。還需要委員會多說什麼嗎？

在美國，人們長期以來都關心愛。半世紀以前的一個世代曾經甚至以諸如「愛正橫掃美國」和「寶貝，我所能給你的只有愛」等舊標準質疑過上述潛在的反對姿態。

如今，這群披頭世代年齡漸長，人入中年後厭倦或放棄了毒品，他們開始改變自己對愛的專注，在他們孩子的身上追逐愛流露的痕跡。誰能不擔心那會使人興奮，使人心醉神迷的東西？

九〇年代以前，念歷史的人都知道，愛曾經是一個名詞或一個動詞。現在，愛越來越被當作像是「愛的沈迷」和「愛的病態」等形容詞使用。身陷愛河的人稱他們自己為彼此瘋狂。事實上，愛帶給人們依賴，或者更糟的是，彼此互賴。這可是一九八九—九〇那個政治變革的冬天許多暢銷書排行榜的主題。

二十一世紀的今天對美國人而言，從名字、性別到人們的心理治療計畫步驟一一介紹自己已是司空見慣：「嗨，我叫艾利思，我正在戀愛。」甚至在一九九〇年已有數以百萬計的人們迷戀於依照他們祖先曾經因倫理考量而結社的方式去組織社團。最權威的把愛作為一帖藥劑的前推手，艾力克•楊(Erica Jong)也開始著書倡言節制。禁戒之風開始運轉起來。

所有這一切在一九九〇年就為人們接受委員會的建議扎下根基。愛，這門傳染病的科學證明要求人們開始行動。

最高法院批准在工作場域裡隨機抽樣測試愛。人們集資為那些想找回自由的人設置計畫。教育者受命教導年輕人愛的風險。「羅密歐與茱莉葉」被查禁。在這種氣氛下，情人節已不再受人青睞。

今天，美國人要記錄他們從為愛沈淪爬到最後的情人節這條漫漫長路的日期。那最後也最微弱的縱慾，那最普及的痴迷終將消除。愛，已在掌控之中。

有一則報導指出，今天有些情侶碰頭時還會臉紅，但這泰半是在高空飛行表演以後出現的事。事實上，雖然節制從未完成任務，人們還是可以說，至少在後情人節的年代，我們已經幾乎完成了現代化那偉大的目標，除了悲慘不幸例外。感謝我們一九九〇年代的祖先，我們今天生活在愛的自由國度——美國。（Ellen Goodman, 'The Last Valentine's Day'）⑨

註釋

①本詩原文爲德文，英文版由葳貝爾(Jane Wiebel)譯自伊紗・班(Ilse Benn)編輯的《高非力・班全集》(Sämtliche Werke)，其中葛賀・蘇思特(Gerhard Schuster)編輯的第一冊：詩集一。此英譯文經斯圖佳城出版社克雷叩塔(Klett Cotta, 1986)同意刊載。

②「這些正是對家庭與小孩的意象與幻想，它們不僅保證生活的意義，而且是人們自有歷史以來的日常生活裡鮮少碰到的眞實家庭生活經驗」（瓦爾等人，一九八〇：三五）。

③這些估量在個人主義化生活世界的衝突情境裡追踪說明愛這個主題，因此，它們也要駁斥的想法是，傳統世界已被完全分解成「許多小的社會生活世界」（Hitzler, 1988:136ff.）。愛，已經是去除傳統的生活世界裡一項近乎強制的論題；這也同時指出，連結關於個人主義化趨勢的探討與有關新興社會模式與意義模式的探討有多重要。

④這句引文要感謝 Christoph Lau。

⑤關於這個論點，哈伯瑪斯經典的表述是：「意義不能被國家行政機關製造出來」(Jürgen Habermas, 1973:99)。杜比溯源回亞當斯密、黑格爾和托克維爾等人理念的一段長篇議論提到：「就像工業消耗石化原料一樣不可取代，自由主義市場社會的穩定也消耗掉那些難以靠它們自己內部的政治制度、經濟制度與文化制度去更新社會的社會道德」(Helmut Dubiel, 1987:1039ff.)。如果這裡援引的段落是站得住腳的論述，那麼我們應該從下述意涵的角度來重新思量這些觀察：人們能夠料想得到去除傳統包袱，卻充滿衝突的愛會是社會意義永遠走在現代化前端的來源嗎？我的回答是：這是個仍待討論的問題。如

果，這種論調是對的，愛是驅使男人與女人面對自己最深沈的內在，使他們惱怒，使他們受創傷，同時迫使他們反省與提升自己的生活形式、所走的路、未來、人格、性格、意志、信仰和懷疑等劇烈衝突的主要來源之一，那麼，這些可能正是人們獲取意義的來源。以之爲標靶而加以攻擊破壞愛的，並不是那些正面的、既有的而權威的清楚意義，反而正是湧自生活本質的衝突。這也正是後傳統意義的愛的形式。浮上檯面的問題就是，愛的本質會從內部侵蝕規範體系，會從根基刨掘它。有鑑於此，人們見識到許多新興的生活形態：退縮、自我折磨、犬儒主義，同時也見識到簡直是與之矛盾到極點的新視域、新世界觀、新生活風格，或至少是自我壓抑的欲求和爲自我尋求避難所的期待。這些都不是採用確定的形式與人們可以輕易採收的價值來表達的，而是藉由文化創傷的意涵，經感覺喚醒的與拖延優位性的感受所展現的方式。

當然，我也同意陸格曼（Thomas Luckmann, 1983:esp.188）的論點：愛作爲現代宗教所能具有的一項功能是，它只能在基層的領域創造意義，而且「唯有在此範圍內才能眞正擺脫那些大型制度的干涉」；就此觀點請參見本章在「愛的衝突邏輯：制約」段落的後續討論。

⑥浪漫主義與浪漫之愛這兩個概念無疑就像近來關於「浪漫主義的現代性」被點燃的辯論一般所顯示地一樣不甚清晰，而且語多歧義（見Bohrer, 1988）。盧曼(Niklas Luhmann)與我們近似，他認爲，其眞正的核心意義在於兩者之間存在有理想化與距離的特別關係。浪漫之愛「既是理想的，也是弔詭的，只要它宣稱其是二元化的統一。重點在於，奉獻自我的同時還保持自我與提升自我，充分貫徹愛的同時又諷刺愛。人們完全經由這樣的方式揭示新式而典型的浪漫弔詭：讀取、親身體驗和享受**距離**等強化經驗」

（Luhmann, 1984:210-11；盧曼原文即以斜體標示）；至於其歷史發展見坎貝爾 Campbell 1987與何內特 Honneth 1988b。

⑦此想法我要感謝 Christoph Lau。這論題並不等同於盧曼（一九八四）所說的「愛的反省性」之義，它指的不是歷史層面的新事態，而是「就抽象層面而言，對所有天賦與情境而言的一個可能性」。

⑧恪立司特瓦 Kristeva（一九八九），第十六頁：「所有思想性的哲學家，從柏拉圖到笛卡爾、黑格爾、康德都企圖確保掌握愛，這種經驗的眞實，也都消除這眞實裡顚覆的觀點，並且將之化約成一趟被最高的善與絕對精神牽引的發端之旅。唯有神學不然，……讓自己……陷入神聖的愛的妄想陷阱裡。」

⑨參見古德曼，〈最後的情人節〉，刊於《國際前鋒論壇報》，一九九〇年二月十四日。經《華盛頓郵報》集團授權刊載。

參考書目

Adorno, T. 1978: *Minima moralia*. London (Ger. orig. 1951).
Alberoni, F. 1983: *Verliebtsein und lieben: Revolution zu zweit*. Stuttgart (*Falling in Love*, New York).
—— 1987: *Erotik: Weibliche Erotik, männliche Erotik, was ist das?* Munich.
Allerbeck, K. and Hoag, W. 1985: *Jugend ohne Zukunft?: Einstellungen, Umwelt, Perspektiven*. Munich.
Andreas-Salomé, L. 1986: *Die Erotik*. Frankfurt and Berlin.
Ariès, P. 1962: *Centuries of Childhood: A Social History of Family Life*. New York (Ger. trans. 1978).
—— 1984: Liebe in der Ehe. In P. Ariès et al., *Die Masken des Begehrens und die Metamorphosen der Sinnlichkeit*, Frankfurt (*Western Sexuality: Practice and Precept in Past and Present*, Oxford, 1985).
Ayck, T. and Stolten, I. 1978: *Kinderlos aus Verantwortung*. Reinbek.
Bach, G. R. and Deutsch, R. M. 1979: *Pairing: Intimität und Offenheit in der Partnerschaft*. Reinbek.
Bach, G. R. and Molter, H. 1979: *Psychoboom: Wege und Abwege moderner Therapie*. Reinbek.
Bach, G. R. and Wyden, P. 1969: *The Intimate Enemy: How to Fight Fair in Love and Marriage*. New York.
Baden-Württemberg Provincial Government 1983: *Bericht der Kommission 'Zukunftsperspektiven gesellschaftlicher Entwicklungen', erstellt im Auftrag der Landesregierung von Baden-Württemberg*. Stuttgart.
Badinter, E. 1988: *Ich bin Du: Die neue Beziehung zwischen Mann und Frau*. Munich.
Badura, B. (ed.) 1981: *Soziale Unterstützung und chronische Krankheit: Zum Stand sozialepidemiologischer Forschung*. Frankfurt.
Baer, J. 1976: *How to be an Assertive (not Aggressive) Woman*. New York.
Baethge, M. 1985: Individualisierung als Hoffnung und Verhängnis. *Soziale Welt*, 3: 299f.
Barthes, R. 1978: *Fragments: A Lover's Discourse*. New York.

Beck, J. 1970: *How to Raise a Brighter Child*. London.
Beck, U. 1983: Jenseits von Stand und Klasse?: Soziale Ungleichheit, gesellschaftliche Individualisierungsprozesse und die Entstehung neuer sozialer Formationen und Identitäten. In Kreckel 1983: 35–74. (Beyond Status and Class? In Meja, Misgeld and Stehr (eds), *Modern German Sociology*, New York, 1987.)
—— 1986: *Risikogesellschaft: Auf dem Weg in eine andere Modernität*. Frankfurt (*Risk Society: Towards a New Modernity*, London, 1992).
—— 1988: *Gegengifte: Die organisierte Unverantwortlichkeit*. Frankfurt (*Ecological Politics in the Age of Risk*, Cambridge, 1995).
—— 1994: The Debate on the 'Individualization Theory' in Today's Sociology in Germany. In B. Schäfers (ed.), *Sociology in Germany: Development, Institutionalization, Theoretical Disputes*, Opladen.
Beck, U. and Beck-Gernsheim, E. (eds) 1994: *Riskante Freiheiten: Individualisierung in modernen Gesellschaften*. Frankfurt.
—— 1995: Individualization in Modern Societies. In S. Lash, P. Heelas and P. Morris (eds), *Detraditionalization*, Oxford.
Beck, U., Giddens, A. and Lash, S. 1994: *Reflexive Modernization: Politics, Tradition and Aesthetics in the Modern Social Order*. Cambridge.
Beck-Gernsheim, E. 1980: *Das halbierte Leben: Männerwelt Beruf, Frauenwelt Familie*. Frankfurt.
—— 1983: Vom 'Dasein für andere' zum Anspruch auf ein Stück 'eigenes Leben': Individualisierungsprozesse im weiblichen Lebenszusammenhang. *Soziale Welt*, 3: 307–41.
—— 1988a: *Die Kinderfrage: Frauen zwischen Kinderwunsch und Unabhängigkeit*. Munich.
—— 1988b: Zukunft der Lebensformen. In J. Hesse, H.-G. Rolff and C. Zoppel (eds), *Zukunftswissen und Bildungsperspektiven*, Baden-Baden: 99–118.
—— 1989: *Mutterwerden: Der Sprung in ein anderes Leben*. Frankfurt.
—— 1995: *Technology, the Market, and Morality: On Reproductive Medicine and Genetic Engineering*. Atlantic Highlands, NJ.
Becker-Schmidt, R. and Knapp, G.-A. 1985: *Arbeiterkinder gestern – Arbeiterkinder heute*. Bonn.
Behrens, K. (ed.) 1982: *Das Inselbuch vom Lob der Frau*. Frankfurt.
Béjin, A. 1984: Ehen ohne Trauschein heute. In P. Ariès et al., *Die Masken des Begehrens und die Metamorphosen der Sinnlichkeit*, Frankfurt (*Western Sexuality*, Oxford, 1985).
Benard, C. and Schlaffer, E. 1981: *Liebesgeschichten aus dem Patriarchat*. Reinbek.
—— 1985: *Viel erlebt und nichts begriffen: Die Männer und die Frauenbewegung*, Reinbek.
Benn, G. 1962: *Leben ist Brückenschlagen: Gedichte, Prosa, Autobiographisches*. Munich and Zurich.
Berger, B. and Berger, P. L. 1983: *The War over the Family*. New York.
Berger, J. 1986: Gibt es ein modernes Gesellschaftsstadium?: Marxismus und Modernisierungstheorie im Widerstreit. In J. Berger (ed.), *Die Moderne: Kontinuität und Zäsuren. Soziale Welt*, special volume 4: 79–96.

Berger, P. A. 1986: *Entstrukturierte Klassengesellschaft?* Opladen.
—— 1987: Klassen und Klassifikationen. *Kölner Zeitschrift für Soziologie und Sozialpsychologie*, 29: 59–85.
Berger, P. A. and Hradil, S. (eds) 1990: *Lebenslagen, Lebensläufe, Lebensstile. Soziale Welt*, special volume 7.
Berger, P. L. 1973: *Zur Dialektik von Religion und Gesellschaft.* Frankfurt.
—— 1983: Das Problem der mannigfachen Wirklichkeiten: Alfred Schütz und Robert Musil. In Gradhoff and Waldenfels (eds), *Sozialität und Intersubjektivität*, Munich.
Berger, P. L. and Kellner, H. 1965: Die Ehe und die Konstruktion der Wirklichkeit. *Soziale Welt*, 3: 220–35.
Berger, P. L., Berger, B. and Kellner, H. 1973: *The Homeless Mind: Modernization and Consciousness.* New York.
Bernard, J. 1976: *The Future of Marriage.* Harmondsworth.
Bernardoni, C. and Werner, V. (eds) 1983: *Der vergeudete Reichtum: Über die Partizipation von Frauen im Öffentlichen Leben.* Bonn.
Bertram, H. and Borrmann-Müller, R. 1988: Individualisierung und Pluralisierung familialer Lebensformen. *Aus Politik und Zeitgeschichte*, supplement to the weekly *Das Parlament*, 13: 14–22.
Bertram, H. and Dannenbeck, G. 1990: Zur Theorie und Empirie regionaler Disparitäten: Pluralisierung von Lebenslagen und Individualisierung von Lebensführungen in der BRD. In Berger, P. A. and Hradil, S. 1990.
Beyer, J., Lamott, F. and Meyer, B. (eds) 1983: *Frauenhandlexikon.* Munich.
Biermann, I., Schmerl, C. and Ziebell, L. 1985: *Leben mit kurzfristigem Denken: Eine Untersuchung zur Situation arbeitsloser Akademikerinnen.* Weilheim and Basle.
Bilden, H. 1989: Geschlechterverhältnis und Individualität im gesellschaftlichen Umbruch. In Keupp, H. and Bilden, H. (eds), *Verunsicherungen*, Göttingen: 19–46.
Blixen, T. 1986: *On Modern Marriage.* New York.
Bock-Rosenthal, T., Haase, C. and Streeck, S. 1978: *Wenn Frauen Karriere machen.* Frankfurt and New York.
Bohrer, K. H. 1988: Die Modernität der Romantik. *Merkur*, 469: 179–98.
Bolte, K.-M. 1980: Bestimmungsgründe der Geburtenentwicklung und Überlegungen zu einer möglichen Beeinflußbarkeit. In *Bevölkerungsentwicklung und nachwachsende Generation*, Schriftenreihe des Bundesministers für Jugend, Familie und Gesundheit, vol. 94, Stuttgart, Berlin, Cologne and Mainz: 64–91.
—— 1983: Subjektorientierte Soziologie. In Bolte, K.-M. and Treutner, E. (eds), *Subjektorientierte Arbeits- und Berufssoziologie*, Frankfurt: 12–36.
Bopp, J. 1984: Die Mamis und die Mappis: Zur Abschaffung der Vaterrolle. *Kursbuch 1967*, June: 53–74.
Borscheid, P. 1986: Romantic Love or Material Interest: Choosing Partners in Nineteenth-Century Germany. *Journal of Family History*, 2: 157–68.
Boston Women's Health Collective (ed.) 1971: *Our Bodies, Ourselves.* New York.
Braun, D. and Wohlfahrt, D. 1984: *Ich und du und unser Kind: Tagebücher aus dem Leben zu dritt.* Reinbek.

Bräutigam, H.-H. and Mettler, L. 1985: *Die programmierte Vererbung: Möglichkeiten und Gefahren der Gentechnologie.* Hamburg.
Brinker-Gabler, G. (ed.) 1979: *Frauenarbeit und Beruf.* Frankfurt.
Brod, H. (ed.) 1987: *The Making of Masculinity.* Boston.
Brontë, C. 1966: *Jane Eyre.* Harmondsworth (first edn 1847).
Brose, H. G. and Hildenbrand, B. (eds) 1988: *Vom Ende des Individuums zur Individualität ohne Ende.* Opladen.
Brose, H. G. and Wohlrab-Sahr, M. 1986: Formen individualisierter Lebensführung von Frauen: ein neues Arrangement zwischen Familie und Beruf? In H. G. Brose (ed.), *Berufsbiographien im Wandel,* Opladen: 105–45.
Bruckner, G. and Finkielkraut, A. 1979: *Die neue Liebesunordnung.* Munich.
Bruker, M. O. and Gutjahr, I. 1986: *Biologischer Ratgeber für Mutter und Kind.* Lahnstein.
Buchholz, W. et al. 1984: *Lebenswelt und Familienwirklichkeit.* Frankfurt.
Bullinger, H. 1986: *Wenn Paare Eltern werden.* Reinbek.
Burckhardt, J. 1958: *The Civilization of the Renaissance in Italy.* New York (Ger. orig. 1858).
Burkart, G., Fietze, B. and Kohli, M. 1989: *Liebe, Ehe, Elternschaft: Eine qualitative Untersuchung über den Bedeutungswandel von Paarbeziehungen und seine demographischen Konsequenzen* (*Materialien zur Bevölkerungswissenschaft,* no. 60, ed. Bundesinstitut für Bevölkerungsforschung). Wiesbaden.
Campbell, C. 1987: *The Romantic Ethic and the Spirit of Modern Consumerism.* Oxford.
Cancian, F. M. 1985: Gender Politics: Love and Power in the Private and Public Spheres. In A. S. Rossi (ed.), *Gender and the Lifecourse,* New York: 253–65.
—— 1986: The Feminization of Love. *Signs,* 4: 692–709.
Capek, K. 1985: Romeo und Julia: Eine Erzählung. *Süddeutsche Zeitung,* 25–7 May.
Chesler, P. 1979: *With Child: A Diary of Motherhood.* New York.
Chester, R. (ed.) 1982: *Children and Marriage.* Special issue of the *International Journal of Sociology and Social Policy,* 2/3.
Christie, A. 1977: *An Autobiography.* New York.
Cohen, A. 1983: *Die Schöne des Herrn.* Stuttgart.
—— 1984: *Das Buch meiner Mutter.* Stuttgart.
Cook, E. H. and Harrell, K. F. 1984: *Parental Kidnapping: A Bibliography.* Monticello: Vance Bibliographies.
Cunningham, M. 1991: *A Home at the End of the World.* London.
Daele, W. van den 1985: *Mensch nach Mass?: Ethische Probleme der Genmanipulation und Gentherapie.* Munich.
Degler, C. N. 1980: *Women and the Family in America from the Revolution to the Present.* New York.
Demos, J. and Boocock, S. S. (eds) 1978: *Turning Points: Historical and Sociological Essays on the Family.* Chicago.
Diezinger, A., Marquardt, R. and Bilden, H. 1982: *Zukunft mit beschränkten Möglichkeiten, Projektbericht.* Munich.

Dische, I. 1983: Das schönste Erlebnis. *Kursbuch*, 72 (June): 28–32.
Dörre, K. 1987: *Risiko-Kapitalismus: Zur Kritik von Ulrich Becks Weg in eine andere Moderne*. Marburg.
Dowrick, S. and Grundberg, S. (eds) 1980: *Why Children?* New York and London.
Dubiel, H. 1987: Zur Ökologie der sozialen Arbeit. *Merkur*: 1039ff.
Duby, G. 1983: *The Knight, the Lady and the Priest: the Making of Modern Marriage in Medieval France*. New York.
Durkheim, E. 1933: *The Division of Labor in Society*. New York (Fr. orig. 1893).
Ehrenreich, B. 1983: *The Hearts of Men*. New York.
—— 1984: The Politics of Talking in Couples: Conversus Interruptus and other Disorders. In A. M. Jaggar and P. S. Rothenberg (eds), *Feminist Frameworks*, New York: 73–6.
Ehrenreich, B. and English, D. 1979: *For Her Own Good: 150 Years of the Experts' Advice for Women*. London.
Ehrenreich, B., Hess, E. and Jacobs, G. 1986: *Remaking Love; The Feminization of Sex*. New York.
Eichenbaum, L. and Orbach, S. 1983: *What Do Women Want?: Exploding the Myth of Dependency*. New York.
Elias, N. 1978: *The Civilization Process: The History of Manners*. New York.
—— 1985: Foreword. In M. Schröter, *'Wo zwei zusammen kommen in rechter Ehe . . .': Sozio- und psychogenetische Studien über Eheschliessungsvorgänge vom 12. bis 15. Jahrhundert*, Frankfurt: vii–xi.
—— 1991: *The Society of Individuals*. Oxford.
Elschenbroich, D. 1988: Eine Familie, zwei Kulturen: Deutsch-ausländische Familien. In Deutsches Jugendinstitut (ed.), *Wie geht's der Familie?: Ein Handbuch zur Situation der Familien heute*, Munich: 363–70.
Enzensberger, H. M. 1988: *Requiem für eine romantische Frau: Die Geschichte von Auguste Bussmann und Clemens Brentano*. Berlin.
Erler, G. A. 1985: Erdöl und Mutterliebe: Von der Knappheit einiger Rohstoffe. In T. Schmidt (ed.), *Das pfeifende Schwein*, Berlin.
Esser, H. 1989: Verfällt die soziologische Methode? *Soziale Welt*, 1/2: 57–75.
Fabe, M. and Wikler, N. 1979: *Up Against the Clock: Career Women Speak on the Choice to Have Children*. New York.
Fallaci, O. 1976: *Letter to a Child Never Born*. New York.
—— 1980: *A Man*. New York.
Federal Minister of Education and Science (ed.) 1982–3, 1984–5, 1988–9, 1989–90: *Grund- und Strukturdaten*. Bonn.
Federal Minister of Youth, Family and Health (ed.) 1980: *Frauen 80*. Bonn.
—— 1984: *Frauen in der Bundesrepublik*. Bonn.
—— 1985: *Nichteheliche Lebensgemeinschaften in der Bundesrepublik Deutschland (Schriftenreihe des Bundesministers für Jugend, Familie und Gesundheit*, vol. 170). Stuttgart, Berlin, Cologne and Mainz.
Federal Office of Statistics (ed.) 1983a: *Frauen in Familie, Beruf und Gesellschaft, Ausgabe 1983*. Wiesbaden.
—— 1983b: *Datenreport*. Bonn.
—— 1987: *Frauen in Familie, Beruf und Gesellschaft, Ausgabe 1987*. Wiesbaden.

—— 1988: *Statistisches Jahrbuch 1988 (für die Bundesrepublik Deutschland)*. Bonn.

Fend, H. 1988: Zur Sozialgeschichte des Aufwachsens. In Deutsches Jugendinstitut (ed.), *25 Jahre Deutsches Jugendinstitut e.V.: Dokumentation der Festveranstaltung und des Symposiums*, Munich: 157–73.

Fischer, E. 1983: *Jenseits der Träume: Frauen um Vierzig*. Cologne.

Fischer, I. 1989: Der andere Traum vom eigenen Baby. *Geo-Wissen, Sonderheft Sex–Geburt–Genetik* (May): 46–58.

Fishman, P. M. 1982: Interaction: The Work Women Do. In R. Kahn-Hut, A. K. Daniels and R. Colvard (eds), *Women and Work: Problems and Perspectives*, New York: 170–80.

Flandrin, J. L. 1984: Das Geschlechtsleben der Eheleute in der alten Gesellschaft. In P. Ariès et al., *Die Masken des Begehrens und die Metamorphosen der Sinnlichkeit*, Frankfurt (*Western Sexuality*, Oxford, 1985).

Fleming, A. T. 1989: When a Loving Nest Remains Empty. *New York Times*, 15 March 1989.

Flitner, A. 1988: Zerbrechliche Zukunft. In his *Für das Leben–oder für die Schule?*, Weinheim: 211–19.

Foucault, M. 1978: *The History of Sexuality*. New York (Fr. orig. 1976).

Frankl, V. E. 1984: *Das Leiden am sinnlosen Leben: Psychotherapie für heute*. Freiburg.

Fuchs, R. 1988: *Die Technisierung der Fortpflanzung*. Berlin.

Fuchs, W. 1983: Jugendliche Statuspassage oder individualisierte Jugendbiographie? *Soziale Welt*, 3: 341–71.

—— 1984: *Biographische Forschung*. Opladen.

Furstenberg, F. Jr. 1987: Fortsetzungsehen: Ein neues Lebensmuster und seine Folgen. *Soziale Welt*, 1: 29–39.

Gabbert, K. 1988: Prometheische Schamlosigkeit. *Ästhetik und Kommunikation*, 69: 85–91.

Garfinkel, P. 1986: *In a Man's World*. New York.

Gensior, S. 1983: Moderne Frauenarbeit. In *Karriere oder Kochtopf, Jahrbuch für Sozialökonomie une Gesellschaftstheorie*. Opladen.

Gerhard, U. 1978: *Verhältnisse und Verhinderungen: Frauenarbeit, Familie und Rechte der Frauen im 19. Jahrhundert*. Frankfurt.

Geulen, D. 1977: *Das vergesellschaftete Subjekt*. Frankfurt.

Gilligan, C. 1982: *In a Different Voice: Psychological Theory and Women's Development*. Cambridge, Mass.

Glick, P. C. 1984: Marriage, Divorce, and Living Arrangements: Prospective Changes. *Journal of Family Issues*: 7–26.

Goldberg, H. 1979: *Der verunsicherte Mann: Wege zu einer neuen Identität aus psychotherapeutischer Sicht*. Reinbek.

Goody, J. 1983: *The Development of the Family and Marriage in Europe*. Cambridge.

Gordon, S. 1985: Interview with Jean Baker Miller. *Ms.* (July): 42.

Grass, G. 1980: *Kopfgeburten*. Darmstadt: Eng. trans. as *Headbirths; or The Germans are Dying Out*, 1983.

Gravenhorst, L. 1983: Alleinstehende Frauen. In J. Beyer et al. (eds), *Frauenhandlexikon: Stichworte zur Selbstbestimmung*, Munich: 16f.
Groffy, C. and Groffy, U. (eds) 1986: *Das Insel-Buch der Ehe*. Frankfurt.
Gronemeyer, R. 1989: *Die Entfernung vom Wolfsrudel: Über den drohenden Krieg der Jungen gegen die Alten*. Düsseldorf.
Gross, P. 1985: Bastelmentalität. In T. Schmidt (ed.), *Das pfeiefende Schwein*, Berlin: 63–84.
Gross, P. and Honer, A. 1990: Multiple Elternschaften. *Soziale Welt*, 1.
Gstettner, P. 1981: *Die Eroberung des Kindes durch die Wissenschaft: Aus der Geschichte der Disziplinierung*. Reinbek.
Habermas, J. 1973: *Legitimationsprobleme im Spätkapitalismus*. Frankfurt (*Legitimation Crisis*, Cambridge, 1988).
—— 1988: *Nachmetaphysisches Denken: Philosophische Aufsätze*. Frankfurt.
Hage, V. 1987: Ferne Frauen, fremde Männer. *Die Zeit*, 11 December.
Hahn, A. 1988: Familie und Selbstthematisierung. In K. Lüscher et al. (eds), *Die 'postmoderne' Familie*, Konstanz: 169–79.
Handke, P. 1982: *Kindergeschichte*. Frankfurt.
Häsing, H. (ed.) 1983: *Mutter hat einen Freund: Alleinerziehende Mütter berichten*. Frankfurt.
Häsing, H. and Brandes, V. (eds) 1983: *Kinder, Kinder!: Lust und Last der linken Eltern*. Frankfurt.
Häussler, M. 1983: Von der Enthaltsamkeit zur verantwortungsbewussten Fortpflanzung: Über den unaufhaltsamen Aufstieg der Empfängnisverhütung und seine Folgen. In M. Häussler et al., *Bauchlandungen: Abtreiben–Sexualität–Kinderwunsch*, Munich: 58–73.
Heiliger, A. 1985: Alleinerziehende Mütter: Ohne Partner glücklicher. *Psychologie heute* (December): 10–11.
Heitmeyer, W. and Möller, K. 1988: Milieu-Einbindung un Milieu-Erosion als individuelles Sozialisationsproblem. *Zeitschrift für erziehungswissenschaftliche Forschung:* 115–144.
Hennig, C. 1989: *Die Entfesselung der Seele: Romantischer Individualismus in den deutschen Alternativkulturen*. Frankfurt.
Hennig, M. and Jardim, A. 1977: *The Managerial Woman*. New York.
Hentig, H. von 1978: Vorwort. In P. Ariès, *Geschichte der Kindheit*, Munich.
Hite, S. and Colleran, K. 1989: *Kein Mann um jeden Preis: Das neue Selbstverständnis der Frau in der Partnerbeziehung*. Niederhausen.
Hitzler, R. 1988: *Sinnwelten*. Opladen.
Hoff, A. and Scholz, J. 1985: *Neue Männer in Beruf und Schule: Forschungsbericht*. Berlin.
Hoffmann-Nowotny, H.-J. 1988: Ehe und Familie in der modernen Gesellschaft. *Aus Politik und Zeitgeschichte*, supplement to the weekly *Das Parlament*, B 13: 3–13.
Höhn, C. Mammey, U. and Schwarz, K. 1981: Die demographische Lage in der Bundesrepublik Deutschland. *Zeitschrift für Bevölkerungswissenschaft*, 2: 139–230.

Hollstein, W. 1988: *Nicht Herrscher, aber kräftig: Die Zukunft der Männer*. Hamburg.
Hölzle, C. 1989: Die physische und psychische Belastung durch In-vitro-Fertilisation. *pro familia magazin*, 5: 5–8.
Homan, W. E. 1980: *Kinder brauchen Liebe – Eltern brauchen Rat*. Munich.
Honig, M.-S. 1988: Kindheitsforschung: Abkehr von der Pädagogisierung. *Soziologische Revue*, 2: 169–78.
Honneth, A. 1988a: Soziologie: Eine Kolumne. *Merkur*, 470: 315–19.
—— 1988b: Soziologie: Eine Kolumne. *Merkur*, 477: 961–5.
Höpflinger, F. 1984: Kinderwunsch und Einstellung zu Kindern. In H.-J. Hoffmann-Nowotny et al., *Planspiel Familie: Familie, Kinderwunsch und Familienplanung in der Schweiz*, Diessenhofen: 77–181.
Hornstein, W. 1985: Strukturwandel im gesellschaftlichen Wandlungsprozess. In S. Hradil (ed.), *Sozialstruktur im Umbruch: Karl Martin Bolte zum 60. Geburtstag*, Opladen: 323–42.
—— 1988: Gegenwartsdiagnose und pädagogisches Handeln. *Zeitschrift für Pädagogik*, 34.
Hubbard, R. 1984: Personal Courage is Not Enough: Some Hazards of Childbearing in the 1980s. In R. Arditti et al. (eds), *Test-Tube Women: What Future for Motherhood?*, London: 331–55.
Hurrelmann, K. 1989: Warum Eltern zu Tätern werden: Ursachen von Gewalt gegen Kinder. *Forschung – Mitteilungen der DFG*, 1: 10–12.
Ibsen, H. 1986: *A Doll's House and Other Plays*, trans. Peter Watts. Harmondsworth.
Illich, I. 1985: Einführung in der Kulturgeschichte der Knappheit. In A. H. Pfürtner (ed.), *Wider den Turmbau zu Babel: Disput mit Ivan Illich*, Reinbek: 12–31.
Imhof. A. E. 1981: *Die gewonnenen Jahre*. Munich.
—— 1984: *Die verlorenen Welten*. Munich.
Institute for Demographics, Allensback/Köcher, R. 1985: *Einstellungen zu Ehe und Familie im Wandel der Zeit*. Stuttgart.
Jaeggi, E. and Hollstein, W. 1985: *Wenn Ehen älter werden: Liebe, Krise, Neubeginn*. Munich.
Jannberg, J. 1982: *Ich bin ich*. Frankfurt.
Jong, E. 1974: *Fear of Flying*. London.
—— 1985: *Parachutes and Kisses*. London.
Jourard, S. M. 1982: Ehe fürs Leben – Ehe zum Leben. *Familiendynamik*, 2: 171–82.
Kamerman, S. B. 1984: Women, Children and Poverty: Public Policies and Female-headed Families in Industrialized Countries. In *Women and Poverty*, special issue of *Signs: Journal of Women in Culture and Society*, 10/2: 249–71.
Kaufmann, F.-X. 1988: Sozialpolitik und Familie. In *Aus Politik und Zeitgeschichte*, supplement to the weekly *Das Parlament*, B 13: 34–43.
Kaufmann, F.-X., Herlth, A., Quitmann, J., Simm, R. and Strohmeier, P. 1982: Familienentwicklung: Generatives Verhalten im familialen Kontext. *Zeitschrift für Bevölkerungswissenschaft*, 4: 523–45.

Kern, B. and Kern, H. 1988: *Madame Doctorin Schlözerin: Ein Frauenleben in den Widersprüchen der Aufklärung*. Munich.

Kerner, C. 1984: *Kinderkriegen: Ein Nachdenkbuch*. Weinheim and Basel.

Keupp, H. 1988: *Riskante Chancen: Das Subjekt zwischen Psychokultur und Selbstorganisation*. Heidelberg.

Keupp, H. and Bilden, H. (eds) 1989: *Verunsicherungen: Das Subjekt im gesellschaftlichen Wandel*. Munich.

Kitzinger, S. 1980: *The Complete Book of Pregnancy and Childbirth*. New York.

Klages, H. 1988: *Wertedynamik: Über die Wandelbarkeit des Selbstverständlichen*. Zurich.

Klein, R. D. 1987: Where Choice Amounts to Coercion: The Experiences of Women on IVF Programs. Address at the Third International Interdisciplinary Women's Congress, Dublin (mimeographed ms.).

Kohli, M. 1985: Die Institutionalisierung des Lebenlaufes. *Kölner Zeitschrift für Soziologie und Sozialpsychologie*, 1: 1–29.

—— 1988: Normalbiographie und Individualität. In H. G. Brose and B. Hildenbrand (eds), *Vom Ende des Individuums zur Individualität ohne Ende*, Opladen: 33–54.

Krantzler, M. 1974: *Creative Divorce: A New Opportunity for Personal Growth*. New York.

Krechel, U. 1983: Meine Sätze haben schon einen Bart: Anmahnung an die neue Weiblichkeit. *Kursbuch* (September): 143–55.

Kreckel, R. (ed.) 1983: *Soziale Ungleichheiten*. Special issue of *Soziale Welt*.

Kristeva, J. 1989: *Geschichten von der Liebe*. Frankfurt (*Tales of Love*, New York).

Kuhn, H. 1975: *'Liebe': Geschichte eines Begriffes*. Munich.

Kundera, M. 1974: *Laughable Loves*. New York (Czech orig. pre-1968).

Lange, H. and Bäumer, G. (eds) 1901: *Handbuch von der Frauenbewegung, I. Teil: Die Geschichte der Frauenbewegung in den Kulturländern*. Berlin.

Langer-El Sayed, I. 1980: *Familienpolitik: Tendenzen, Chancen, Notwendigkeiten*. Frankfurt.

Lasch, C. 1977: *Haven in a Heartless World: The Family Besieged*. New York.

Lau, C. 1988: Gesellschaftliche Individualisierung und Wertwandel. In H. O. Luthe and H. Meulemann (eds), *Wertwandel–Faktum oder Fiktion?*, Frankfurt and New York.

Lazarre, J. 1977: *The Mother Knot*. New York.

Ledda, G. 1978: *Padre, Padrone*. Zurich.

Lempp, R. 1986: *Familie im Umbruch*. Munich.

Ley, K. 1984: Von der Normal- zur Wahlbiographie. In M. Kohli and G. Robert (eds), *Biographie und soziale Wirklichkeit*, Stuttgart: 239–60.

Liegle, L. 1987: *Welten der Kindheit und der Familie*. Weinheim and Munich.

Lorber, J. and Greenfield, D. 1987: Test-Tube Babies and Sick Roles: Couples' Experiences with In Vitro Fertilization. Address at the Third International Interdisciplinary Women's Congress, Dublin (mimeographed ms.).

Lucke, D. 1990: Die Ehescheidung als Kristallisationskern geschlechtsspezifischer Ungleichheit im Lebenslauf von Frauen. In P. L. Berger and S. Hradil 1990.

Luckmann, T. 1983: *Life-World and Social Realities*. London.
Lüscher, K. 1987: Familie als Solidargemeinschaft aller Familienangehörigen: Erwartungen und Möglichkeiten. In *Familienideal, Familienalltag* (Schriften des deutschen Vereins für öffentliche und private Fürsorge, vol. 226), Frankfurt: 22–37.
Luhmann, N. 1984: *Liebe als Passion: Zur Codierung von Intimität*. Frankfurt (*Love as Passion*, Cambridge, 1986).
—— 1985: Die Autopoiesis des Bewusstseins. *Soziale Welt*, 4: 402–46.
—— 1989: Individuum, Individualität, Individualismus. In his *Gesellschaftsstruktur und Semantik*, III, Frankfurt: 149–258.
Lutz, W. 1985: Heiraten, Scheidung und Kinderzahl: Demographische Tafeln zum Familien-Lebenszyklus in Österreich. In *Demographische Informationen*: 3–20.
Maase, K. 1984: Betriebe ohne Hinterland. In *Marxistische Studien, Jahrbuch des IMSF*, Frankfurt.
Mackenzie, N. and Mackenzie, J. (eds): *The Diary of Beatrice Webb, Volume Three, 1905–1924*. London.
Mayer, E. 1985: *Love and Tradition: Marriage between Jews and Christians*. New York and London.
Mayer, K. U. 1989: Empirische Sozialstrukturanalyse und Theorien gesellschaftlicher Entwicklung. *Soziale Welt*, 1/2: 297–308.
Meller, L. 1983: *Lieber allein: Zur Situation weiblicher Singles*. Frankfurt.
Merian, S. 1983: *Der Tod des Märchenprinzen*. Reinbek.
Merrit, S. and Steiner, L. 1984: *And Baby Makes Two: Motherhood without Marriage*. New York.
Metz-Göckel, S. and Müller, U. 1987: Partner oder Gegner?: Überlebensweisen der Ideologie vom männlichen Familienernährer. *Soziale Welt*, 1: 4–28.
Metz-Göckel, S., Müller, U. and Brigitte Magazine 1985: *Der Mann*. Hamburg.
Michal, W. 1988: *Die SPD–staatstreu und jugendfrei*. Reinbek.
Michelmann, H. W. and Mettler, L. 1987: Die In-vitro-Fertilisation als Substitutionstherapie. In S. Wehowsky (ed.), *Lebensbeginn und Menschenwürde: Stellungnahmen zur Instruktion der Kongregation für Glaubenslehre vom 22.2.1987* (*Gentechnologie*, 14), Frankfurt and Munich: 43–51.
Mooser, J. 1983: Auflösung der proletarischen Milieus, Klassenbindung und Individualisierung in der Arbeiterschaft vom Kaiserreich bis in die Bundesrepublik Deutschland. *Soziale Welt*, 3: 270–306.
Müller, W., Willms, A. and Handl, J. 1983: *Strukturwandel der Frauenarbeit 1880–1980*. Frankfurt.
Münz, R. 1983: Vater, Mutter, Kind. In G. Pernhaupt (ed.), *Gewalt am Kind*, Vienna: 33–44.
Muschg, G. 1976: Bericht von einer falschen Front. In H. P. Piwitt (ed.), *Literaturmagazin 5*, Reinbek.
Musil, R. 1952: *Der Mann ohne Eigenschaften*. Hamburg (first edn, 2 vols, 1930–3; Eng. trans. as *The Man without Qualities*, 3 vols, 1953–60).
Nave-Herz, R. 1987: Bedeutungswandel von Ehe und Familie. In H. J. Schulze and T. Mayer (eds), *Familie–Zerfall oder neue Selbstverständnis?*, Würzburg: 18–27.

—— 1988: *Kinderlose Ehen: Eine empirische Studie über die Lebenssituation kinderloser Ehepaare und die Gründe für ihre Kinderlosigkeit.* Weinheim and Munich.

Neckel, S. 1989: Individualisierung und Theorie der Klassen. *Prokla*, 76: 51–9.

Neidhardt, F. 1975: *Die Familie in Deutschland: Gesellschaftliche Stellung, Struktur und Funktion.* Opladen (4th expanded edition).

Nichteheliche Lebensgemeinschaften in der Bundesrepublik Deutschland 1985: Schriftenreihe des Bundesministers für Familie, Jugend und Gesundheit, 170. Stuttgart.

Norwood, R. 1985: *Women who Love too Much: When You Keep Wishing and Hoping He'll Change.* New York and Los Angeles.

Nunner-Winkler, G. 1985: Identität und Individualität. *Soziale Welt*, 4: 466–82.

—— 1989: Identität im Lebenslauf. In Psychologie heute (ed.), *Das Ich im Lebenslauf*, Weinheim.

ÖKO-TEST 1988: *Ratgeber Kleinkinder.* Reinbek.

Olerup, A., Schneider, L. and Monod, E. 1985: *Women, Work and Computerization: Opportunities and Disadvantages.* New York.

O'Reilly, J. 1980: *The Girl I Left Behind.* New York.

Ostner, I. and Krutwa-Schott, A. 1981: *Krankenpflege: Ein Frauenberuf?* Frankfurt.

Ostner, I. and Pieper, B. 1980: Problemstruktur Familie – oder: Über die Schwierigkeit, in und mit Familie zu leben. In Ostner and Pieper (eds), *Arbeitsbereich Familie: Umrisse einer Theorie der Privatheit.* Frankfurt and New York.

Palmer, C. E. and Noble, D. N. 1984: Child Snatching. *Journal of Family Issues*, 5/1: 27–45.

Papanek, H. 1979: Family Status Production: The 'Work' and 'Non-work' of Women. *Signs*, 4/4: 775–81.

Partner, P. 1984: *Das endgültige Ehebuch für Anfänger und Fortgeschrittene.* Munich.

Pearce, D. and McAdoo, H. 1981: *Women and Children: Alone and in Poverty.* Washington.

Perls, F. and Stevens, J. O. 1969: *Gestalt Therapy Verbatim.* Lafayette, California.

Permien, H. 1988: Zwischen Existenznöten und Emanzipation: Alleinerziehende Eltern. In Deutsches Jugendinstitut (ed.), *Wie geht's der Familie?: Ein Handbuch zur Situation der Familien heute*, Munich: 89–97.

Pfeffer, N. and Woollett, A. 1983: *The Experience of Infertility.* London.

Pilgrim, V. E. 1986: *Der Untergang des Mannes.* Reinbek.

Plessen, E. 1976: *Mitteilung an den Adel.* Zurich.

Praschl, P. 1988: Bloss keine Blösse geben. *Stern*, 13: 38.

Praz, M. 1933: *The Romantic Agony.* London.

Preuss, H. G. 1985: *Ehepaartherapie: Beitrag zu einer psychoanalytischen Partnertherapie in der Gruppe.* Frankfurt.

Pross, H. 1978: *Der deutsche Mann.* Reinbek.

Quintessenzen aus der Arbeitsmarkt- und Berufsforschung 1984: Frauen und Arbeitsmarkt. Nuremberg.

Rapp, R. 1984: XYLO: A True Story. In R. Arditti et al. (eds), *Test-Tube Women – What Future for Motherhood?*, London: 313–28.
Ravera, L. 1986: *Mein liebes Kind.* Munich.
Reim, D. (ed.) 1984: *Frauen berichten vom Kinderkriegen.* Munich.
Rerrich, M. S. 1983: Veränderte Elternschaft. *Soziale Welt*, 4: 420–49.
—— 1988: *Balanceakt Familie: Zwischen alten Leitbildern und neuen Lebensformen.* Freiburg.
—— 1989: Was ist neu an den 'neuen Vätern'. In H. Keupp and H. Bilden (eds), *Verunsicherungen*, Göttingen: 93–102.
Richter, H. E. 1969: *Eltern, Kind, Neurose: Die Rolle des Kindes in der Familie.* Reinbek.
Riehl, W. H. 1861: *Die Familie.* Stuttgart.
Riesman, D. 1981: Egozentrik in Amerika. *Der Monat*, 3: 111–23.
Rifkin, J. 1987: *Kritik der reinen Unvernunft.* Reinbek.
Rilke, R. M. 1980: *Briefe.* Frankfurt.
Ritsert, J. 1987: Braucht die Soziologie den Begriff der Klasse? *Leviathan*, 15: 4–38.
Rolff, H.-G. and Zimmermann, P. 1985: *Kindheit und Wandel: Eine Einführung in die Sozialisation im Kindesalter.* Weinheim and Basle.
Roos, B. and Hassauer, F. (eds) 1982: *Kinderwunsch: Reden und Gegenreden.* Weinheim and Basle.
Rosenbaum, H. (ed.) 1978: *Seminar: Familie und Gesellschaftsstruktur.* Frankfurt.
—— 1982: *Formen der Familie: Untersuchungen zum Zusammenhang von Familienverhältnissen, Sozialstruktur und sozialem Wandel in der deutschen Gesellschaft des 19. Jahrhunderts.* Frankfurt.
Rosenmayr, L. 1984: *Die späte Freiheit.* Munich.
—— 1985: Wege zum Ich vor bedrohter Zukunft. *Soziale Welt*, 3: 274ff.
Rossi, A. S. (ed.) 1974: *The Feminist Papers: From Adams to de Beauvoir.* New York.
Roth, C. 1987: Hundert Jahre Eugenik. In Roth (ed.), *Genzeit: Die Industrialisierung von Pflanze, Tier und Mensch: Ermittlungen in der Schweiz*, Zurich: 93–118.
Rothman, B. K. 1985: Die freie Entscheidung und ihre engen Grenzen. In R. Arditti et al. (eds), *Retortenmütter*, Reinbek: 19–30.
—— 1988: *The Tentative Pregnancy: Prenatal Diagnosis and the Future of Motherhood.* London.
Rubin, L. B. 1983: *Intimate Strangers: Men and Women Together.* New York.
Ryder, N. B. 1979: The Future of American Fertility. *Social Problems*, 26/3: 359–70.
Sartre, J.-P. 1956: *Being and Nothingness*, trans. Hazel E. Barnes. New York (Fr. orig., 1943).
Schellenbaum, P. 1984: *Das Nein in der Liebe: Abgrenzung und Hingabe in der erotischen Beziehung.* Stuttgart.
Schenk, H. 1979: *Abrechnung.* Reinbek.
Schlumbohm, J. (ed.) 1983: *Wie Kinder zu Bauern, Bürgern, Aristokraten wurden, 1700–1850.* Munich.

Schmid, J. 1989: Die Bevölkerungsentwicklung in der Bundesrepublik Deutschland. In *Aus Politik und Zeitgeschichte*, supplement to the weekly *Das Parlament*, B 18: 3–15.
Schmid, W. 1986: Auf der Suche nach einer neuen Lebenskunst. *Merkur*: 678ff.
Schmidbauer, W. 1985: *Die Angst vor der Nähe*. Reinbek.
Schmiele, W. 1987: *Henry Miller*. Reinbek.
Schneewind, K. A. and Vaskovics, L. A. 1991: *Optionen der Lebensgestalltung junger Ehen und Kinderwunsch, Forschungsbericht*. Munich and Bamberg.
Schneider, S. W. 1989: *Intermarriage: The Challenge of Living with Differences*. New York.
Schönfeldt, S., Countess von 1969: *Das Buch vom Baby: Schwangerschaft, Geburt und die ersten beiden Lebensjahre*. Ravensburg.
—— 1985: *Knaurs Grosses Babybuch*. Munich.
Schopenhauer, A. 1987: *Vom Nutzen der Nachdenklichkeit*. Munich.
Schröter, M. 1985: *'Wo zwei zusammenkommen in rechter Ehe ...': Studien über Eheschliessungsvorgänge vom 12. bis 15. Jahrhundert*. Frankfurt.
Schulz, W. 1983: Von der Institution 'Familie' zu den Teilbeziehungen zwischen Mann, Frau und Kind. *Soziale Welt*, 4: 401–19.
Schumacher, J. 1981: Partnerwahl und Partnerbeziehung. *Zeitschrift für Bevölkerungswissenschaft*, 4: 499–518.
Schütze, Y. 1981: Die isolierte Kleinfamilie. *Vorgänge*, 5: 75–8.
—— 1986: *Die gute Mutter: Zur Geschichte des normativen Musters 'Mutterliebe'*. Bielefeld.
—— 1988: Zur Veränderung im Eltern-Kind-Verhältnis seit der Nachkriegszeit. In R. Nave-Herz (ed.), *Wandel und Kontinuität der Familie in der Bundesrepublik Deutschland*, Stuttgart: 95–114.
Seidenspinner, G. and Burger, A. 1982: *Mädchen '82: Eine Untersuchung im Auftrag der Zeitschrift Brigitte*. Hamburg.
Sennett, R. 1976: *The Fall of Public Man*. London.
Sichrovsky, P. 1984: Grips-Mittelchen. *Kursbuch* (May): 55–9.
Sichtermann, B. 1981: *Leben mit einem Neugeborenen: Ein Buch über das erste halbe Jahr*. Frankfurt.
—— 1982: *Vorsicht, Kind: Eine Arbeitsplatzbeschreibung für Mütter, Väter und andere*. Berlin.
—— 1987: *Wer ist wie? Über den Unterschied der Geschlechter*. Berlin.
Sieder, R. 1987: *Sozialgeschichte der Familie*. Frankfurt.
Simmel, G. 1978: *The Philosophy of Money*, trans. D. Frisby. London (Ger. orig. 1977).
—— 1985: *Schriften zur Philosophie der Geschlechter*, ed. H. J. Dahmke and K. Höhnke. Frankfurt.
Steinbeck, J. 1966: *America and Americans*. New York.
Stich, J. 1988: 'Spätere Heirat nicht ausgeschlossen ...': Vom Leben ohne Trauschein. In Deutsches Jugendinstitut (ed.), *Wie geht's der Familie?: Ein Handbuch zur Situation der Familien heute*, Munich: 155–62.
Stone, L. 1978: Heirat und Ehe im englischen Adel des 16. und 17. Jahrhunderts. In H. Rosenbaum (ed.) *Seminar Familie und Gesellschaftsstruktur*, Frankfurt: 444–79.

—— 1979: *The Family, Sex and Marriage in England 1500–1800*. New York.
Strauss, B. 1987: Ihr Brief zur Hochzeit. *Süddeutsche Zeitung*, 24–5 Jan., weekend supplement.
Strümpel, B. et al. 1988: *Teilzeitarbeitende Männer und Hausmänner*. Berlin.
Swaan, A. De 1981: The Politics of Agoraphobia. *Theory and Society*: 359–85.
Theweleit, K. 1987: *Male Fantasies*, 2 vols. Minneapolis (Ger. orig. 1987).
Tilly, C. (ed.) 1978: *Historical Changes of Changing Fertility*. Princeton.
Tuchman, B. 1978: *A Distant Mirror: The Calamitous Fourteenth Century*. New York.
Turow, S. 1991: *The Burden of Proof*. London.
Urdze, A. and Rerrich, M. S. 1981: *Frauenalltag und Kinderwunsch: Motive von Müttern für oder gegen ein zweites Kind*. Frankfurt.
Vester, H. G. 1984: *Die Thematisierung des Selbst in der postmodernen Gesellschaft*. Bonn.
Vogt-Hagebäumer, B. 1977: *Schwangerschaft ist eine Erfahrung, die die Frau, den Mann und die Gesellschaft angeht*. Reinbek.
Vollmer, R. 1986: *Die Entmythologisierung der Berufsarbeit*. Opladen.
Wachinger, L. 1986: *Ehe: Einander lieben–einander lassen*. Munich.
Wagnerova, A. 1982: *Scheiden aus der Ehe: Anspruch und Scheitern einer Lebensform*. Reinbek.
Wahl, K. 1989: *Die Modernisierungsfalle: Gesellschaft, Selbstbewusstein und Gewalt*. Frankfurt.
Wahl, K., Tüllmann, G., Honig, M. S. and Gravenhorst, L. 1980: *Familien sind anders!* Reinbek.
Wallerstein, J. and Blakeslee, S. 1989: *Gewinner und Verlierer*. Munich (*Second Chances: Men, Women and Children a Decade after Divorce*, New York).
Wander, M. 1979: *'Guten Morgen, du Schöne!': Frauen in der DDR, Protokolle*. Darmstadt and Neuwied.
Wassermann, J. 1987: *Laudin und die Seinen*. Munich (first edn 1925; Eng. trans. as *Wedlock*, New York, 1926).
Weber, M. 1985: *The Protestant Ethic and the Spirit of Capitalism*. London (Ger. orig. 1905).
Weber-Kellermann, I. 1974: *Die deutsche Familie: Versuch einer Sozialgeschichte*. Frankfurt.
Wehrspaun, M. 1988: Alternative Lebensformen und postmoderne Identitätskonstitution. In K. Lüscher et al. (eds), *Die 'postmoderne' Familie*, Konstanz: 157–68.
Weitman, S. 1994: Elementary Forms of Socioerotic Life. MS, Tel Aviv.
Wetterer, A. 1983: Die neue Mütterlichkeit: Über Brüste, Lüste und andere Stil(l)blüten aus der Frauenbewegung. In M. Häussler et al., *Bauchlandungen: Abtreiben–Sexualität–Kinderwunsch*, Munich: 117–34.
Weymann, A. 1989: Handlungsspielräume im Lebenslauf: Ein Essay zur Einführung. In Weymann, *Handlungsspielräume: Untersuchungen zur Individualisierung und Institutionalisierung von Lebensläufen in der Moderne*, Stuttgart: 1–39.
White, N. R. 1984: On Being One of the Boys: An Explanatory Study of

Women's Professional and Domestic Role Definitions. *Women's Studies International Forum*, 7/6: 433–40.

Wiegmann, B. 1979: Frauen und Justiz. In M. Janssen-Jurreit (ed.), *Frauenprogramm: Gegen Diskriminierung*, Reinbek: 127–32.

Wiggershaus, R. 1985: 'Nun aber ich selbst': Neue Tendenzen in der Literatur von Frauen in der Bundesrepublik, in Österreich und in der Schweiz. *Die neue Gesellschaft, Frankfurter Hefte*, 7: 600–7.

Williams, L. S. 1987: 'It's Gonna Work for Me': Women's Experience of the Failure of In Vitro Fertilization and its Effect on their Decision to Try IVF Again. Address at the Third International Interdisciplinary Women's Congress, Dublin (mimeographed ms.).

Willms, A. 1983a: Segregation auf Dauer?: Zur Entwicklung des Verhältnisses von Frauenarbeit und Männerarbeit in Deutschland. In W. Müller, A. Willms and J. Handl 1983: 107–81.

—— 1983b: Grundzüge der Entwicklung der Frauenarbeit von 1880–1980. In W. Müller, A. Willms and J. Handl 1983: 25–54.

Wimschneider, A. 1987: *Herbstmilch: Lebenserinnerungen einer Bäuerin*. Munich.

Wingen, M. 1985: Leitung und Einführung zur Podiumsdiskussion 'Heiratsverhalten und Familienbindung'. In J. Schmidt and K. Schwarz (eds), *Politische und prognostische Tragweite von Forschungen zum generativen Verhalten: Herausgegeben von der Deutschen Gesellschaft für Bevölkerungswissenschaft*, Berlin: 340–51.

Wysocki, G. von 1980: *Die Fröste der Freiheit: Aufbruchphantasien*. Frankfurt.

Zinnecker, J. 1988: Zukunft des Aufwachsens. In J. Hesse, H.-G. Rolff and C. Zoppel (eds), *Zukunftswissen und Bildungsperspektiven*, Baden-Baden: 119–39.

Zoll, R. et al. 1989: *'Nicht so wie unsere Eltern!': Ein neues kulturelles Modell?* Opladen.

Zschocke, F. 1983: *Er oder ich: Männergeschichten*. Reinbek.

內文簡介：

現代男女身不由己地追求正確的生活方式，嘗試同居、離婚或契約婚姻，努力調和家庭和事業、愛情與婚姻、新的父職與母職、友情與交友。當代的愛情可以說是在階級鬥爭之後的「身分鬥爭」。

本書述說以下情境：

- 當愛情承載了更多的希望，它似乎更快地散入輕煙中，不再有任何社會情義可言。
- 夫妻想要將外面的世界放在一邊，而從相愛中創造他們自己的世界，也就把兩人世界必有的不合轉變爲私人困難。
- 爲何你要深入探究自身最遙遠(因爲也是最親近)、最神聖，也是最危險的內陸？
- 在世界各地，成千上萬人彷彿陷入集體癲狂般，依個人意願決心放棄往昔婚姻帶來的喜悅，用以換取一份新的夢想。
- 家庭就是戰爭與和平。
- 以往，不孕是宿命；現在，不孕，在某個意義上乃是深思熟慮的抉擇。
- 愛是兩人革命，克服敵對與橫亙在他們路上的道德法則時，他們眞正證明了他們的愛。
- 宗教告訴我們有死後的生命，愛卻說，生命在死之前。
- 愛就是與自我相逢，是再創由你我組成的世界，是瑣碎而不帶道德禁令的浪漫主義，正變成一種大衆現象：愛，世俗的宗教。

本書從社會學角度來審視愛情，將個別的生命史經驗放在較廣泛的社會秩序中來理解，或許更可以領悟到：混亂與正常都屬於秩序的一部分，正常或穩定代表著理想的狀態，混亂或不穩定則是現代人不得不面對的現實，愛情的正常性混亂，就是這兩種矛盾的統一。學著忍受它吧！

作者：

伊利莎白・貝克-葛恩胥菡（Elisabeth Beck-Gemsheim）

德國艾爾浪恩（Erlangen）大學社會學教授。

烏利西・貝克（Ulrich Beck）

德國慕尼黑大學社會學教授，並擔任專刊《社會世界》（*Soziale Welt*）編輯。

譯者：

蘇峰山

台灣大學社會研究所博士，南華大學教育社會學研究所所長。

魏書娥

德國Bielefeld大學社會學學院社會科學博士，曾任《中國論壇》編輯。

陳雅馨

台灣大學社會學研究所研究生。

校對：

陳佩伶

台灣大學中文系畢業，資深編輯。

C. G. Jung 榮格對21世紀的人說話

發現人類內在世界的哥倫布

**榮格早在二十世紀即被譽為是
二十一世紀的心理學家，因為他的成就
與識見遠遠超過了他的時代。**

榮格（右一）與弗洛依德（左一）在美國與當地學界合影，中間爲威廉．詹姆斯。

人及其象徵：

榮格思想精華
Carl G. Jung ◎主編
龔卓軍 ◎譯

中時開卷版書評推薦
ISBN: 978-986-6513-81-7
定價：390元

榮格心靈地圖

人類的先知，
神秘心靈世界的拓荒者
Murray Stein◎著
朱侃如 ◎譯
中時開卷版書評推薦
ISBN: 978-986-360-082-4
定價：320元

榮格．占星學

重新評估榮格對
現代占星學的影響
Maggie Hyde ◎著
趙婉君 ◎譯

ISBN: 978-986-360-183-8
定價：380元

導讀榮格

超心理學大師
榮格全集導讀
Robert H. Hopcke ◎著
蔣韜 ◎譯

ISBN: 978-957-8453-03-6
定價：230元

榮格：思潮與大師經典漫畫

認識榮格的開始
Maggie Hyde ◎著
蔡昌雄 ◎譯

ISBN: 987-986-360-101-2
定價：250元

大夢兩千天

神話是公眾的夢
夢是私我的神話
Anthony Stevens ◎著
薛絢 ◎ 譯

ISBN: 978-986-360-127-2
定價：360元

夢的智慧

榮格的夢與智慧之旅
Segaller & Berger ◎著
龔卓軍 ◎譯

ISBN: 957-8453-94-9
定價：320元

心理學與哲學思考

羅洛・梅 Rollo May

愛與意志：羅洛・梅經典

生與死相反，
但是思考生命的意義
卻必須從死亡而來。

ISBN:978-986-360-140-1
定價：420元

自由與命運：羅洛・梅經典

生命的意義除了接納無
可改變的環境，
並將之轉變為自己的創造外，
別無其他。
中時開卷版、自由時報副刊
書評推薦
ISBN:978-986-360-165-4
定價：360元

創造的勇氣：羅洛・梅經典

若無勇氣，愛即將褪色，
然後淪為依賴。
如無勇氣，忠實亦難堅持，
然後變為妥協。

中時開卷版書評推薦
ISBN:978-986-360-166-1
定價：230元

權力與無知：羅洛・梅經典

暴力就在此處，
就在常人的世界中，
在失敗者的狂烈哭聲中聽到
青澀少年只在重蹈歷史的覆轍。

ISBN:978-986-3600-68-8
定價：350元

哭喊神話

呈現在我們眼前的....
是一個朝向神話消解的世代。
佇立在過去事物的現代人，
必須瘋狂挖掘自己的根，
即便它是埋藏在太初
遠古的殘骸中。

ISBN:978-986-3600-75-6
定價：380元

焦慮的意義：羅洛・梅經典

焦慮無所不在，
我們在每個角落
幾乎都會碰到焦慮，
並以某種方式與之共處。

聯合報讀書人書評推薦
ISBN:978-986-360-141-8
定價：420元

尤瑟夫・皮柏 Josef Pieper

二十世紀最重要的哲學著作之一

閒暇：一種靈魂的狀態 誠品好讀重量書評推薦

Leisure, The Basis of Culture
德國當代哲學大師經典名著

本書摧毀了20世紀工作至上的迷思，
顛覆當今世界對「閒暇」的觀念

閒暇是一種心靈的態度，
也是靈魂的一種狀態，
可以培養一個人對世界的關照能力。

ISBN:978-986-360-107-4
定價：280元

神話學

喬瑟夫．坎伯 Joseph Campbell

20世紀美國神話學大師

如果你不能在你所住之處找到聖地，
你就不會在任何地方找到它。
默然接納生命所向你顯示的實相，
就是所謂的成熟。

坎伯與妻子珍．厄爾曼

英雄的旅程

讀書人版每週新書金榜
開卷版本周書評
Phil Cousineau ◎著
梁永安 ◎譯

ISBN: 978-986-360-153-1
定價：420元

神話的力量

1995聯合報讀書人
最佳書獎
Campbell & Moyers ◎著
朱侃如 ◎譯

ISBN: 978-986-360-026-8
定價：390元

千面英雄

坎伯的經典之作
中時開卷版、讀書人版每周
新書金榜
Joseph Campbell ◎著
朱侃如 ◎譯

ISBN: 957-8453-15-9
定價：420元

坎伯生活美學

開卷版一周好書榜
讀書人版每周新書金榜
Diane K. Osbon ◎著
朱侃如 ◎譯

ISBN: 957-8453-06-X
定價：360元

神話的智慧

開卷版一周好書榜
讀書人版每周新書金榜
Joseph Campbell ◎著
李子寧 ◎譯

ISBN: 957-0411-45-7
定價：390元

美國重要詩人內哈特 John Neihardt傳世之作

巫士詩人神話　長銷七十餘年、譯成八種語言的美國西部經典

這本如史詩般的書，述說著一個族群偉大的生命史與心靈史，透過印第安先知黑麋鹿的敘述，一部壯闊的、美麗的草原故事，宛如一幕幕扣人心弦的電影場景。這本書是世界人類生活史的重要資產，其智慧結晶將為全人類共享，世世代代傳承。

ISBN: 986-7416-02-3　定價：320元

生活哲思—新文明生活主張

提倡簡單生活的人肯定會贊同畢卡索所說的話：「藝術就是剔除那些累贅之物。」

小即是美

一本把人當回事的經濟學著作
E. F. Schumacher ◎著

中時開卷版一周好書榜
ISBN: 978-986-360-142-5
定價：350元

少即是多

擁有更少 過得更好
Goldian Vandn Broeck◎著

ISBN:978-986-360-129-6
定價：390元

簡樸

世紀末生活革命
新文明的挑戰
Duane Elgin ◎著

ISBN :978-986-7416-94-0
定價：250元

靜觀潮落：簡單富足/生活美學日記

寧靜愉悅的生活美學日記
Sarah Ban Breathnach ◎著

ISBN: 978-986-6513-08-4
定價：450元

美好生活

我們反對財利累積，
反對不事生產者不勞而獲。
我們不要編制階層和強制權威，
而希望代之以對生命的尊重。
Helen & Scott Nearing ◎著

ISBN:978-986-360-202-6
定價：400元

倡導純樸，
並不否認唯美，
反而因為擺脫了
人為的累贅事物，
而使唯美大放異彩。

中時開卷版一周好書榜

德蕾莎修女：一條簡單的道路

和別人一起分享，
和一無所有的人一起分享，
檢視自己實際的需要，
毋須多求。

ISBN:978-986-6513-50-3
定價：210元

115歲，有愛不老

一百年有多長呢？
她創造了生命的無限可能

27歲上小學
47歲學護理
67歲獨立創辦養老病院
69歲學瑜珈
100歲更用功學中文……

宋芳綺◎著
中央日報書評推薦

ISBN:978-986-6513-38-1
定價：280元

許哲與德蕾莎
修女在新加坡

生活哲思—新文明生活主張

孤獨
最眞實、最終極的存在
Philip Koch ◎著
梁永安◎ 譯
中國時報開卷版書評推薦

ISBN:978-957-8453-18-0
定價：350元

孤獨的誘惑
(原書名：孤獨世紀末)
Joanne Wieland-Burston◎著
宋偉航◎譯
余德慧◎導讀
中時開卷版、聯合報讀書人
書評推薦

ISBN:978-986-360-114-2
定價：280元

隱士：
照見孤獨的神性（第二版）
Peter France◎著
梁永安◎ 譯
聯合報讀書人、中時開卷
每周新書金榜

ISBN:978-986-360-115-9
定價：360元

魯米詩篇：
在春天走進果園
伊斯蘭神秘主義詩人
Rumi以第三隻眼看世界
Rumi◎著
梁永安◎ 譯

ISBN:978-986-360-171-5
定價：390元

靈魂筆記
從古聖哲到當代藍調歌手的
心靈探險之旅
Phil Cousineau◎著
宋偉航◎ 譯
中時開卷版書評推薦

ISBN:957-8453-44-2
定價：400元

四種愛：
親愛·友愛·情愛·大愛
C. S. Lewis◎著
梁永安◎ 譯

ISBN:978-986-360-201-9
定價：250元

運動：天賦良藥
為女性而寫的每天
30分鐘體能改造
Manson & Amend ◎著
刁筱華◎譯

ISBN:957-0411-46-5
定價：300元

愛情的正常性混亂
一場浪漫的社會謀反
社會學家解析現代人的愛情
Ulrich Beck
Elisabeth Beck-Gemsheim◎著
蘇峰山等◎ 譯

ISBN:978-986-360-203-3
定價：400元

內在英雄
現代人的心靈探索之道
Carol S. Pearson◎著
徐慎恕·朱侃如·龔卓軍◎譯
蔡昌雄◎導讀·校訂
聯合報讀書人每周新書金榜

ISBN:978-986-360-146-3
定價:350元

年度好書在立緒

文化與抵抗
- 2004年聯合報讀書人最佳書獎

威瑪文化
- 2003年聯合報讀書人最佳書獎

在文學徬徨的年代
- 2002年中央日報十大好書獎

上癮五百年
- 2002年中央日報十大好書獎

遮蔽的伊斯蘭
- 2002年聯合報讀書人最佳書獎
- News98張大春泡新聞2002年好書推薦

弗洛依德傳
（弗洛依德傳共三冊）
- 2002年聯合報讀書人最佳書獎

以撒・柏林傳
- 2001年中央日報十大好書獎

宗教經驗之種種
- 2001年博客來網路書店年度十大選書

文化與帝國主義
- 2001年聯合報讀書人最佳書獎

鄉關何處
- 2000年聯合報讀書人最佳書獎
- 2000年中央日報十大好書獎

東方主義
- 1999年聯合報讀書人最佳書獎

航向愛爾蘭
- 1999年聯合報讀書人最佳書獎
- 1999年中央日報十大好書獎

深河(第二版)
- 1999年中國時報開卷十大好書獎

田野圖像
- 1999年聯合報讀書人最佳書獎
- 1999年中央日報十大好書獎

西方正典(全二冊)
- 1998年聯合報讀書人最佳書獎

神話的力量
- 1995年聯合報讀書人最佳書獎

國家圖書館出版品預行編目(CIP) 資料

愛情的正常性混亂/ 烏利西．貝克(Ulrich Beck)、伊利莎白．貝克－葛恩胥菡(Elisabeth Beck-Gernsheim)作；蘇峰山、陳雅馨、魏書娥譯 -- 三版 -- 新北市新店區：立緒文化事業有限公司, 民111.12
面；　公分. -- (新世紀叢書)
譯自 : Men in Dark Times

ISBN 978-986-360-203-3(平裝)

1. 戀愛　2. 兩性關係

544.37　　　111019860

愛情的正常性混亂（2022 年版）

Das Ganz Normale Chaos der Liebe

出版——立緒文化事業有限公司（於中華民國 84 年元月由郝碧蓮、鍾惠民創辦）
作者——烏利西．貝克（Ulrich Beck）、伊利莎白．貝克－葛恩胥菡（Elisabeth Beck-Gernsheim）
譯者——蘇峰山、陳雅馨、魏書娥

發行人——郝碧蓮
顧問——鍾惠民

地址——新北市新店區中央六街 62 號 1 樓
電話—— (02) 2219-2173
傳真—— (02) 2219-4998
E-mail Address —— service@ncp.com.tw
劃撥帳號—— 1839142-0 號 立緒文化事業有限公司帳戶
行政院新聞局局版臺業字第 6426 號

總經銷——大和書報圖書股份有限公司
電話—— (02) 8990-2588
傳真—— (02) 2290-1658
地址——新北市新莊區五工五路 2 號
排版——浩瀚電腦排版股份有限公司
印刷——尖端數位印刷股份有限公司

法律顧問——敦旭法律事務所吳展旭律師

分類號碼—— 544.37
ISBN —— 978-986-360-203-3
出版日期——中華民國 89 年 9 月～ 96 年 6 月初版 一～三刷（1 ～ 5,000）
中華民國 103 年 8 月～ 108 年 10 月二版 一～三刷（1 ～ 2,500）
中華民國 111 年 12 月三版 一刷（1 ～ 800）

定價◎ 400 元（平裝）

大旗文化 閱讀卡

姓　名：

地　址：□□□

電　話：(　　)　　　　　傳 真：(　　)

E-mail：

您購買的書名：＿＿＿＿＿＿＿＿＿＿＿＿＿＿＿＿＿＿＿＿

購書書店：＿＿＿＿＿＿市（縣）＿＿＿＿＿＿＿＿＿＿書店

■您習慣以何種方式購書？

□逛書店 □劃撥郵購 □電話訂購 □傳真訂購 □銷售人員推薦
□團體訂購 □網路訂購 □讀書會 □演講活動 □其他＿＿＿＿

■您從何處得知本書消息？

□書店 □報章雜誌 □廣播節目 □電視節目 □銷售人員推薦
□師友介紹 □廣告信函 □書訊 □網路 □其他＿＿＿＿＿＿

■您的基本資料：

性別：□男 □女　婚姻：□已婚 □未婚　年齡：民國＿＿＿年次

職業：□製造業 □銷售業 □金融業 □資訊業 □學生
□大眾傳播 □自由業 □服務業 □軍警 □公 □教 □家管
□其他＿＿＿＿＿＿＿＿＿＿＿＿＿＿＿＿＿＿＿

教育程度：□高中以下 □專科 □大學 □研究所及以上

建議事項：

愛戀智慧 閱讀大師

廣　告　回　信
北區郵政管理局登記證 北臺字8448號
免　貼　郵　票

立緒文化事業有限公司　收

新北市 2 3 1

新店區中央六街62號一樓

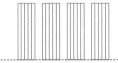

請沿虛線摺下裝訂，謝謝！

立緒文化 閱讀卡

感謝您購買立緒文化的書籍

為提供讀者更好的服務，現在填妥各項資訊，寄回閱讀卡（免貼郵票），或者歡迎上網http://www.facebook.com/ncp231即可收到最新書訊及不定期優惠訊息。